物権的妨害排除請求権の史的展開と到達点

Von der römischen actio negatoria
zum geltenden negatorischen Beseitigungsanspruch

ローマ法からドイツ民法へ

Yoshikazu Kawasumi
川角由和 著

日本評論社

著者はしがき

本書は、ローマ法からドイツ法への物権的妨害排除請求権の歴史的展開過程を辿り、ドイツ民法上の理論的到達点をエドゥアルト・ピッカー教授（Herr Professor Dr. Eduard Picker）の所説に求めようとするものである。

物権的妨害排除請求権は、わが国ではそもそも明文規定がなく、もっぱら判例・学説による「解釈」の所産とされてきた（この点、フランス民法もほぼ同様）。対するにドイツ法では、一〇〇年以上前から現行ドイツ民法典（BGB）一〇〇四条が、明文で物権的妨害排除請求権（der negatorische Beseitigungsanspruch）を規定する。それは、ローマ法上の「役権否認訴権」（actio negatoria）を、その固有の起源としてもつ。ローマ法において、それは、原初的に制限物権たる「役権」（servitus）を保護するために機能したが、その後ローマ法上の所有権（dominium）が確立していくことに伴い、所有権を広く第三者の妨害から保護するためにも活用されるようになった（対物訴権としての一般的なアクチオ・ネガトリアの形成。なお本稿では、物権的妨害排除請求権を指して「ネガトリア請求権」あるいは「ネガトリア責任」と記すことも多い）。

ところで、ローマ法の当時、「物権的請求権」という、物権（所有権）保護のための統一的法制度は存在していなかった。訴権（actio）の支配する時代であった。にもかかわらず、そのような制約の下で、物権保護の特性——不法行為訴権（加害訴権〔actio legis Aquiliae〕など）のように相手方の故意・過失等の主観的有責性及び「損害」の発生を固有の要件とはしないという特性——は、この「訴権」（対物訴権）の前提として、すでに法制度的に承認されていた（本書第一章参照）。その後、ドイツ普通法がこの「役権否認訴権」を受け入れる過程で、不法行為責任の効果（原状回復・損害賠償）との混合が生じた（本書第二章）。それをドイツ物権法「前草案」の立法者ヨホウが批判的に克服し、そのヨホウの見解が現行ドイツ民法一〇〇四条に結実した（本書第二章及び第三章参照）。ところが、ドイツ民法典制定後、ほんらい不法行為責任の内容たるべき「原状回復」をも物権的妨害排除請求権の効果として承認するという傾向が、「行為不法」（原因惹起者責任）の一般化とともにドイツの支配的見解となっていった。それは、一方で「請求権」（Anspruch）の概念を創出したヴィントシャイト理論の「光」と「影」の反映でもあった。すなわちヴィントシャイトは、契約関係から生ずる請求権（契約当事者間での「債権的」請求権）との対比・連携を考慮して、物権侵害から生ずる物権的請求権を「万人に対する不作為請求権の束」として把握した（そして、そのような「請求権」論こそ、いわゆる「忍容請求権」説の一つの根源であった。本書第四章参照）。また同時に、そのヴィントシャイト理論は、「請求権」である以上、債権的請求権も物権的請求権も同じだとする観点から、ほんらいドイツ民法上不法行為責任の原則的効果である「原状回復」（Naturalherstellung）を——例外的な要件（原状回復に要する費用の不釣り合いな高額さ）を要件に——「金銭賠償」（Geldersatz）に転化せしめる規範（現行ドイツ民法二五一条二項）を、「物権的妨害排除請求権」についても準用（ないし「類推適用」）する判例実務（それを支持する支配的学説）をも生み出していった（本書第五章参照）。そのような判例・学説の動向を、一九七二年のモノグラフィー（Der negatorische Beseitigungsanspruch, S. 1-184）で、「権利簒奪」ないし「権利重畳」の観点から、徹底的に批判し、近代法上の物権的妨害排除請求権の純粋型を理論化したのが、上記ピッカー教授の所論であった（本書第六章参照）。このピッカー教授の見解は、今のところドイツの連邦通常裁判所（BGH）の判例として全面的に受け入れられているわけではないが、著名なコンメンタール・教科書等を含め、ドイツではきわめて有力な学説として承認されるにいたっている（いわゆる「有力説」）。このピッカー理論が、いかにローマ法以来の沿革を正確に辿った上で、今日の物権的妨害排除請求権の「本質論」を展開しているか。これを歴史的・理論的に確認することをもって、筆者は、物権的妨害排除請求権の今日的な「到達点」を論証しようとしている。そして、物権的妨害排除請求権の、この「到達点」が——ドイツのみならずわが国においても——私法上の環境保護・景観保護・人格保護・消費者保護等の要請に基づく「差止請求権」のための理論的な出発点となることを検証し、かつ展望しようとしている（この「展望」に関しては、本書の「著者あとがき」の項を参照されたい）。

なお、本書に収めた諸論稿はすべて既出のものである。本書は、それらを体系的に整理し、若干の修正等を加えることによって成り立っている（ただし、基本的には初出時のスタイルを踏襲しているので、内容上多少の重複等存在する）。その「体系的整理」を可能にした理由の一つとして、本書のもとになった論稿が、すでに二〇〇一年にドイツで出版されていることを挙げておくべきだろう。Yoshikazu Kawasumi, Von der römischen actio negatoria zum negatorischen Beseitigungsanspruch des BGB, Nomos Universitätsschriften Recht, Bd. 360, Nomos Verlagsgesellschaft, Baden-Baden, S.1-197, 2001. これは、恩師・原島重義先生の勧めでドイツ連邦共和国テュービンゲン大学法学部のエドゥアルト・ピッカー教授（現在、名誉教授）のもとで在外研究をなしえたことのささやかな成果の一部である。さらに、本書〈初出一覧〉で示すように、個別論文として、信山社、創文社、九州大学出版会刊行の著作にすでに収録済みのものも存在する。原島重義先生は、二〇一三年一二月にお亡くなりになった。本書をお目にかけることができなかったことは大変残念である。原島先生は、筆者がドイツ語版のモノグラフィーに甘んずることなく、少なくとも本書のようなものをわが国で公刊すべきことを強く願っておられた。筆者の努力不足で大幅に遅延したが、ようやく先生に献呈する責めを果たせそうである。なお、右の二〇〇一年ドイツ語版のモノグラフィー作成にあたっては、上記ピッカー教授に大変お世話になった。なによりも、ピッカー教授の作品の意味内容を、直接ご本人から伺う機会に恵まれたからである。さらに筆者のため、テュービンゲン大学法学部で個室の研究室を法学部図書館内に用意してくださったのも、ピッカー教授である。加えて、教授のレーアストゥールでは、お二人の優能な助手、トーマス・カール博士（Herr Dr. Thomas Kahl, 現在、弁護士）及びトーマス・ロービンガー博士（Herr Professor Dr. Thomas Lobinger, 現在、ハイデルベルク大学法学部教授）から懇切な支援・助言をいただいた。なかでも、ロービンガー教授は、当時テュービンゲン大学法学部助手として、筆者の拙いドイツ語原稿の修正作業にご尽力いただいた。ちなみに、筆者は通算三年余にわたり、上記ピッカー教授のもとで在外研究をなしえたわけであるが、それはアレクサンダー・フォン・フンボルト財団（Alexander von Humboldt-Stiftung）から給費研究員として採用していただいたからである。フンボルト財団の支援なしに、筆者がピッカー教授のもとでドイツ留学を果たすことはありえなかった。かてて加えて、フンボルト財団からは、本書のもとになったドイツ語版のモノグラフィー出版のための助成金も拠出していただいた。改めて謝意を表したい。

このように本書は、上記に挙げた多くの方々及びフンボルト財団の支援のおかげでできあがったものである。さらに、筆者の勤務校である龍谷大学には大変お世話になっている。特に、よき同僚に恵まれ、様々な配慮を賜ったことは言葉に表せないほどありがたいことであった。同僚諸氏に感謝申し上げる。

なお、本書の刊行にあたっては、二〇一八年度・龍谷大学出版助成を得たことを記しておく。この助成がなければ、本書は形をなさなかったかもしれない。この点、改めて勤務校・龍谷大学に謝意を表する。加えて、本書第一章及び第四章につき信山社、本書第三章につき九州大学出版会、第五章につき創文社から、それぞれ原論文の本書への転載・収録のご許可を得た。上記各出版社のご配慮にも御礼申し上げる。

なお、本書は「物権的妨害排除請求権の史的展開と到達点」をテーマにするものであるが、同時に、いわゆる「差止請求権」の基礎理論としてもなにがしか寄与するところがあるかもしれない。もしそうでありうるとすれば、それは、筆者の大きな喜びである。筆者の能力不足・努力不足のゆえに、理論的に至らぬ箇所及び不十分な論証しかできていない箇所も少なくないと思われる。多くの方々から率直なご意見・ご批判を賜ることができれば、それもまた、筆者の大きな喜びである。なお、参照文献は原論文初出時のものに限ったが、例外的に、追加的に引用した文献もある。

最後になるが、二〇〇四年出版の拙著『不当利得とはなにか』に引き続き、本書の出版も日本評論社にお願いすることになった。専門的な学術書の刊行がますます困難を極めるこの時期、快く出版をお引き受けくださった日本評論社に心から御礼申しあげる。とりわけ、日本評論社・社長の串崎浩氏は――前著『不当利得とはなにか』出版のときもそうであったが――本書刊行についてもいろいろと細やかなご配慮をしてくださった。串崎氏のご厚意にも感謝申しあげたい。

二〇一九年二月二日

川角由和

目　次

第一章　ローマ法における所有権保護訴権（アクチオ・ネガトリア）の「形成」とその意義

第一節　序　論

一　「法制度」に被規定的な所産としての物権的請求権

現在、わたしたちは、物権的請求権という「所有権保護請求権」を知っている。この物権的請求権は、とりわけ所有権が侵害された場合に、所有権に基づく「返還請求権」・「妨害排除請求権」・「妨害予防請求権」というかたちで法制度的に機能する[1]。この場合、「法制度」的に、というのは、物権的請求権が不法行為に基づく損害賠償請求権とは異なって故意・過失など主観的帰責事由を要件とせず、またその請求権内容も損害賠償ではなく、物権（所有権）保護のために「現在の違法状態の排除」だけをその対象とするという意味で、文字通り「物権的請求権」という、「法制度」に被規定的な請求権（つまりは「所有権」ないし「所有権」保護という「法制度」に規定された請求権）が独自に存在している、ということを前提とする[2]。

二　物権的請求権の歴史的被規定性

むろん、この物権的請求権という「法制度」上の産出物も――「権利能力」や「契約自由」あるいは「過失責任主義」など近代市民法的諸原理が歴史的に被規定的な存在であるのと同様な意味において(3)――とりわけ近代的な「所有権」制度の確立を前提とするところのすぐれて歴史被規定的な存在である、と言わなければならない（つまり、超歴史的な意味において「自明の存在」では決してない）(4)。そして、ここで「近代的な」という場合、それはおよそ各国法体系の個別性・特殊性をこえて、一応、普遍的に承認されたところの個人の人格的独立（その人格的独立を経済的に支える私的所有制度とそれを生活的・精神的に支える近代的家族制度・婚姻制度との一体不可分な確立）、ならびにその自主的で意思的な決定による法律関係の形成（「私的自治」に基づく「契約自由」や「営業自由」の確立）が社会的に承認を受ける、そのような社会・経済的体制が歴史的に形成された、という基本認識に基づく(5)。

三　「ローマ法」考察の方法的視点

そのように、「近代」に特殊な「法制度」をわたしたちが問題にしようとする場合、それにもかかわらず、わたしたちは「ローマ法」という「過去」の法体系に注目することがある。その際「ローマ法」の研究は、ひとによっては単に歴史的沿革を確認するという副次的な意味をもつにすぎない、と受けとめられることもありうるし、また「法解釈学」が単なる「実務的技術的科目」であるのに対して「ローマ法」研究こそは文字通り「理論的・学問的」な認識対象である、と受けとめられることもありえよう。しかしいずれにせよ、近代的な「法制度」認識に基づく「法解釈学」を特殊に展開しようとする場合には、いきおいこのような受けとめ方をこえて、「法解釈学」に独自でかつ内在的な「ローマ法」研究の方法的視点をもつ必要が出てくる、といってよいのではないか(6)。たとえば、一九世紀ドイツ普通法学において、サヴィニーが格闘したのは、まさしくこのような「方法的視点」をめぐる問題

ではなかっただろうか。(7)

四　本稿の課題意識とその限定

本稿の基底にすえられるのは、もっぱら以上のような課題意識である。ただし、上記のような「方法的視点」を、筆者がすでに確立しえているというわけではない。また筆者自身、たんなる一個の（しかも未熟な）「ドグマティカー」であるにすぎず、「ローマ法」研究のための専門的な能力をもちあわせているわけでもない。ただ、先に述べた「方法的視点」を意識しながら、さしあたりローマ法における所有権保護訴権の「形成」とその意義を検討してみること、それが本稿の獲得目標である、というにすぎない。とりわけ本稿は、ローマ法上の所有権保護訴権のなかでも actio negatoria の形成と展開に焦点をあてつつ若干の考察を試みようとするものであって、rei vindicatio の形成と展開は基本的に考察の射程外におかれる。本稿が結果的に「覚書」にとどまらざるをえなかったゆえんである。それにもかかわらず、actio negatoria に関する研究を媒介にして上記の「方法的視点」がその有効性を発揮しうると仮定するならば、もしかすると、それは、actio から Anspruch への近代法的「転換」の意味解釈にもつながる可能性をもつ、といえるのかもしれない。なぜなら、私見によれば、このような actio から Anspruch への近代法的「転換」こそは、近代市民法における「市民社会論」と「市民国家論」とを架橋する貴重な検証対象にほかならないからである（いわゆる「実体法と訴訟法」との関係を以上のようなパースペクティブから改めて捉え直してみる必要があるのではないか、という筆者なりの思い入れが、そこに含意されている）。ただし、その本格的な検討もまた、本稿ではその直接的な考察対象の「外」に位置する。ともあれ、以上のべたような意味を込めつつ、以下、筆者なりに本稿考察をすすめることにしたい。

(1) ただし、物権的請求権について、わが国では明文の規定が置かれているわけではない。それにもかかわらず、学説・判例上あるいは解釈論上当然のこととして「返還請求権」・「妨害排除請求権」・「妨害予防請求権」三種の物権的請求権が承認されている。さしあたり我妻栄＝有泉亨『新訂物権法（民法講義Ⅱ）』（岩波書店、一九八三年）二二一―二二二頁、好美清光「物権的請求権」『新版注釈民法(6)』（有斐閣、一九九七年）一〇四頁以下参照。

(2) このような形で、わが国で物権的請求権を「法制度」的に考察し、不法行為請求権との違いを浮き彫りにした文献として、原島重義「わが国における権利論の推移」法の科学四号（一九七六年）五四頁以下（原島『市民法の理論』〔創文社、二〇一一年〕四四五頁以下）が、なによりも参照されなければならない。筆者も、近代的所有権の基本的性格との関連でこの問題を考察したことがある。拙稿・川角「近代的所有権の基本的性格と物権的請求権との関係――その序論的考察（一）（二・完）」九大法学五〇号（一九八五年）六一頁以下、九大法学五一号（一九八六年）二七頁以下参照。ちなみに、本稿ではさしあたり「所有権」という法制度と、「不法行為」という法制度との「対比」に重点を置いている。「法制度」論そのものについても検討を深めるべきであるが、この点に関しては最近、児玉寛「サヴィニーの《法制度論》――理論と実践の架橋」（村上淳一（編）『法律家の歴史的素養』（東京大学出版会、二〇〇三年）二九頁以下所収）がでたので、参照されたい。

(3) 権利能力に関しては、たとえばエールリッヒ『権利能力論』（川島武宜＝三藤正 訳、改訳版、岩波書店、一九七五年）、契約に関しては、たとえば広中俊雄『契約とその法的保護』（一九五二―一九五四年）広中著作集1（一九九二年）三頁、過失責任主義については特に「無過失責任」のあり方との関係で、たとえば清水誠『時代に挑む法律学――市民法学の試み』（日本評論社、一九九二年）二〇―二二頁、三四―三五頁を参照。

(4) 広中俊雄『物権法（第二版増補）』（青林書院、一九八七年）二二九頁以下、特に二三六―二三七頁の観点を参照されたい。

(5) ただし、そのように「自由」を基本的価値とする社会・経済的体制が形成されたという場合の「基本認識」の方法をめぐっては、検討されるべき問題がなお残されているように思われる。そのような「自由」を保証する社会・経済的体制が現実に存在し、それに市民法も現実に対応しているのだ、と決めてかかると、なるほどそれは結局「概念法学主義」的な考察態度を帰結しかねない（たとえば、原島重義「民法の性格規定と民法学の方法」法学セミナー一九七七年八月号五〇頁（原島『民法学における思想の問題』〔創文社、二〇一一年〕八二頁）がその点を的確に指摘する）。しかし、だからといって、そのような

「自由」は初めから「形式」に過ぎないのだと決めてかかると、それは「近代」の普遍的・歴史的価値そのものに対する一種の不可知論を意味することになるのであって、たとえば市民法のポスト・モダン化が容易に「実質化」されることにもなるだろう。これに対しては、むしろ、その「自由」の法的「形式」（「法的形態性」）が固有にもつところの内容を重視すべきであるように思われる（私見によれば「内容」を伴わない「形式」などありえない。なお、原島・前掲法セ四九頁〔原島・前掲書『思想の問題』八一頁〕は「民法がたてまえとしてもっている性質は、それじたい、きわめて歴史的でかつ具体的な内容のものである」と指摘する）。ところで、このような基本認識をめぐる方法論は、文字通り論者それぞれの「世界観」に関わるものであるが、それを単に世界観の違いに終わらせず、わが国民法学の「発展方向」との関係で解釈学的にも生産的な議論が展開されていく必要があるように思われる。これは、さしあたり民法解釈学における「理論性」「体系性」「歴史性」をめぐって問題となりえよう。この点では、原島「民法理論の古典的体系とその限界」山中康雄教授還暦記念『近代法と現代法』（法律文化社、一九七三年、原島・前掲書『市民法』（前注（2））六頁）が、すでに「民法学者じしんの理論回避・体系忌避ともいえる姿勢」を批判的に指摘していたし、また広中俊雄「現代の法解釈学に関する一つのおぼえがき」『民法論集』所収（東京大学出版会、一九七一年）三八一頁以下、特に三八六―三八七頁、さらに甲斐道太郎『新版 法の解釈と実践』（法律文化社、一九八〇年）一〇一頁、一三九頁が、民法解釈学における「近代法の歴史的視点」ないし「価値の歴史的検証」の不可欠性を強調することによって、わが国民法学のあり方に警鐘を鳴らしていたことが、想起されるべきであろう。これら諸見解が、いわゆる「利益衡（考）量論」批判を念頭に置いていた点に鑑みると、現在この「利益衡（考）量論」的見解がどのような到達点にあるのか、それとポストモダン的民法学方法論との関係づけをふくめて独自の検証が必要とされよう。筆者の今後の課題としたい。いずれにせよ、民法学における「理論性」「体系性」「歴史性」の評価をめぐる問題は、われわれにとってなおアクチュアルな課題でありつづけている。

（6）　この点について、たとえば甲斐道太郎教授は、法の歴史的考察方法の重要性に触れつつ次のようにいう。少々長い引用になるが重要な意味をもつと思われるので引用させていただく。「わが民法や民法学は、ヨーロッパ諸国のそれらに比べれば短いとはいえ、それなりの伝統をもっている。継受の歴史を独・仏の法学、更にはローマ法にまでさかのぼるとすれば、わが民法上の諸制度や概念ないし論理構成も、それぞれにかなりの伝統を有するものであるといえよう。現在の時点における民法解釈も、このような伝統を踏まえたうえでなければ、十分に有効なものではありえない。しかし、その反面、従来の法律学の中には、法・法学の技術性・歴史性に対する十分な認識を欠くために、本来歴史的な制約のもとにある制度や論理や論理構成を、先験的・自立的なものと考えて、そのまま現在の法解釈のなかにとり入れる態度を示すものがあることも否定しえない。これに対して、右のような（歴史的）研究方法は、諸制度や論理構成を技術的・歴史的な視点から考察し、それらがそれぞれの歴史的段階において、現実にどのような機能を果たすものであったかを明らかにしようとするものである。そのためには、それぞれの社会においてどのような利益対立があったかを、社会・経済史の補助のもとに確かめ、諸々の制度や構成が、どのような利益衡量を実現する機能を有してきたかを精密に分析する必要がある。このような研究によって、伝統的に承継されて来た諸制度や構成が、現在の社会においてどの程度まで有効性を保持しうるか、あるいは解釈者のとる利益衡量を実現するためにはどのような構成をとるのが最も効果的であるか、の手がかりをえることができる」。甲斐・前掲書『法の解釈』前掲注（5）六九―七〇頁（傍点・原著者、（　）内・引用者）。この、約四〇年ほど前の甲斐教授による指摘は、とりわけポストモダン的民法学の「盛行」を念頭に置くとき、今なお有効性をもつ、と言わなければならない。

(7) たとえばサヴィニーは次のようにいっている。筆者なりの思い入れを込めて訳出してみよう。「たとえば私たちの民法学もそうであるが、ある学問領域が数多くの世代を越えて絶え間ない緊張感に充ちた努力によって築き上げられてきたという場合、今この時を生きる私たちには、先達がそのように創りあげてきた豊かな学問的遺産を享受する、という可能性が開かれている。このように歴史的遺産として継承されてきたのは、私たちが共有するところの数多くの真理だけではない。むしろそれ以外に、精神的な諸々の力によって探求されてきたあらゆる学問的方向性ならびに先達による学問的努力のことごとくが、たとえそれが実り豊かなものであれ欠陥をともなうものであれ、私たちにとっては良き模範あるいは良き警告としての意味をもつ。そのようにして私たちは、ある意味では過去数百年かけて統合されてきた学問的な力をえて研究に携わることができるのである。〔中略〕これに対して、過去からその源を発する法的形成物が（その歴史的な連関を切断されて）単に現在ならびに将来にわたって変わることのない支配権力の樹立を必然のものとする至高の存在として定立されたものと解される場合には、法学の歴史的な見地は、全面的に誤解され、歪曲されてしまうであろう。そうではなくて、むしろ法学の歴史的な見地の本質は、あらゆる時代の価値と独自性とをそれぞれバランスよく承認する、という点に存する。そして、そのような法学の歴史的な見地こそは、まさしく現在を過去と結びつけるところの生き生きとした連関が認識される、という点にその最大の重点をおいている。しかも、その生き生きとした歴史的連関に関する知識がなければ、私たちは、現在の法状態について単にその外在的現象を感じとるだけで、けっしてその内在的本質を理解することにはならないのである」。Vgl. Friedlich Carl von Savigny, System des heutigen römischen Rechts, 1. Band, 1840, Vorrede, S. IX und XV. ちなみに歴史的考察方法に関する、このようなサヴィニーの方法的見地は、次のような「問題提起としての歴史叙述」とつながりをもちうるのかもしれない。たとえば弓削達『ローマ帝国とキリスト教（世界の歴史5）』（文庫版、河出書房新社、一九八九年）四二六頁は、「史料研究」と「現代の視点からする問題提起」との関連で次のようにいう。「史料研究が出来上がることは永久にないし、古代史におけるように限られた史料に頼らざるをえない以上、解釈と推理が働かされざるをえず、如何に多くの史料研究の蓄積があっても歴史叙述は仮説であることを免れない。そして、クローチェが言ったように「すべての歴史は現代史である」以上、仮説としての歴史叙述は、現代の視点からする問題提起とならざるをえない」（傍点・引用者）。そして、このような視点は、「その当時の価値基準に、われわれ自身を置いてみる、という想像上の操作」によって「歴史的過去は直接に現在化されるのではなくて、どこまでも過去を媒介として現在化される」にいたるのであり、したがって「思想家が当時のことばと、当時の価値基準で語ったことを、彼が当面していた問題は何であったか、という観点からあらためて捉えなおし、それを、当時の歴史的状況との関連において、今日の、あるいは明日の時代に読みかえることによって、われわれは、その思想家の当面した問題をわれわれの問題として主体的に受けとめることができる」（傍点・原著者）とする、丸山真男「幕末における視座の変革——佐久間象山の場合」（一九六五年）丸山真男集第九巻（岩波書店、一九九六年）所収二〇三頁以下の観点と深く通底するものがある。なお、笹倉秀夫『丸山真男論ノート』（みすず書房、一九八八年）二〇—二一頁も参照。こうして、サヴィニーのいう「現在を過去と結びつけるところの生き生きとした連関」とは、以上のような「現在の視点からする問題提起」ないし「われわれの問題」としての「過去の現在化」という方法的観点と密接な関わりをもつ。この点につき、原島重義『法的判断とは何か——民法の基礎理論』（創文社、二〇〇二年）二五頁以下も参照されたい。

第二節　「古代」ローマ法における「私」的所有権の形成過程とアクチオ・ネガトリアの未形成

一　三つの時期区分

「序論」でも述べたように、本稿ではローマ法における actio negatoria の形成と展開に、その重点がおかれる。ただし、ひとくちに「ローマ法」といっても、それは、紀元前七五三年のローマ建国以来、紀元後五六五年のユスティニアヌス帝期終焉にいたるまで、千数百年の歴史をもつ。[8] そこで、本稿ではさしあたりマックス・カーザーの見解[9]にしたがって、「ローマ法」考察の三つの時期区分、すなわち紀元前四五〇年頃の十二表法に代表され紀元前二〇一年終了の第二次ポエニ戦争にいたるまでの共和政期「古代」ローマ法（das altrömische Recht）、そして第二次ポエニ戦争後の共和政末期ならびに初期帝政（元首政）時代の「古典期」ローマ法（das klassische römische Recht）[10]、さらに専制君主制期の「後」古典期ローマ法（das nachklassische römische Recht）にそくして、actio negatoria の形成と展開をたどってみたい。まず「古代」ローマ法における法状況を確認することから始めるのであるが、その前にごく簡潔に本稿の「考察視点」を確認しておくことにしたい。

二　本稿「考察視点」の確認

本稿の考察視点は、まずなによりも、可能な限りローマ法の社会・経済的背景を明らかにしながら、それとの関係において「所有権」と actio negatoria についての形成・展開の特徴点を歴史的に解明しようとするものである。その基本的な「考察の視点」は、ローマ法の社会・経済的背景に注目することによってローマ法内在的にその「固有の展開史」を解明する、という点におかれる。たとえばローマ所有権法は、かつてナチズムがそれを非難・攻撃したように「個人的所有権」そのものに終始したわけではなく、むしろ、ローマ所有権法なりに「固有の展開史」をもつ[11]。このことを重視しながら、それとの対応関係のなかで、actio negatoria 固有の形成と展開の軌跡を浮き彫りにしていきたい、と思う。とはいえ、すでにヘルムート・コーイングもいうように、法現象を、ただ社会・経済史的な観点だけで説明できるものと考えるとするならば、それは重大な過誤に導くことにもなりかねない[12]。人類の偉大な歴史的・精神的財産であるところの「法」という社会現象を、とりわけ「経済還元主義」的に萎縮させることに対しては、わが国でもすでに自覚的な方法的省察が進展してきたし、その上に立つ新たな研究が深まりをみせてきた[13]。本稿は、そのような理論動向を踏まえつつ、ローマ法における actio negatoria の形成と展開を考察対象とする。つまり、ローマ法の社会・経済的背景に目配りしながらも、ローマ法固有の「展開史」とその方法的位置づけを重視しつつ、本稿は展開されていく[14]。以下さっそく、「古代」ローマ法における「所有権」観念の生成プロセスを、社会・経済的モメントを意識しつつ解明し、そのことを通じて actio negatoria が当時「未形成」であった根拠を確認しよう。

三　「古代」ローマ法における「私」的所有権の形成過程と actio negatoria の未形成

(1)　まず、「古代」ローマ法における「私」的所有権の形成過程をたどってみることにしたい。紀元前四五〇年ころ、かの「十二表法」(lex XII tabularum) が制定された時代、ローマ社会は、もっぱら農業社会であり、かつ家族（家父長）中心の社会であった[15]。ひとくちで言えば「農民性」(Bauerntum) に規定された社会であった[16]。このような「農民社会性」こそが、当時「古代」ローマにおける「法観」(Rechtsanschauung) の、社会・経済的かつ理念的な基礎を形成していたのである[17]。すなわち、農民的大家族制の「長」たる「家父」(paterfamilias) が、その

「家」ないし「家族」という小宇宙のなかで「ほぼ全面的な権力」を掌握していた。[18] かくして、家族の長たる「家父」こそ社会の構成単位であり、しかもそこでは取引関係の未成熟性とあいまって、厳格な「方式主義」(Formalismus) が支配していた。[19] このような農民社会的「方式主義」の支配は、いわゆる私的所有権 (das Privateigentum) という「法観念」ないし「法制度」の生成を著しく阻害した。こうして、当時、物的財貨 (Sachgüter) は、排他的な「家父」の権力のもとで、「家」ないし「家族」によって支配されるにとどまった。[20] このような「家父」の権力下での物的財貨の支配は、「家父」に従属する「家族」の直接的「物」支配と一体不可分であり、したがってそれを仮に「古代」的所有権といいうるとしても、それはあくまで「占有」(Besitz) と融合したものでしかなかった。[21] ちなみにその際、注意すべきであるのは、主要な生産手段である土地 (Boden) がすぐれて「集団的所有」ないし「共同体的所有」の対象であった、という点である。当時、「動産」(Mobilien) に対する事実上の個人的所有権 (das individualeigentum) はありえたかもしれないが、少なくとも「法制度」としての「個人的所有権」は確立してはいなかった、といってよいのではないか。この点はローマ法の専門家の間でも一個の争点となっているようである。[22] ここではさしあたり、次の見解に着目しておこう。すなわち、「古代」ローマ法では動産に対する「個人的所有権」が承認されうるとしても、それはもっぱら個々の家父にのみ認められていたに過ぎず、家父に従属する家族構成員にまで拡張されることはなかった、という見解に。[23] このように「古代」ローマ法では、動産の個人的所有権の確立自体、大きな疑問にさらされている。ここで、本稿が「私的所有権の形成」とはせず、「「私」的所有権の形成過程」と留保したのは以上の理由による。[24] いずれにせよ、少なくとも不動産としての「土地」については、それを「集団的」かつ「共同体的」な所有権の対象として語ることはできても、今日的な意味での「個人的所有権」を肯定する余地はない、といえるのではないだろうか。[25] ともあれ、この当時いわゆる実体法的な「所有権」概念自体、ほぼ全く未成熟であり、[26] もっぱら訴訟法的にのみ (nur prozessual) それが問題となりえたという点、一応留意しておきたい(27)。

（2）他方、「土地」所有権が上記のように「集団的」かつ「共同体的」であったことに基づき、actio negatoria の前提をなす「役権」概念そのものも、当時いまだ未形成であった(28)。なぜなら、自己の所有地を他人のために用益の対象として設定する行為の所産たる「役権」自体、「自己の所有地」という「個人的土地所有権」概念の形成と一体不可分なものとされるからである(29)。たとえばカーザーによれば、「古代」ローマ法で承認されうるのは、せいぜい「役権の前段階」（die Vorstufe der Servituten）であり、「分割所有権という思考形式」（die Denkform des geteilten Eigentums）でしかなかった、とされる(30)。すなわち、利用地の「所有者」（共同体構成員）のもつ共同的権限から、その「使用」を求めるところの所有権の「分割」が生じ、よって「機能的に制限された所有権」（ein funktionell begrenztes Eigentum）が承認されるにいたる(31)。しかも、そのような「機能的に制限された所有権」が侵害された場合に登場する所有権保護訴権は、当時、rei vindicatio でしかなかったという点にも注意を要しよう(32)。ともあれ actio negatoria の形成自体、その後の土地所有権の私的形成への歴史的展開に待たなければならず、さらにそれが独自の所有権保護訴権となるには、「古典期」ローマ法における所有権の特殊な性格に依拠しなければならなかったのである。その様相を次にみよう。

（8）原田慶吉『ローマ法（改訂）』（有斐閣、一九五五年）一頁参照。

（9）Vgl. Max Kaser, Das Römische Privatrecht, Erster Abschnitt, 2. Auflage, 1971, Vorwort. むろん、このようなカーザーによる時期区分が絶対的なものであるわけではない。一応の目安としてカーザーにしたがうにとどまる。たとえば、より政治制度的に、紀元前五一〇年までの王政期、紀元後二七年までの共和制期、同二八四年までの帝政期、そしてユスティニアヌス帝期を含めた専制期（紀元五六五年まで）の四期に区分する見解もある。Siehe dazu Herbert Hausmaninger/Walter Selb, Römisches Privatrecht, 8. Auflage, 1997, S. 31. なお、わが国では原田慶吉教授が、カルタゴに対する覇権確立に基づくローマ帝国の地中海世界支配と東・西ふたつのローマ帝国への分裂を画期として、第一期（紀元前七五三年―同二〇二年）、第二期（紀元前二〇二年―紀元後二八四年）、第三期（紀元後二八四年―同五六五年）の三分説を採用された。原田『ローマ法（改訂）』前掲注（8）一―二頁参照。これは、ほぼカーザーの時代区分に対応するものである。

(10) 本稿では「古典期」ローマ法の中に共和制末期のいわゆる「前」古典期ローマ法を含ませており、その意味で、広義の「古典期」ローマ法を対象とする。ちなみに、吉野悟『ローマ法とその社会』（近藤出版社、一九七六年）三頁は、このような理解が学問的に妥当性をもちうる、と指摘する。

(11) たとえば、吉野悟『ローマ所有権法史論』（有斐閣、一九七二年）四頁の観点が重要である。

(12) Helmut Coing, Rechtsentwicklung und Wirtschaftentwicklung im 19. Jahrhundert als Fragestellung für die Rechtsgeschichte, Festschrift für Franz Böhm zum 80. Geburtstag, 1975, S. 102.

(13) すでに戦前、法の「型態的存在」性に着目しながら、「法の階級的性格」一元論に対して鋭い批判を投げかけていた論稿がある。たとえば、加古祐二郎「社会定型としての法的主体に就いて」（一九三三年）同『近代法の基礎構造』（日本評論社、一九六四年）七四頁の指摘が、あらためて想起されるべきであろう。かつまた、そのような観点から戦後「法社会学論争」における山中康雄教授の「客観的法秩序論（客観的存在としての市民法論）」の存在意義が見直されるべきだろう。その端緒として、たとえば――その山中批判にもかかわらず――「法的上部構造」の相対的独自性を理論的に解明しつつ、「ブルジョワ法」の類型的普遍性を指摘した、藤田勇『法と経済の一般理論』（日本評論社、一九七四年）の内容（特に一三五頁以下、二一四頁以下）が再検討される必要があるように思われる。なお、上記加古祐二郎や山中康雄の問題意識を直接継承した、原島・前掲書『法的判断とは何か』（前注（7）末尾）一〇〇頁以下の「戦後の法学方法論」も、以上のような脈絡で主体的に捉え直されるべきだろう。さらに清水誠『時代に挑む法律学』（前注（3））一頁以下の「市民法論」、広中俊雄『民法綱要・第一巻上』（創文社、一九八九年）一頁以下の「市民社会に成立する基本的諸秩序」論やそれをさらに継承・展開し「市民的公共圏」・「市民的公共性」観念の意義を強調する吉田克己『現代市民社会と民法学』（日本評論社、一九九九年）八八頁、一〇六頁以下、あるいは安易な「近代法から現代法への趨勢」を批判して「近代市民法の原点論」研究の重要性を指摘する、池田恒男「日本民法の展開（１）民法典の改正——前三編（戦後改正による「私権」規定導入の意義の検討を中心として）」広中俊雄＝星野英一（編）『民法典の百年Ⅰ（全般的観察）』（有斐閣、一九九八年）四一頁以下、特に一〇九頁なども参照。他方、「経済還元主義」批判に力点をおくあまり、社会経済的モメントを捨象してしまうか、あるいは「お飾り」的に言及するにすぎない、という考察態度も、もしかするとわが国ではなお「有力」である、といえるのではあるまいか。いずれにせよ、「私法と社会との関係」をめぐる問題は、依然として残されたわれわれの研究課題、と言わなければならない。さしあたり、この点につき、拙稿・川角「オットー・フォン・ギールケの法思想と「私法の社会化」——ひとつの批判的「覚え書き」——」龍谷法学三四巻四号（二〇〇二年）六八頁以下も参照されたい。

（14）ただし「ローマ法固有の「展開史」とその方法的位置づけ」といっても、それ自体筆者にとっては大きな難問のひとつである。本小稿でその「難問」に直接対応することはできない。にもかかわらず、あえて述べさせていただくならば、かつて広中俊雄教授が『契約とその法的保護』（一九五一—一九五四年、広中著作集Ⅰ（前注（３））という大作のなかで描き出されたローマ契約法の姿を、「所有権とその法的保護」をテーマにそくして展開してみたい、という筆者なりの思い入れが、本稿には込められている。

（15）原田『ローマ法（改訂）』（前注（８））四頁参照。

（16）Vgl. M. Kaser, Das Römische Privatrecht, Erster Abschnitt (oben N. 9), S. 19. Siehe auch Gèza Alföldy, Römische Sozialgeschichte, 3. Auflage, 1984, S. 40.

（17）Vgl. M. Kaser, Das Römische Privatrecht, Erster Abschnitt (oben N. 9), S. 22.

（18）Vgl. M. Kaser, Das Römische Privatrecht, Erster Abschnitt (oben N. 9), S. 22-23: ders., Eigentum und Besitz im alteren römischen Recht, 2. Auflage, 1956, S. 1. Siehe auch G. Alföldy, Römische Sozialgeschichte (oben. N. 16), S. 16 und S. 24.

（19）Vgl. M. Kaser, Das Römische Privatrecht, Erster Abschnitt (oben N. 9), S. 23-24. ちなみに、このような「方式主義」(Formalismus) は、当時のローマ社会における神政政治的ないし家父長的な権威性と一体不可分であって、取引社会適合的な計算可能性 (Berechenbarkeit) を担保するところの「形式」合理性とは無縁である。たとえばマックス・ヴェーバー『法社会学』（世良晃志郎 訳、創文社、一九七四年）三七六頁以下の観点を参照。

(20) Vgl. M. Kaser, Das Römische Privatrecht, Erster Abschnitt (oben N. 9), S. 119 und S. 125. Siehe auch Dirk Olzen, Die geschichtliche Entwicklung des zivilrechtlichen Eigentumsbegriffs, JuS 1984, S. 330.

(21) Vgl. M. Kaser, Das Römische Privatrecht, Erster Abschnitt (oben N. 9), S. 121 und S. 373.

(22) In diesem Sinne siehe D. Olzen, Die geschichtliche Entwicklung des zivilrechtlichen Eigentumsbegriffs (oben N. 20), S. 330 Fn. 27.

(23) Paul Jörs/Wolfgang Kunkel/Leopold Wenger, Römisches Privatrecht, 3. Auflage, 1949, S. 122.

(24) 当時、そもそも今日的な意味での自由な人格の担い手としての「私」ないし「個人」という観念がありえたのか、問題となる（なお後注（42）も参照されたい）。Vgl. dazu M. Kaser, Das Römische Privatrecht, Erster Abschnitt (oben N. 9), S. 185 und S. 271: Fritz Schulz, Prinzipien des römischen Rechts, 1934, S. 95: H. Coing, Der Rechtsbegriff der menschlichen Person und die Theorien der Menschenrechte, in ders., Zur Geschichte des Privatrechtssystems, 1961, S. 62-63.

(25) カーザーの評価によれば、例外的に、生産手段としての土地以外の「生活用住居の敷地」(Hofgrundstück) についてだけは、家長の直接的で個別的な支配の対象となりえた、とされる。Vgl. M. Kaser, Das Römische Privatrecht, Erster Abschnitt (oben N. 9), S. 121. 言い換えるならば、「生活用住居の敷地」については「個人的所有権」の対象となりえた。いわゆるローマ伝説における「二ユゲラの土地」ないし十二表法でいう「宅地菜園」が、これに当たるのかもしれない。この点につき、吉野『ローマ法とその社会』前掲注（10）一一三頁参照。いずれにしても個人的な土地所有権のゲネシス論は困難な課題の一つであるが、本稿では一応上記のように理解しておく（言うまでもなく、土地所有権のゲネシス論については、個人的「労働」と共同体的「生産」との関係、「個人」と「家族」との関係などに視野を広げ、さらに「私有財産」制度と「国家」制度形成との関連でとらえ直していく必要がある。先駆的業績として、フリードリッヒ・エンゲルス「家族、市私有財産および国家の起源」（一八八四年）マルクス＝エンゲルス全集二一巻（大月書店版）所収、二五頁以下参照。なお最近、わが国では加藤雅信『「所有権」の誕生』（三省堂、二〇〇一年）が文化人類学的視点ならびに経済学的視点を織り交ぜつつ、この問題にアプローチする）。

(26) なお、当時の所有権論についてさらに問題となりうるのは、いわゆる「相対的」所有権概念 (das „relative“ Eigentumsbe-

griff）の評価であろう。ここで「相対的」というのは、いわゆる実体法的な「絶対性」概念で説明可能な所有権概念とのコントラストを意味するのであり、訴訟上、つねに相手方（被告）との関係で相対的にその所有権の存否が決定された、という「古代」ローマ法上の所有権概念の特質をいう。Siehe dazu M. Kaser, Das Römische Privatrecht, Erster Abschnitt (oben N. 9), S. 124. その際、rei vindicatio の「訴権」的機能、そしてより一般的に「実体法と訴訟法との関係」が問題となるが、この点については次注（27）参照。

（27）特に重要であるのは、rei vindicatio の文字通り「訴権」的機能である。すなわち、「所有権」であることを主張する原告は、訴訟上、つねに被告からの contra vindicatio にさらされていた（吉野『ローマ所有権法史論』（前注（11））一〇頁参照）。むしろ、原告は被告の contra vindicatio の「無原因」を積極的に主張する必要に迫られていた、といってもよい。そのように当時「所有権」は訴訟法的に初めてその存在が確認されうるにすぎなかった。この、現代法的課題にもつながる「権利の実在性」をめぐる問題、さらに「実体法と訴訟法との関係」をめぐる問題にも、さらに視野を広げて考察すべきであるが、本稿ではこの点に直接立ち入ることは避けたい。さしあたり、奥田昌道「古典期ローマ法における訴訟と実体関係——カーザーの研究を中心として」法学論叢六九巻二号（一九六一年）一頁以下参照。ちなみに rei vindicatio は、そのようなものとして、すでに当時「古代」ローマ法の時代から「純然たる対物訴権」（die reine actio in rem）とされており、よって「占有者の人格」に対する「対人訴権」的性格から截然と切り離されていた点も、一応ここで確認しておきたい。Vgl. M. Kaser, Das Römische Privatrecht, Erster Abschnitt (oben N. 9), S. 127. これとの関連で、近代法的な「請求権」概念は、ローマ法上の「訴権」構成からの所有権保護の実体法的転化を可能にしたという意味で画期的なものであったが、その際いわゆる「物権的」請求権が「請求権」的な「対人的」性質によって機能変化をとげたとすれば、その理由如何ならびにその妥当性如何について、それぞれ独自の検証が要求されてこよう。この点、本書第四章も参照。

（28）ここで「役権」（Servituten）という場合、それは„Dienstbarkeiten"を意味しており、地役権、用益権、制限的人役権などを総称している。これらが歴史的にどのように、いかなる相互関係のもとに形成されたか、興味深いテーマであるが、本稿では触れない。さしあたり原田『ローマ法（改訂）』（前注（8））一二三頁以下、吉野『ローマ法とその社会』（前注（10））一四五頁以下、さらに河上正二（訳著）『歴史の中の民法・ローマ法との対話』（日本評論社、二〇〇一年）二〇四頁以下参照。

(29)「なにびとも自己の物に役権を有することなし」(nulli sua res servit) という「古典期」ローマ法の原則 (Ulpianus, D. 7, 6, 5 pr.: Paulus, D. 8, 2, 26.) がそれを側面から実証している、といえる。これはその後、「古典期」ローマ法において成立をみた個人的な「所有権の本質」(das Wesen des Eigentums) から帰結されるべきことだから、である。Vgl. M. Kaser, Das Römische Privatrecht, Erster Abschnitt (oben N. 9), S. 443.

(30) Vgl. M. Kaser, Das Römische Privatrecht, Erster Abschnitt (oben N. 9), S. 143. いわば「共同体」そのものが、土地「所有権」(下部的所有権) を有し、その構成員が恒常的な使用収益権 (上部的所有権) を有する構造だけが問題であった、といえよう。なお、この「古代」ローマ法以降の「分割所有権」の歴史的展開については、vgl. Frank Martin Krauss, Das geteilte Eigentum im 19. und 20. Jahrhundert, Eine Untersuchung zum Fortbestand des Teilungsgedankens, 1999, S. 17 ff.

(31) Vgl. M. Kaser, Geteiltes Eigentum im altrömischen Recht, in: Festschrift für Paul Koschaker, 1. Band, 1939, S. 447.

(32) Vgl. M. Kaser, Das Römische Privatrecht, Erster Abschnitt (oben N. 9), S. 143: ders, Eigentum und Besitz (oben. N. 18), S. 18.

第三節　「古典期」ローマ法における役権訴権としてのアクチオ・ネガトリアの形成とその歴史的意義

一　「古典期」ローマ法における個人的所有権観念成立の社会・経済的背景

(1)　すでに述べたように、actio negatoria が「役権」の存在を前提とするという場合、それは、もっぱら個人的な土地所有権の成立をその基本的な条件とするものであった。そして、そのような個人的土地所有権の成立によって初めてローマ法的な意味における「一般的」な所有権観念が形成されるにいたった、といえる。そのためには、

「古典期」ローマ法における、その農業社会的性格から商業都市社会的性格への「質的変化」を視野に入れないわけにはいかない。[33] ここでは、その「質的変化」についての社会・経済的背景とその意義を、ごく簡潔に確認しておくことにする。

（2）　上記、ローマ法における農業社会的性格から商業都市社会的性格への「質的変化」を視野に入れるという場合、まずもって肝心な歴史的出来事は、紀元前二〇一年終了の二次にわたるポエニ戦争によってもたらされたロ、ー、マ、社、会、の質的変貌を挙げないわけにはいかない。[34] カーザーは、これを「農民社会から商取引と貨幣流通（Handel und Geldverkehr）が規定的な役割を演じる新たな生活関係」への変化としてとらえ、よってローマ社会は「新たな性質」を獲得し、それに応じてローマ法は「私法の新たな形成」（eine Neugestaltung des Privatrechts）を要求した、という。[35] とりわけローマの地中海世界への帝国主義的拡張にともない、大量の賠償金・戦利品・鉱山収入・捕虜売却金さらに属州からの課税収入などとならんで、大量の戦争奴隷がローマ社会に流入してきた、という事実が決定的な転換をもたらした。[36] これによって、ローマ社会は、比較的高度な商品経済・貨幣経済が展開する段階へと到達しえた。[37] このような「商品経済・貨幣経済の展開」は、かつての厳格な「方式主義」（Formalismus）による制限を、その「桎梏」と感じないわけにはいかなかったであろう。すなわち、当時比較的高度に展開した商品取引さらには信用取引は、「可動性」（Beweglichkeit）と「実質的妥当性」（Sachgerechtigkeit）とを強く要求した。[38] さらに法務官（praetor）は、古くヘレニズム時代からその沿革をもつ銀行制度[39]（Bankwesen）を発展させ、土地の担保化を可能にし、よって「土地取引の簡便性」（eine Leichtigkeit des Grundstücksverkehrs）をもたらした。[40]

二　「古典期」ローマ法における個人的所有権概念の法的意義

（1）　以上のような社会・経済モメントの展開をうけて、あるいはその展開とともに、「古典期」ローマ法特有の法現象が産出された。それは「人格」概念における大きな変化であり、それとの関連における「個人的所有権」観念の一般的形成である。つまりはこうである――この時期、いわゆる「個人主義」（Individualismus）が、初めて歴史的に登場したのであるが、カーザーの見解にそくしてこれを言い換えるならば、「古代」ローマにおける農業主体的生活関係からの転換の帰結として、「古典期」ローマにおける商品経済の法的主体としての「個人」がようやく自覚されるにいたった[41]。むろん、ここでもローマ的「個人主義」は、そのローマ的固有性によって歴史的に規定されていたのであって、けっして「近代的」個人主義と直結されるべきではない[42]。しかしそれにもかかわらず、法的にはこの「個人主義」の確立は大きな意義をもち、強い波及効を及ぼした。すなわち、この法的「個人主義」によって――現実にはそれが「普遍的」法現象ではなかったにもかかわらず――特定財産の支配者としての「個人」（Person）が観念され、かつまたその客体としての財産＝物が、法的には一般的な意味での「所有権」の対象となるにいたった。言い換えるならば、この時期、「ローマの個人主義は所有権自由（Freiheit des Eigentums）という形で展開した[43]」のである。その際、注目しておく必要があるのは、第一に所有権が「占有」（possessio）から明確に分離され、第二に「制限物権」（die beschränkten Sachenrechte）が独自の存在意義を発揮するにいたった、ということである[44]。とりわけ、前者「所有権の占有からの分離」によって、いわゆる相対的所有権から絶対的所有権への架橋が可能となり、かつまた後者「制限物権」制度の確立によって、所有権内部でのいわゆる「機能的分割所有権」（das funktionell geteitle Eigentum）という構成に依存する必要性が、もはや失われた[45]。この二つのエレメントが相互に作用しながら、「古典期」ローマ法上の「絶対的所有権」が確立した、といえる。

(2) ただし、にもかかわらず、なお留意する必要があるのは、「古典期」ローマ法における「絶対的所有権」そのものの「歴史的固有性」である。なるほど、このローマ的「絶対的所有権」は、一見したところ今日的な「実体法」的所有権の〈原型〉であるようにも見える[46]。しかしながら、たとえば「相対的」所有権から「絶対的」所有権への「転換」が承認されるとしても、それはもっぱら民事訴訟手続、なかでも返還訴訟手続（Vindikationsverfahren）の変化に基づくものであった、といわなければならない。すなわち、訴訟上、つねに相手方（被告）との関係で相対的にその所有権の存否が決定されたという「古代」ローマ法上の「相対的」所有権概念の特質（前注（26）参照）が「古典期」ローマ法における「所有権の占有からの分離」によって「転換」せられたとする場合、それは「所有権返還の訴」（rei vindicatio）における立証方法の「転換」、すなわち「二面的」（zweiseitig）で相対的＝相互的な「汝は所有者であるか」という裁判立証手続から、「一面的」（einseitig）で絶対的な「私が所有者である」という裁判立証手続への「転換」、という歴史的プロセスと一体不可分であった[47]。言い換えるならば、素朴な農耕社会において物に対する事実的支配が重要な役割をもっていたところの「古代」ローマ法においては、それとパラレルな形で所有権と占有との「未分離」、ないしその「融合」を承認することができるのであり、したがって当時の「対物訴訟」（actio in rem）としての rei vindicatio においても、訴訟当事者が相互に「自己の所有権」を主張し、かつ「相手方の所有権に関する有権原」（あるいは相手方の占有原因）を争う形態をとることになったのに対して、その後「古典期」ローマ法上の「対物訴訟」[48]においては——その歴史的経過をあえて単純化するならば——所有権者（権利主張者＝原告）が積極的に自己の権利取得原因を証明すれば十分であり、相手方の「所有権に関する有権原」（ないし相手方の占有原因）の不存在を立証する必要はない、とする裁判立証制度へと統一化されるにいたったのである[49]。その理由は、やはりすでに指摘した「古典期」ローマ法そのものの社会・経済的背景に求められることになろう。すなわち、商品経済・貨幣経済の進展（「ローマが世界的な取引・交通の中心となった事実」）によって「所有権者の法意識」が質的に転換したことを、ここで挙げないわけにはいかない[50]。しかし、それにもかかわらずその「転換」は、なおローマ法的訴権制度（ローマ裁判制度）の枠内での転換にとどまった。「古典期」ローマ法における「絶対的」所有権は、そのような意味において訴訟手続上の「絶対性」をいうにすぎず、つまるところそれは、上記裁判立証手続上の「一面性」（Einseitigkeit）を意味するものにほかならなかった。こうして、カーザーもいうように、「古典期」ローマ法において、いわゆる「実体法」的な「統一的所有権」観念は依然これを語ることはできず、[51] さしあたりそれは、「後」古典期（特にユスティニアヌス帝法典編纂過程）における概念的に抽象化された意味での「統一的所有権」観念の記述化へと「変質」せざるをえなかったのである。[52] ともあれ、以上のような「古典期」ローマ法における所有権観念の生成をうけて、actio negatoria もまたその「固有の歴史」をもつにいたる。

三 「古典期」ローマ法における「役権訴権」としての actio negatoria の形成

(1) 以上、確認したように、「古典期」ローマ法における所有権は、訴訟手続上の変化に対応する形で「絶対的」所有権へと、その変貌を遂げた。したがって、その意味において、つまりは訴権的「所有権」という意味で、この時期実体的に「純化」された「統一的所有権観念」が存在していたわけではない。にもかかわらず当時の商品取引・貨幣経済の進展のもと、ローマ市民の「法意識」においては、「これは私の所有する物である」という個人的所有権観念が浸透したことは、やはり否定できない歴史的事実であった。そのような展開を受けて、とりわけ「土地」所有権の個人主義化＝私的所有権化の進行とパラレルな形で、しかも「契約」による「土地」所有権の広義の「処分自由」が承認される過程に対応しつつ、「役権訴権」としての actio negatoria が形成されるにいたった。

(2) まず確認すべきは、「役権」（servitutes）ならびに「用益権」（usus fructus）が、この時期、独自の物権の客体として承認された、ということである。[53] ここでは、特に前者が問題となろう。この「役権」は、当時「握取行為」（mancipatio）や「法定譲渡」（in iure cessio）および「物権遺贈」（legatum per vindicationem）という方法で設定された。[54] その前提となったのは、（「物権遺贈」を別とするならば）やはり「古典期」ローマ法における「土地」所有権の私的帰属化と「契約自由」の一般化の進展であったろう。[55] そのようにして適法に形成された「役権」の存在・不存在をめぐって争いが生じた場合、役権者が土地所有権者に対して「役権の存在を認めよ」と請求するための訴権が「役権認諾訴権」（actio confessoria）であり、逆に土地所有権者が「僭称役権者」に対し「おまえには役権がない」として役権の存在を否定するための訴権が「役権否認訴権」（actio negatoria）であった。ただし、本稿の問題関心にてらして重要な点は、この時期 actio negatoria がすでに法制度的に確立していたといえるか、ということである。法制史家のあいだでは争点となっているようであるが、[56] 本稿ではすでに述べたように、actio negatoria が、「古典期」ローマ法における「土地」所有権の私的帰属化と「契約自由」の一般化の進展とともに、この時期「対物訴権」としての明確な輪郭を与えられるにいたった、と解しておく。[57] とりあえず本稿では、この理解を前提とする。[58]

(3)　それでは「古典期」ローマ法において、actio negatoria は、より具体的にいかなる法的機能を担ったであろうか。まず第一に確認しておかなければならないのは、この当時 actio negatoria は、もっぱら僭称された役権の防御のためにのみ機能したのであり、「権利僭称」（Rechtsanmaßung）がなければ actio negatoria の出る幕はなかった、ということである。[59] この点にこそ、当時の actio negatoria の本質が見いだされるべきであり、その点を特に重視して、カーザーは次のように言っている。すなわち「ネガトリア訴権の目的は二つある。ひとつは主張された（役権による）制限からの所有権の自由を確認することであり、もうひとつは争点決定（litis contestatio）の時点で妨害が除去されたであろう場合にそうであったであろう状態へと回復せしめる、ということである」。[60] なお、ここでの「争点決定」は、すでに確認したように（前注（48））、被告の応訴を前提とするのであって、もし被告が「争点決定」に協力するならば、その場合には一般的に被告は自己の所有権の存在をもって争う意思を表明したことになるわけであるから、原告勝訴の場合には、いわゆる「悪意の占有者」と同じ法的サンクションを受けるべきこと、当然であった。このように、ローマ民事訴訟制度に独特なかたちで、「争点決定」を媒介とした「損害賠償（原状回復）」モメントが「対物訴訟」に紛れ込んでいる点に、十分な配慮がなされなければならない。[61] これを言い換えるならば、たとえば rei vindicatio において「争点決定」以降、目的物について生じた「損害」（Schäden）は、ただ例外的にのみ「原状回復原理」（das *restituere*-Prinzip）を呼び起こすにすぎないのであって、これに対して「争点決定」前に生じた損害は、けっして rei vindicatio による法効果の対象とはなりえなかったのである。[62]

(4) なるほど、このような見解には、なお異論がありえよう。たとえばイエルス＝クンケル＝ヴェンガーのローマ法教科書では、actio negatoria はなお諸種の原状回復効を内在化していたのであり、役権僭称のもとに生じた損害の賠償もその射程に入っていたとし、その根拠としてローマ法文 C. 3, 34, 5 を挙げている。[63] しかしながら、この C. 3, 34, 5 で問題にされているのは、もっぱら違法行為によって惹起された「損害」そのものであった。以下、当該法文を示しておこう。

„Si quid pars adversa contra servitutem aedibus tuis debitem *iniurose* extruxit, praeses provinciae revocare ad pristinam formam, *damni* etiam ratione habita, pro sua gravitate curavit."（試訳「もし相手方当事者（被告）が彼の住居にそなわった役権に反して違法な方法で（*iniurose*）建築をおこなった場合には、地方総督は、その職務に忠実であるならば、かならずや被告に対してその住居を従前の状態に復旧するよう命ずるであろう。なぜなら、この場合には被告によって生ぜしめられた損害（*damnum*）を特に顧慮する必要があるからである」（強調部分は引用者[64]。）

要するに、この法文で問題となっているのは、被告による「権利僭称」（Rechtsanmaßung）ではなく、端的に「違法な行為態様」（widerrechtliche Handlungsweise）そのものにほかならない。[65]

(5) ところで、対物訴権としての rei vindicatio ないし actio negatoria が問題となる場合に、「果実」の賠償責任はどのような法的性格をにないえたであろうか。その場合、rei vindicatio や actio negatoria に固有な責任内容として「損害賠償」が問題となりえたであろうか。この点に関連して言及されるのが、D. 7, 6, 5, 6 である。この法文は次のようにいう。

„Sicut fructuario in rem confessoriam agenti fructus praestande sunt, ita et proprietatis domino, si negatoria actione utatur : sed omnibus ita demum, si non sit possessor qui agat（nam et possessori competunt）: quod si possident, nihil fructuum nomine consequentur, quid ergo officium erit iudicis quam hoc, ut securus consequatur fructuarius fruendi licentiam, proprietatis dominus, ne inquetetur?"（試訳「用益権者が認諾訴権でもって提訴する場合に、彼が収取した果実の帰属がその用益権者に許与されるのと同様に、土地所有権者が役権僭称者に対して否認訴権を行使する場合にも同じことが認められなければならない。ただし、これが問題となるのは原告が占有者でない場合に限られる。なぜなら、〔役権を僭称する〕占有者には彼にもまた、かの認諾訴権が帰属するからである。それゆえ、役権僭称者が占有をなしていれば、土地所有権者は果実に関してなにひとつ請求しえない。かくして、用益権者にその役権利用についての障害なき自由をあてがうか、あるいは土地所有権者を妨害から保護するかは、ひとえに裁判官の職務内容に依存することがらである、といえる」。）

このローマ法文から、果実ないし収益の「損害賠償」機能が actio negatoria に固有内在していた、と理解しうるであろうか。一見したところ、そのようにも解しうる。しかしながら、このような見解に対しては、たとえばイエーリングによる有力な批判がある。イェーリングは次のように言っている。

「ローマ法上の訴訟方式についてなにがしかの見識をもつ者ならば、rei vindicatio に関して、その訴権が「それは私のものである」（rem meam esse）という請求表示によって過去の損害賠償（Schadensersatz für die Vergangenheit）に向けられうるなどとは誰も考えはしないであろう。被告が目的物を訴訟開始前に侵害していた場合には、それに帰因する損害賠償についてはrei vindicatioはなんら問題とはならない。むしろ、その損害賠償は、不法行為法上のアキィリア訴権の対象と考えられるべきなのである。（中略）以上のことは、actio confessoriaについても、またactio negatoriaについても同様にあてはまる[66]」。

これを言い換えるならば、被告がactio negatoriaによって（果実ないし収益についての）損害賠償の責めを負うのは、「争点決定」以降、有責判決を受けるかもしれないというサンクションを被告がみずから負担する場合に限られていたのであり、それはもっぱらローマ民事訴訟制度（つまりはローマ法における私権保護制度）の固有性に規定されたところの歴史的事象にほかならなかったのである[67]。近時、エドゥアルト・ピッカーも、現行ドイツ民法上のネガトリア請求権論を展開するにあたって、特に以上の点を強調したのであり[68]、「法の歴史的考察方法」のありかたを考えていくうえで一つの重要な方法的手がかりを与えるものとなっている[69]。

(6) 以上の観点を基本とするならば、かつてわが国で川島武宜教授がその歴史的研究[70]において、actio negatoria内在的に「諸種の責任訴権」、なかんずく「雨水阻止訴権」（actio aquae pluviae arcendae）、「未発生損害担保問答契約」（cautio damni infecti）、「新工事の通告」（operis novi nuntiatio）、「暴力または隠秘による妨害排除特示命令」（interdictum quod vi aut clam）を取り込み、よってそれを自己の「責任説」的ネガトリア論の根拠としたことの当否が、あらためて検証されなければならない[71]。この点に関しては、わが国でもすでに原島重義教授による批判的検討（当該「諸種の責任訴権」が文字通り「特示命令」という「仮の規制」にすぎなかったり、損害発生を要件とする特殊な不法行為訴権であったり、問答契約（stipulatio）としての性格を維持していたりして、もっぱら「人的訴権」としての基本的特質によって貫かれている、という指摘）がなされている[72]。以下本稿では、上記の観点をもとに、原島教授による批判的検討を本稿なりにやや敷衍してみよう。

(7) まず、「雨水阻止訴権」（actio aquae pluviae arcendae）の法的性質を確認しておこう。ローマ法上、この「雨水阻止訴権」は、ある者がその所有地に雨水流入をコントロールするための予防的措置を積極的にとったがために、かえって彼の隣人の所有地に雨水が流入するにいたり、当該土地の変成（Konfiguration）をもたらす、という特殊な要件のもとで認められていた。[73] 言い換えるならば、雨水阻止のため、あらかじめ被告によって「人工的に作出された工作物」（opus manu factum）が、雨水の自然的な流れを変更させ、よってその隣人（原告）に損害を与えた、という事実関係こそが肝心な意味をもつ。[74] その意味で、「雨水阻止訴権」は、別名「雨水排泄施設撤去請求権」とも呼ばれる。[75] 以上の点に関連するローマ法文D. 39, 3, 1, 1を、次にみておこう。

„(...) totiensque locum habet, quotiens manu facto opere argo aqua nocitura est, id est qum quis manu fecerit, quo aliter flueret, quam natura soleret, (...) quod si natura aqua noceret, ea actione non continentur." （試訳「人工的に作出された工作物によって他人の田畑に損害が加えられるおそれが、しばしば生ずる。すなわち、ある者が積極的に工作物を備えたことによって、雨水の自然な流れが妨げられ、よって隣人に損害が付与される、ということがありうる。（中略）しかしながら、その自然な流入によって雨水が損害を惹起した場合にまで、この訴権が適用されるということはない」。ちなみに„nocere"とは、「害する（損害を加える）」という意味をもつラテン語である。

要するに、この「雨水阻止訴権」は、みずから積極的に施設を建築した土地の所有権者（被告）に対して、それにより、隣人（原告）が損害を被った場合に限って、被告の全面的な費用負担による妨害施設の除去請求を認めるものであった。[76] すなわち、被告の主観的な帰責事由（故意・過失）は必ずしも要件とはなっていないものの、被告の積極的な行為と原告の損害とが要件となっている点において、この訴権は文字通り「対人訴権」としての不法行為訴権に準ずるものであった。[77]

(8)　つぎに「未発生損害担保問答契約」（cautio damni infecti）をみよう。この訴権は、家屋や施設の倒壊によって将来的に隣人間で生じうる損害賠償に備え、「問答契約」に基づいて法務官が先行的な担保の提供を被告に命ずる、という内容をもつ。[78] この訴権の特殊性は、原告・被告間の「未発生損害」(damnum nondum factum) を対象とする「担保設定の問答契約」が先行することによって、原告のもとでの損害の発生を訴権提起時に要件とはしない、ということである。[79] ここでは、あくまでも損害賠償が問題となるのであるから、当時のローマ法のもとではアキィリア訴権の対象となるはずであった。それでは、このアキィリア訴権の拡張適用によって原告は保護を受けえなかったであろうか。なるほど、古典期ローマ法においてこのアキィリア訴権は、故意・過失に基づく被告の積極的行為(作為)による不法な物的損害付与 (damnum iniuria datum) から「不作為」等によるそれへと「拡張」された。[80] しかしながら、このアキィリア訴権がすでに発生した損害を要件とするという枠組みは維持されたのであって、未発生の損害についてアキィリア訴権の適用はなかったのである。それゆえ、この「未発生損害担保問答契約」の独自の機能が要求された。すなわち、たとえ損害発生前であっても、被告が原告に担保の提供をおこなっていれば、その「問答契約に基づく訴権」(actio ex stipulatu) によって、原告は損害を惹起するおそれのある被告を相手取って訴えに及ぶことができたのである。[81] 要するに、この「未発生損害担保問答契約」は、不法行為法上のアキィリア訴権と基本的性質を同じくしながらも、損害発生前の予防的かつ予備的な法効果を原告に付与するという点で、アキィリア訴権との関係では補完的な機能をになった、といえる。[82] それゆえ、この「未発生損害担保問答契約」もまた「対人訴権」であり、けっして「対物訴権」に組み入れられることはなかったのである。[83]

(9) それでは「新工事の通告」(operis novi nuntiatio) について、どのような性格づけが可能であろうか。簡潔に論じてみよう。たとえばカーザーの評価によれば、この訴権(特示命令)の趣旨とするところは、他人の建築行為によって損害をうける者が、その他人に対して建築工事継続の禁止を請求できる、という点にある。[84] これにつき、例えば D. 39, 1, 1 pr は次のように言う。

„Hoc edicto promittitur, ut, sive iure iniuria opus fieret, per nuntiationem inhiberetur, deinde remitteretur prohibito hactenus, quantenus prohibendi ius is qui nuntiasset non haberet."（試訳「この（「新工事の通告」という）特示命令によって、ある新たな建築行為が正当におこなわれたものであれ不法におこなわれたものであれ、その新築行為を理由とする異議申し立てによってその新築行為は禁止されることが承認されている。ただし、その禁止は、通告者になんら禁止権が帰属しないことが判明した限りで、再び消滅することになろう」。）

この場合、operis novi nuntiatio は、actio negatoria といかなる関係に立つであろうか。D. 39, 1, 1 pr 自体からは、それほど明確に推認することはできない。にもかかわらず、すでに指摘したように、この operis novi nuntiatio は、他人の新築行為によって「損害」を被った者に、建築継続禁止権が認められる、とするものであって、これもやはり「損害」の発生をその要件とする、といえる(85)。そのような要件枠組みのもとで、operis novi nuntiatio は一種の「私的禁止」（ein privates Verbot）の機能をも果たす(86)。しかも、この、operis novi nuntiatio は、以上の要件枠組みのもとで、さらに一定の時的制約にも服する特殊性を帯びていた。すなわち、問題の新築行為が完了するまでに通告者が「新工事継続禁止」の訴えをしないと、彼の異議申し立ては失効してしまうのである(87)。要するに、すでに述べた cautio damni infecti が既存建物による損害の予防的ないし損害担保的機能をいとなむのに対して、この、operis novi nuntiatio は、新築行為による損害からの防止的効果を目的とすることによって、相隣的建築物関係における不法行為的損害惹起からの所有権保護機能を、両者あいまって補完的に実現していた、といえる(88)。

⑽　最後に、「暴力または隠秘による妨害排除特示命令」（interdictum quod vi aut clam）についてはどうか。これもごく簡潔に論じるにとどめよう。結論的に、この「暴力または隠秘による妨害排除特示命令」は、以上の cautio damni infecti や operis novi nuntiatio を、さらに補完する機能をいとなむ。すなわち、たとえばある者がその所有地上で「暴力的」に、あるいは「隠秘」に何らかの作業を行うことによって損害が生じた場合には、法務官のこの特示命令によって原状回復ないし損害発生源たる施設の除去が可能とされた(89)。その意味において、この interdictum quod vi aut clam は、「原状回復」的であり、かつまた「禁止的」な法効果をもたらす。その際、注目する必要があるのは、この interdictum quod vi aut clam が「罰的」（pönal）に機能していた、とされる点である。[90] すなわち、この特示命令は妨害源たる工作物そのものに「物的」に向けられたのではなく、被告の「暴力」ないし「隠秘さ」という被告の行為ないし彼の主観的事情に対して「人的」に向けられていたのである。そのような意味で、この interdictum quod vi aut clam もまた「対人訴権」であって、しかも「私力の不当な行使を理由とする不法行為訴権」（Deliktsklage wegen Eigenmacht）であった、といえる。[91]

四　小括

(1) 以上、概観したように、「古典期」ローマ法において actio negatoria は、個人的「土地」所有権の一般的展開（当時それは統一的な「所有権」論そのものの展開をも意味した）とパラレルな形で、「役権訴権」（すなわち役権「否認」訴権）としての法形象を獲得し、よって同時に「対物訴権」（actio in rem）としての法的性格を帯びるにいたった。とりわけそれは、役権の僭称者に対する土地所有権の防御的機能を果たした。したがって、actio negatoria は、並行的に「土地」所有権を保護するための法的役割を営みえたのである。そのような意味において、actio negatoria は、ある種「所有権保護訴権」でもあった。

(2) しかしながら、当時 actio negatoria は、やはり個別的な「役権訴権」としての法的性格を脱することはできなかった。それは——以下論じるように——「後」古典期ローマ法においても基本的に変化はないのであって、actio negatoria の一般的所有権保護機能を語るためには、やはり所有権そのものの一般的・抽象的・統一的・観念的な所有権への質的変化（端的にいえば近代的所有権の歴史的生成）をまたざるをえなかった。ただし、それに関する立ち入った考察は、別の機会にゆずらざるをえない。[92] さしあたり、ここでは個人的「土地」所有権観念の成立によって、「ローマ市民のための所有権」（dominium ex iure Quiritium）が一般的に成立するにいたったものの、しかしそれはなお即物的であって、近代的所有権の「一般性」とその基本的性質を異にした、という点のみ指摘しておくにとどめておこう。(93)

(3)　むしろ、ここで「再」確認しておくべきことは、当時 actio negatoria が「役権訴権」として限定的な形で「土地」所有権の保護機能を果たしえたという場合、それはあくまでも「対物訴権」としての保護機能にほかならなかった、ということである。すでに本稿では、actio negatoria と区別されるべき相隣的所有権保護訴権（actio aquae pluviae arcendae, cautio damni infecti, operis novi nuntiatio, interdictum quod vi aut clam）が「対人訴権」であったことを確認した。念のため、ここでは D. 8, 7, 5, 17, 2 をとりあげ、以上の論証を補完しておこう。この法文は次のように言う。

„Secundum cuius parietem vicinus sterculinum fecerat, ex quo paries madescebat, consulebatur, quemadmodum posset vicinum cogere, ut sterculinum tolleret. respondi, si in loco publico id fecisset, per interdictum cogi posse, sed si in privato, de servitute agere oportere: si damni infecti stipulatus esset, possit per eam stipulationem, si quod ex ea re sivi damni datum esset, sevare."（試訳「ある者がその隣人の壁にそって肥料だめを設置したところ、そこから壁を通って隣地に湿気が入り込んだ。そこで、その隣人が、いかなる方法でその肥料だめを撤去させることができるか、助言を求めてきた。それに対して私（Alfenus）は、次のように答えた。すなわち、その肥料だめの設置者が、かりにこれを公共の場所に設置したとしたならば、特示命令でその撤去が強制されることになるだろう。これに対し、もし彼がこれを自己の私有地に設置した場合には、隣人は役権否認訴権でもってその撤去を実現することができるだろう。他方、損害が発生する可能性があるとして問答契約が設定された場合には、その隣人は当該の事実関係から生ずる損害の賠償請求もなしうるであろう、と」。）

こうして、この法文では、より直接的な形で「対物訴権」としての actio negatoria と「対人訴権」としての損害賠償訴権との対比がおこなわれている。けっして actio negatoria によって損害賠償まで認められることにはなっていない。この点の確認が、あくまでも肝心な意味をもつ。[94]

(33) ただし、そのように農業社会的性格から商業都市社会的性格への「質的転化」を語る場合であっても、必ずしも単純な図式化が可能なわけではなく、あらゆる歴史的諸事件がその属性とするように固有な「過渡的現象形態」にも注目しておく必要がある。たとえば、土地の個人的所有権が紀元前四四三年の戸口財産調査長官（censor）による統制下におかれ「軍、財政、投票等の基礎」になっていたこと（その意味で土地に関する「完全所有権」を語りうるとしても、しかし「ローマ市民の土地所有がたんなる財産所有ではなくて、政治的な諸権利や軍事的な防衛義務の基準」としての意味ももっていたということ）や、当時のローマ国家が土地の経営状態に深い関心をもっており、定住共同体・氏族共同体による土地所有権譲渡規制がおこなわれていたこと（あるいは当時の「所有関係の公法的機能」）などについて、吉野『ローマ法とその社会』（前注（10））一一八頁以下、一二六頁参照。ただ、これはあくまでも「古代」ローマ所有権論に属することがらであって、「古典期」のそれとはやはり「質的」には異なる、といってよかろう。図式的短絡化は回避しながらも、しかし時代時代の歴史的な Typus を可能な限り浮き彫りにするということ、これが本稿の基本的視点である。なお、本稿後注（37）の観点も参照。

(34) 「第二次ポェニー戦争はローマにとってあらゆる面で転換期であった。この戦争が古典期ローマの生成期を終了させたのである。……この第二次ポェニー戦争と同時に、ローマがイタリアの一勢力にすぎないという時代は終わった。……これがローマを僅か数十年間に古代における世界支配的大強国へ押しあげた」。エルンスト・マイヤー（鈴木一州訳）『ローマ人の国家と国家思想』（岩波書店、一九七八年）七七頁参照。

(35) Vgl. M. Kaser, Das Römische Privatrecht, Erster Abschnitt (oben N. 9), S. 177–178. So auch W. Kunkel, Römische Rechtsgeschichte, 12. Auflage, 1990. S. 48–49 und S. 78 ff. G. Alföldy, Römische Sozialgeschichte (oben. N. 16), S. 44–45 und S. 85.

(36) 弓削達『地中海世界とローマ帝国』（岩波書店、一九七七年）七八頁以下、特に八三頁、同『ローマはなぜ滅んだか』（講談社、一九八九年）七〇頁。

（37）　いわる「古代ローマ資本主義論争」が、この点の評価に関わる。いいかえると、「比較的高度な商品経済・貨幣経済が展開する段階」という場合に、なにを「比較の対象」とするか、という問題でもある。少なくとも商品経済がその生産主体と流通主体ならびに消費主体において一般化した近代資本主義社会と「比較」する限りで、ローマ帝国による地中海支配当時の経済体制は、これを「資本主義」というには慎重たらざるをえないであろう。たとえば、当時のローマ帝国における「富の総量」のなかでの「農業と商工業の寄与率」を問題とするならば、はるかに農業課税の方が優位を占めていたとする、弓削『ローマはなぜ滅んだか』（前注（36））五五頁以下、五八―五九頁参照。ちなみに、このような農業経営の優位は、大量の奴隷労働力によって支えられたところの「大土地所有（ラティフンディウム）」による農業生産を可能にしたのであり、それによって一握りのローマ特権層に富の集中化現象が生じ、一時的ながらもローマに独特な「商品経済・貨幣経済」が展開した、といえる（弓削・前掲書『ローマはなぜ滅んだか』八三頁以下参照）。本稿は、ローマ法における農業社会的性格から商業都市社会的性格への「質的変化」を、以上のような脈絡においてとらえている。

（38）　Vgl. M. Kaser, Das Römische Privatrecht, Erster Abschnitt (oben N. 9), S. 178. こうして、当時、いわゆる「万民法」（ius gentium）が形成された。この点につき、siehe auch W. Kunkel, Römische Rechtsgeschichte (oben N. 35), S. 74.

（39）　ただし、ローマにおける「銀行」制度の性格規定については、近代と古代との質的相違の評価をめぐる論争がある。たとえば、瀧澤栄治「ローマの「銀行」制度と法――ローマ法研究の新しい視角」法制史研究四五巻（一九九五年）一一三頁以下参照。

（40）　このような土地の担保化（さしあたり不動産質権からその後の抵当権へと展開するそれ）は、しかし、土地の安定的利用を前提とする農業経済（Agrarwirtschaft）そのものにとっては危機を孕んだものでもあった。So auch M. Kaser, Das Römische Privatrecht, Erster Abschnitt (oben N. 9), S. 178.

（41）　Vgl. M. Kaser, Das Römische Privatrecht, Erster Abschnitt (oben N. 9), S. 184-185.

（42）　カーザーは、ローマ法的「個人主義」を過大評価してはならない、と警告する。Vgl. dazu M. Kaser, Das Römische Privatrecht, Erster Abschnitt (oben N. 9), S. 184 Fn. 35. またフリッツ・シュルツもローマ法的「自由」概念の歴史的制約に関連して同様な立場を示す。F. Schulz, Prinzipien des römischen Rechts (oben N. 24), S. 95. ここではローマ的「家長権の独自性」が、さらに問われなければならない。さしあたり、エールリッヒ『権利能力論』（前注（3））四六頁以下参照。

（43）Vgl. M. Kaser, Das Römische Privatrecht, Erster Abschnitt (oben N. 9), S. 374. So auch F. Schulz, Prinzipien des römischen Rechts (oben. N. 24), S. 102-103. むろん、ここでもローマ法的「自由」観念それ自体の歴史的被制約性に留意しておく必要がある。特に、次のカーザーの指摘は重要である。「伝統的なローマ的所有権は市民の特権のための制度（ius civile）であって、つまりは「ローマ市民のための所有権」（dominium ex iure Quiritum）だったのであり、非市民（Nichtbürgern）にとっては無縁のものであった」。Vgl. dazu M. Kaser, Das Römische Privatrecht, Erster Abschnitt (oben N. 9), S. 402. Im Anschluß an Kaser auch P. Jörs / W. Kunkel / L. Wenger, Römisches Privatrecht, 4. Auflage, 1987, S. 147.

（44）Vgl. M. Kaser, Das Römische Privatrecht, Erster Abschnitt (oben N. 9), S. 373.

（45）Vgl. M. Kaser, Eigentum und Besitz (oben N. 18), S. 302.

（46）Vgl. Wilhelm Simhäuser, Sozialbindungen des spätrepublikanisch-klassischen römischen Privateigentums, in: Europäisches Rechtsdenken in Geschichte und Gegenwart, Festschrift für H. Coing zum 70. Geburtstag, 1. Band, hrsg. v. Norbert Horn, in Verbindung mit Klaus Luig und Alfred Söllner, 1982, S. 329-330 und Fn. 3, Fn. 5. なお、ジムホイザー自身は、相隣関係や建築制限などとの関係で、古典期ローマ「土地」所有権における、その「社会的拘束性」を明らかにしようとする。

（47）これは、ローマ法史研究者のあいだで論争になっている論点と関連するのであるが、一応本文のように理解しておくことにする。その詳細について、吉野『ローマ所有権法史論』（前注（11））一三九頁以下参照。

（48）ちなみに「古典期」ローマ法上、「物の掴取」（Zugriff auf die Sache）を目的とする対物訴訟（actio in rem）においては、対人訴訟（actio in personam）の場合と異なり、「応訴強制」（Einlassungszwang）が欠落していた。したがって、もし被告が応訴しない場合、言い換えると被告が「争点決定」（litis contestatio）に際して協力しない場合には、rei vindicatio の実効性が失われた。ただし、その場合ローマの法務官は、動産につき「提示訴権」（actio ad exhibendum）によって、不動産につき「土地占有引渡特示命令」（interdictum quem fundum）によって、原告に係争物を取得させた（この場合、法務官は、原告の係争物に関する所有権の帰属関係を問題にすることはない。このような形での原告による係争物の取得は、被告が応訴しないことの法的サンクションの帰結にほかならなかった）。Vgl. M. Kaser, Das Römische Privatrecht, Erster Abschnitt (oben N. 9),

S. 433-434. なお、この点については、西村重雄「ウラサクの litis contestatio 論（三・完）」民商法雑誌六六巻五号（一九七二年）一〇〇頁以下においても指摘がある（特に、上記「法的サンクションの帰結」として、いわば逆説的な意味において被告の「応訴自由」が根拠づけられる、とされている点に注目しておきたい）。

(49) Vgl. M. Kaser, Das Römische Privatrecht, Erster Abschnitt (oben N. 9), S. 432 ff. カーザーは、一方で実体的な「所有構造の変化」と、他方で訴訟上の「方式書手続への移行」に注目している。両者は相互に依存関連性をもつだろう。ここで深く立ち入ることはできないが、後者につき略記すればこうである。そもそも「古代」ローマ法では、rei vindicatio について「神聖金による対物訴訟」(legis actio sacramento in rem) という儀式的訴訟手続が用意されていた。訴訟の現場で目的物（たとえば奴隷）の所有を争って、儀式的な返還請求 (vindicare) をおこない、その際に「神聖賭金」(sacramentum) を、いわば担保として差し出すのである。その際、本文でも述べたように原告・被告の双方がお互いの所有権を主張する。これに対して「古典期」ローマ法では「古い賭金式法律訴訟手続から新しい方式書訴訟手続」への〈移行〉が問題となる。それを準備したものが per sponsionem による手続であった。要するに、占有を有する被告が占有を有しない原告に対して、もしその物の所有権が原告に帰属することが判明したならば少額の賭金を支払うと約束して訴訟手続を進行させるのである（吉野『ローマ所有権法史論』（前注（11））一四〇頁参照）。その際、当該賭金はもはや罰金 (poenalis) ではなく、原告敗訴の場合でも取り立てられることはなかった。その意味で per sponsionem 手続は、すぐれて「所有権確認」のための機能を営んだのである。また、被告が自己の所有権を主張する必要性も、もはやなくなった。つまりは、原告が自己の所有権を立証しうるか否か、それだけが肝心であった（その分、立証負担 (Beweislast) が、原告にとって不利益となった。Vgl. dazu M. Kaser, Das Römische Privatrecht, Erster Abschnitt (oben N. 9), S. 432 Fn. 7.)。このようなプロセスをへて、rei vindicatio は、「純化」されたところの「市民法上の対物訴権」さらには「専決訴権」(actio arbitraria) としての性格をおび、結果的に当該「訴権」機能において損害賠償としての「金銭賠償」をもその射程内に収めるにいたる (rei vindicatio の「専決訴権」性につき、とりあえず原田『ローマ法（改訂）』（前注（8））一一八頁参照）。

(50) 吉野『ローマ所有権法史論』（前注（11））一七九頁参照。

(51) Vgl. M. Kaser, Das Römische Privatrecht, Zweiter Abschnitt, Die nachklassischen Entwicklungen, 2. Auflage, 1975, S. 261.

とはいえ、そのような歴史的制約にもかかわらず、ローマ法上の「絶対的」所有権「概念」が近代市民法上の所有権の形成に果たした「固有の役割」も、これを否定することはできない。その際、われわれに要求されるのは、やはり「法の歴史的考察」に関する「方法論」ということになろう。この点、本稿前注（7）および後注（69）を参照。

(52) ちなみに、吉野『ローマ所有権法史論』（前注（11））一八〇頁は、ユスティニアヌス帝法のもとでの独自な「古典主義」（「古代への尊敬」）によって「クリア」にされた所有権「概念」においては「社会の現実が脱落する」、と指摘する。ここで吉野教授が「クリア」にされた所有権概念を問題にされる場合、本文で述べた趣旨と共通性があるものと筆者は推測する。

(53) Vgl. M. Kaser, Das Römische Privatrecht, Erster Abschnitt (oben N. 9), S. 440 ff., und S. 447 ff.

(54) Vgl. M. Kaser, Das Römische Privatrecht, Erster Abschnitt (oben N. 9), S. 443-444.

(55) 「古典期」ローマ法の「根本主義」としての「契約自由」については、さしあたり原田『ローマ法（改訂）』（前注（8））一七二頁、さらにこの時期の「ローマ契約法の新しい発展」を社会・経済的背景を重視しつつ具体的かつ詳細に浮き彫りにする、広中『契約とその法的保護』（前注（3））一三九頁以下、吉野『ローマ法とその社会』（前注（10））一六五頁以下も参照。なお、この当時の「契約自由」の実態とその評価については慎重な留保が必要かもしれない。

(56) Vgl. Alan Rodger, Actio Confessoria and Actio Negatoria, Zeitschrift der Savigny-Stiftung für Rechtsgeschichte, Rom. Abt. 88. Band, 1971, S. 184 ff., bes. S. 211. ロジャーは、当時 actio negatoria が独自の法形象として存在した、とする立場から自己の見解を立論している。なお、次注（57）のカーザーの見解も参照されたい。

(57) ただし、カーザーはこの点について、およそ次のように言う。すなわち、特定の役権について事実上の行使がされた場合、まずもって法務官は一連の禁止的特示命令（eine Reihe prohibitorischer Interdikte）によって、その利用者（「役権者」）に保護を与えた。これらの禁止的特示命令は、「役権」の存在（存続）を要件とはせず、したがって無権利者（「僭称役権者」）も保護を享受しえた。ただし、そのためには原告（役権行使者）が、たとえば道路通行、家畜通行、引水路などの行使にあたって、暴力的でなく、また隠秘なやりかたでもなく、あるいは容仮的でもなく（nec vi nec clam nec precario）利用した、ということが要件となる（なお、"nec precario" の意味に関連して、「プレカリウム」（precarium）につき詳細な考察を加えた、岡本詔治『無償利用契約の研究』（法律文化社、一九八九年）七一頁以下、二五四頁以下参照）。ともあれ、こうしてこれら禁止的特示命令は、役権行使者のために——占有特示命令が rei vindicatio のための準備的役割を果たすのと同様に——役権返還訴権（vindicatio servitutis）のための準備的役割を果たす。役権主張者（der Servitutsprätendent）が vindicatio servitutis を行使しうるのか、それとも彼によって土地を利用されている所有権者が逆に actio negatoria を行使しうるかは、これら禁止的特示命令の結果次第、とされた。Vgl. M. Kaser, Das Römische Privatrecht, Erster Abschnitt (oben N. 9), S. 447. こうして、カーザーによれば、actio negatoria の独自性はいまだ強められてはいなかった、ということになる。それにもかかわらず、actio negatoria が「役権否認訴権」としてその固有の機能を発揮するにいたったという点に、本稿は注目するのである。いずれにしてもカーザーは、「古代」ローマ法において actio negatoria の法形象は存在しておらず、当時もっぱら vindicatio と contra vindicatio とによって処理されていたのであり、actio negatoria は「その後の」（spätere）ローマ法展開の所産にほかならない、との立場を示す。Siehe dazu M. Kaser, Das Römische Privatrecht, Erster Abschnitt (oben N. 9), S. 143 Fn. 6.

(58)　そのための手がかりを与えるローマ法源が D. 8, 5, 2 pr であって、次のように言う。„De Servitutibus in rem actiones competunt nobis ad exemplum earum quae usum fructum pertinent, tam confessoria quam negatoria, confessoria ei qui servitutes sibi competere contendit, negatoria domino qui negat.“（試訳「役権については、その利用形態に応じて二つの対物訴権が存在する。ひとつは認諾訴権であり、そのふたつめは否認訴権である。前者は、自己に役権が帰属すると主張する者のために利用され、後者は土地所有権者が他人の役権僭称を否認するために利用される」。）なお、ローマ法文の試訳にあたっては、C. E. Otto / B. Schilling / C. F. F. Sintenis (hrsg.), Das Corpus Juris Civilis ins Deutsche übersetzt von einem Vereine Rechtsgelehrter, 1. Band, 1932, S. 731 ff. を踏まえた（ローマ法文訳出につき以下同様）。ちなみに、ローマ法の専門家が行うように厳密な訳出は筆者には不可能である。ご容赦を乞いたい。

(59)　So ausdrücklich Heinrich Siber, Römisches Recht in Grundzügen für die Vorlesung, 2 Band, Römisches Privatrecht, 1928, S. 106: F. Schulz, Classical Roman Law, 1951, p. 375.

(60)　Vgl. M. Kaser, Das Römische Privatrecht, Erster Abschnitt (oben N. 9), S. 438.

(61)　このように「原告勝訴」の場合には、いわゆる「悪意の占有者」と同じ法的サンクションを受けるべきこと、当然であり、よってローマ民事訴訟制度に独特なかたちで、「争点決定」を媒介としたところの「損害賠償（原状回復）」モメントが「対物訴訟」に紛れ込んでいる点、十分な配慮が要求されるべきである。だとするならば、その限りで「対物訴訟」が「対人訴訟」へとメタモルフォーゼしたことには決してならない。要するに、「対物訴訟」はその独自の法形象を維持しながら、特殊ローマ民事訴訟の場で相手方の「応訴」いかんによってその法的機能を訴訟法適合的に変化させたにすぎず、それはなお「対物訴訟」としての基本的性格を首尾一貫して「維持」したのであった。これに対して、たとえば川島武宜教授によれば、「rei vindicatio はやがてその actio in rem たるの本体から、次第に actio in personam たるの性質を帯有するに至った」とされ、よって actio in rem としての rei vindicatio は「物権の支配的性質」を示しつつも、しかし「客観的違法状態除去の「請求権」は常にその相手方の帰責条件に係っている」との認識が示されるにいたる。つまりは、本質的に物権的請求権の「不法行為」的な責任化が企図される。川島「物権的請求権に於ける「支配権」と「責任」の分化（一）」法学協会雑誌五五巻六号（一九三七年）二五頁以下、特に三三頁参照。このような川島教授流の「「支配権」と「責任」の分化」論は、依然わが国学説において大きな影響を与え続けているのであるが、本稿のような理解を前提とするならばその問題性の重大さも、より明確に自覚されるべきことになろう。なお、川島テーゼによれば、actio in rem としての actio negatoria もまた、rei vindicatio と同様に、その「責任」的側面においては独自の「帰責事由」を必要とする（川島・前掲論文三七頁以下参照）。よって、川島説においては必然的に actio negatoria における「妨害排除」と「原状回復」＝「損害賠償」とが混同されざるをえない。この点を的確かつ鋭く指摘したのが、原島「わが国における権利論の推移」（前注（2））八四頁〔同・前掲書『市民法』四九四頁〕であった。

(62)　Vgl. M. Kaser, Das Römische Privatrecht. Erster Abschnitt (oben N. 9), S. 436. この場合には、被害者は不法行為法上の「アキィリア訴権」(actio legis Aquilia) に依拠すべきこととされた。こうして、ローマ法においては、物的追求権ないし物的保護訴権としての actio in rem と物に対する損害賠償を目的とする actio in personam としての不法行為訴訟とは、厳格に「分化」していたのである。ちなみに不法行為訴権としての「アキィリア訴権」（したがってそれは当然に culpa を要件とした）の内容とその変遷については、さしあたり原田『ローマ法（改訂）』（前注（8））二二六頁以下参照。

(63)　P. Jörs/W. Kunkel/L. Wenger, Römisches Privatrecht (oben N. 23), 3. Auflage, S. 142 mit Fn. 2: dieselbe, 4. Auflage (oben N. 43 am Ende), S. 539 mit Fn. 2.

(64)　なお、本稿におけるローマ法文の取り扱いについては、前注（58）末尾を参照されたい。

(65)　So auch Rudolf von Jhering, Das Schuldmoment im römischen Privatrecht, 1869, S. 26 und Fn. 42a.

(66)　R. v. Jhering, Geist des römischen Rechts auf den verschiedenen Stufen seiner Entwicklung, 3. Band, 4. Auflage, 1888 (hier 10. Auflage, 1993), S. 30 Fn. 10.

(67)　So auch F. Schulz, System der Rechte auf den Eingriffserwerb, AcP 105, 1909, S. 74 mit Fn. 179. さらに同じ箇所で、フリッツ・シュルツは、actio negatoria において果実回復（Fruchtrestitution）としての損害賠償が承認されていたとしても、それはもっぱらローマ法上の裁判官の自由裁量（arbitratus）に基づく特殊な法現象であった、とする。要するに、当時「自由裁量」によって、裁判官は、損害賠償をも actio negatoria の内に取り込みえたのである。それも、被告が「争点決定」という特殊な手続を踏んだ上でのことであった点、十分に認識される必要がある。

(68)　Eduard Picker, Der negatorische Beseitigungsanspruch, 1972, Bonner rechtswissenschaftliche Abhandlungen, 92 Band, S. 73.

(69)　見方をかえて、あえて言うとすると、ローマ法上独自の訴権体系（Aktionensystem）の歴史的固有性に拘束されることによって、actio negatoria もまた、当時その訴権項目の単なるひとつとして数え入れられていたにすぎない、と考えることも可能なのである。それを踏まえるならば、このようなローマ的 actio negatoria をそのまま現行法上の「物権的妨害排除請求権」の法形象として認識することは、誤った方法的態度ということになろう。Vgl. dazu so klar E. Picker, Rechtsdogmatik und Rechtsgeschichte, AcP 201, 2001, S. 763 ff., bes. S. 832. それにもかかわらず、なにゆえピッカーがローマ法上の「対物訴権」としての actio negatoria のローマ的法形象に着目したのか、という問題がなお問われなければならない。この「問題」は、ドイツにおいて「法解釈学と法制史との関係」をめぐって、近時かなり激しい議論を呼び起こした。その様相を伝える文献として、たとえば田中実「法制史の法解釈学への貢献について——八〇年代西ドイツの議論を中心に」法制史研究四〇（一九九〇年）、一五三頁以下、特にピッカー説に関して一六二頁以下参照。ただし、本稿ではこの「問題」に立ち入ることはできない。さしあたり、本稿前注（7）を参照。

(70)　川島「物権的請求権に於ける「支配権」と「責任」の分化（二）」法学協会雑誌五五巻九号（一九三七年）三四頁以下、特に三九—四〇頁参照。

(71) ちなみに、このような川島教授流の見解は、近時ドイツにおいても、なおその「同盟者」を見いだす。Vgl. etwa Gerhard Hohloch, Die negatorischen Ansprüche und ihre Beziehung zum Schadensersatzrecht, 1976, S. 22.

(72) 原島「わが国における権利論の推移」（前注（2））八六頁（同・前掲書『市民法』四九五頁以下）参照。なお原島教授は、この点の評価についてピッカーの業績（E. Picker, Der negatorische Beseitigungsanspruch (oben N. 68), S. 69 ff.）に依拠している。したがって本稿は、ピッカーの研究自体を、筆者なりに「敷衍する」という側面をもつ。

(73) Vgl. Leo Pininski, Begriff und Grenzen des Eigentumsbegriffs nach römischem Recht, 1902, S. 53.

(74) Vgl. M. Kaser, Das Römische Privatrecht, Erster Abschnitt (oben N. 9), S. 407.

(75) たとえば、柴田光蔵教授がそう呼称する。マックス・カーザー（柴田 訳）『ローマ私法概説』（創文社、一九七九年）一八九頁参照。

(76) Vgl. M. Kaser, Das Römische Privatrecht, Erster Abschnitt (oben N. 9), S. 407. ちなみにカーザーによれば、被告が積極的に工作物を作出したのでない場合には、原告がみずからの費用負担でその施設の除去をおこなうことができるのであり、被告はその受忍義務を負う、とされる。なお、この訴権は「後」古典期ローマ法においては「自然力による妨害」のケースにまで拡張適用されるにいたった。Siehe dazu M. Kaser, Das Römische Privatrecht, Zweiter Abschnitt (oben N. 51), S. 271.

(77) So auch Hugo von Burckhard, Ausführliche Erläuterung der Pandecten begründet von Chritian Friedlich von Glück, 39 und 40 Bände, Teil 3, Die actio aquae pluviae arcendae, 1881, S. 558: E. Picker, Der negatorische Beseitigungsanspruch (oben N. 68), S. 70. それゆえ、ドイツ・パンデクテン法学の教科書も、この「雨水阻止訴権」を制定法上の所有権制限から生ずる債権（Forderungsrechte aus gesetzlichen Eigentumsbeschränkungen）のひとつとして説明していたのである。Vgl. dazu etwa Bernhard Windscheid / Theodor Kipp, Lehrbuch des Pandektenrechts, 1. Band, 9. Auflage, 1906, S. 1057 ff.

(78) Vgl. M. Kaser, Das Römische Privatrecht, Erster Abschnitt (oben N. 9), S. 407–408.

(79) Vgl. Johannes Michael Rainer, Bau- und nachbarliche Bestimmungen im klassischen römischen Recht, 1987, S. 97 ff.

(80) Vgl. M. Kaser, Das Römische Privatrecht, Erster Abschnitt (oben N. 9), S. 621–622.

(81) Vgl. J. M. Rainer, Bau- und nachbarliche Bestimmungen im klassischen römischen Recht (oben N. 79), S. 98.

(82)　So auch J. M. Rainer, Bau- und nachbarliche Bestimmungen im klassischen römischen Recht (oben N. 79), S. 98–99. それゆえ、この「未発生損害担保問答契約」も、パンデクテン法学のもとで、「雨水阻止訴権」ともども制定法上の所有権制限から生ずる債権（Forderungsrechte aus gesetzlichen Eigentumsbeschrankungen）のひとつとして説明されていたのである。Vgl. B. Windscheid/T. Kipp, Lehrbuch des Pandektenrechts (oben N. 77), S. 1057 mit Fn. 1.

(83)　Vgl. L. Pininski, Begriff und Grenzen des Eigentumsbegriffs nach römischem Recht (oben N. 73), S. 67. ただし、念のためながらピニンスキーの actio negatoria 理解には問題が残されている、と言わなければならない。なぜなら、彼は actio negatoria を認めるための「必然的な要件」（eine notwendige Voraussetzung）として「故意の所有権侵害」（eine willentliche Eigentumsverletzung）をあげているからである（S. 66–67）。

(84)　Vgl. M. Kaser, Das Römische Privatrecht, Erster Abschnitt (oben N. 9), S. 408: J. M. Rainer, Bau- und nachbarliche Bestimmungen im klassischen römischen Recht (oben N. 79), S. 152.

(85)　Vgl. J. M. Rainer, Bau- und nachbarliche Bestimmungen im klassischen römischen Recht, (oben N. 79), S. 153. したがって、その意味で operis novi nuntatio も「対人訴権」にほかならなかった。Siehe dazu Heinrich Dernburg, Pandekten, 1. Band, 1. Auflage, 1884, S. 528 ff., bes. S. 539 ff.

(86)　Vgl. M. Kaser, Das Römische Privatrecht, Erster Abschnitt (oben N. 9), S. 408. ただし、「私的禁止」といっても、自力救済のそれと異なり、あくまで適法な訴訟行為を前提とするものであった。つまり operis novi nuntiatio がなされたにもかかわらず、建築行為者が当該工事を続行する場合には、法務官によって「建築物除去特示命令」（interdictun demolitorium）が出されたのである。

(87)　Vgl. J. M. Rainer, Bau- und nachbarliche Bestimmungen im klassischen römischen Recht, (oben N. 79), S. 152. これに関連して、D. 39, 1, 1 は、次のように言っている。„Hoc autem edictum remediumque operis novi nuntiationis adversus futura opera inductum est, non adversus praeteria."（試訳「このような、新築行為を理由とする異議申し立てに基づく特示命令および権利救済手段は、建築をなすという行為そのものに対して向けられるものであって、それゆえすでに建築行為が完了してしまった場合には効力をもたない」。）

(88) So auch L. Pininski, Begriff und Grenzen des Eigentumsbegriffs nach römischem Recht (oben N. 73), S. 69.

(89) Vgl. M. Kaser, Das Römische Privatrecht, Erster Abschnitt (oben N. 9), S. 409. J. M. Rainer, Bau- und nachbarliche Bestimmungen im klassischen römischen Recht (oben N. 79), S. 234. ちなみにD. 43, 24, 1pr. は、こう言っている。„Praetor ait: Quod vi aut clam factum est, quod de re agitur, id cum experiendi potestas est, restituas."（試訳「法務官は次のように言う。すなわち、被告によって暴力的あるいは隠秘なかたちであるものが工作され、それに対して訴えが提起された場合には、原告がその事情を説得的に論述することによって、その原状回復を求めることができるだろう、と」。）

(90) Vgl. M. Kaser, Das Römische Privatrecht, Erster Abschnitt (oben N. 9), S. 409.

(91) So klar H. Dernburg, Pandekten (oben N. 85), S. 545.

(92) すでに本稿「序論」でも示唆しておいたように、近代的所有権の成立過程とactio negatoriaの性質変化を考察するにあたっては、同時にactio法体系からAnspruch法体系への近代市民法の実態変化を直視せざるをえず、したがってそれは、たとえばドイツにおける近代的民事訴訟法における権利保護システムとの関係的視座のもとで市民法（実体法）上の「請求権」システムが登場するにいたるところの、その歴史的過程の総合的分析を必要とする。さしあたり、奥田昌道教授による労作『請求権概念の生成と展開』（創文社、一九七九年）の到達点を、本稿の視点からどのように発展的に継承していくか、次の課題となる。

(93) ちなみにイェーリングは、ローマ法上の所有権が「物質主義的」(materialistisch)であり「感覚的」(sinnlich)であったのに対して、近代法上の所有権は「法理論」(Rechtstheorie)としての所有権、ないし「その全体としての内容にそくした所有権観念」(die *Idee* des Eigentums in ihrem vollen Gehalt)となる、と規定した（イタリックは川角）。Vgl. R. v. Jhering, Ist der ehemalige gutgläubige Besitzer einer fremden Sache verpflichtet, nach deren Untergang dem Eigentümer derselben den gelösten Kaufpreis herauszugeben? Ein Beitrag zur Lehre von den Grenzen des Eigenthumsschutzes, Jherings Jahrbücher 16. Band, 1987, S. 242. 私見によれば、このイェーリングの所有権論を再度「近代的市民法秩序論」のなかで解剖しなおすことが重要な意味をもつ（いいかえるならば、そのような思考過程を媒介にすることによって、イェーリングの見解はなお現代的＝現在的意味をもつ）。

(94) ピッカーも、特にこの法文を注視している。Vgl. E. Picker, Der negatorische Beseitigungsanspruch (oben N. 68), S. 73. なおブルクハルトは、actio negatoria と actio ex stipulatu との機能目的の相違という形で同じ趣旨を述べていた。Siehe dazu H. v. Burckhard, Ausführliche Erläuterung der Pandecten begründet von C. F. v. Glück, 39 und 40 Bände, Teil 2, Die cautio damni infecti, 1881, S. 238 und S. 250.

第四節　「後」古典期ローマ法におけるアクチオ・ネガトリアの法的機能

(1)　以上みたように、「古典期」ローマ法上の actio negatoria において、いちおう現行物権的妨害排除請求権の母型的法形象が結実するにいたった、といえる。したがって、「後」古典期のそれについて語るべきことは、それほど多くはない。ごく簡潔に、いくつかの事柄のみ、論ずるにとどめよう（ここでも可能な限り所有権論とその社会的背景との対応関係を自覚しながら論じたい）。

(2)　すでに触れたことだが、「古典期」ローマ法の原動力は、ローマ帝国による地中海世界支配のもとで大量の奴隷を駆使して実現された農業生産力の拡大を基軸としつつローマ市民のため固有に商品取引・貨幣経済が発展した、ということにあった[95]。そのローマ的商品取引・貨幣経済の発展は、なるほどローマ市民権（それは徐々にその適用を拡張された）をもつ「市民」のなかで、あたかも「近代」に通ずる「自由」を生み出していった。しかしながら、ローマ帝国は、その背景をなした奴隷制的大規模農業経営（ラティフンディウム）の解体、さらにはキリスト教的精神文化の影響、ゲルマン人のローマ帝国への進入などの諸要因によって、その衰退の道をたどり、やがて東・西ローマ帝国へと「分裂」していくことになる[96]。「後」古典期ローマ法は、およそこの時期、特に東ローマ帝国におけるローマ法の「展開」を、その対象とする。

(3)　まず、「後」古典期ローマ法における所有権の位置づけをごく簡潔に確認しておこう。さきほど指摘したように、ローマによる帝国支配が衰微する過程においてローマ市民法「外在」的にいわゆる「卑俗法」(Vulgarrecht)が台頭し、それによってふたたび「所有権と占有との融合化」が企図された。[97]「後」古典期ローマ法において、それを矯正し、古典期所有権論への回帰をはかったのがユスティニアヌス帝である。彼は、その法典編纂に際して、あらためて所有権と占有ならびに所有権と制限物権との区別を明確化しようとした。[98]その意味において、いわば一層観念化された「統一的所有権」が語られるにいたるところ、ここで指摘すべきであると思われるのは、にもかかわらずユスティニアヌス帝法のもとでの所有権観念が古典期のそれに及びえなかったとされるのはなぜか、という問題である。カーザーによれば、それはやはり「後」古典期ローマ法における「法の政治的性格」によって規定されているのであって、とりわけ当時の「絶対主義」(Absolutismus)が、所有権自由を、強化された国家的介入によって実質的に弱化させたからだ、と説明される。[99]こうして、かの観念化された「統一的所有権」にもかかわらず、「後」古典期ローマ法における所有権は、古典期の革新的な所有権概念を実質的に動揺させずにはおかなかったのである。[100]それゆえ、なるほどこの時期 actio in rem と actio in personam との区別が維持されたにもかかわらず、それでもなお「統一的な所有権保護」(der einheitliche Eigentumsschutz)という観念は展開しえなかった、と言わなければならない。[101]

(4)　以上のような背景のもとで、「後」古典期ローマ法における actio negatoria の法的機能が確認される必要があるだろう。すなわち、この時期、「統一的所有権」が観念化されたこととパラレルな形で、actio negatoria は、むしろ技術的に(techinisch)把握されるにいたる。とりわけ、それは、所有権保護という実体法的要請に応じるためというよりは、もっぱら「自救行為を制限するために」(um die Selbsthilfe einzuschränken)機能するようになった。[102] こうして actio negatoria は、——結果的に「所有権保護機能」そのものとは切り離されたところの——法的平和（Rechtsfrieden）を担保するための特殊な法的装置としての役割をになうにいたる。[103] このような actio negatoria の機能変遷をうけて、ピッカーは次のように言っている。[104]

「なるほど、actio negatoria は、ユスティニアヌス帝法下の立法作業においても僭称された役権に対する訴権としての性格を維持している。しかも役権否認訴権のために共通する根拠でもって特徴づけられた訴権類型としての技術性を帯びてもいる。しかしながら、それはその適用領域がかなり拡張され、広範に私的暴力（vis privata）に対抗するためにも機能するようになった。（中略）とりわけ、相隣者間紛争のケースで自救行為を抑え込むために機能するという傾向が顕著化したことによって、actio negatoria は、その訴権の成立要件において方式上の要請をも緩和させるにいたったのである」。

(5)　こうして、actio negatoria は、その後も基本的に「役権訴権」としての性格を維持しながら、普通法期ドイツにおいて継受され、その命脈をたもつ。[105] そして一九世紀初頭、actio negatoria は、証明責任問題という形式をとって「役権訴権」であるのか「所有権訴権」であるのか、あらそわれつづける。[106] とはいえ、それはやはりドイツ的な特殊性をまといながらも actio negatoria が「所有権保護請求権」へと脱皮していくひとつの必然的な歴史的過程をも表現していた。[107] かくして、actio から Anspruch への「転換」を背景にしつつ、actio negatoria の本格的な「所有権保護請求権」への展開を可能にしたもの、それはもはや歴史的なローマ法そのものではありえなかったのである（むしろそれは、窮極的には、われわれが「近代」とよぶ社会・経済的体制そのものであった、と言うべきであろう）。[108]

(95)　その意味で、本稿は、ローマ社会がその社会構成体的性格にてらして基本的に「奴隷制」社会であった、という認識にたつ。したがって、ローマ社会が「近代」によってそのモデルとされたローマ私法を生み出したからといって、ローマ社会が近代的な意味での「資本主義的生産関係」をも実現しえていたという理解は、本稿とは無縁である。この点、歴史学的には論争があるようだが、本稿では一応以上のように理解しておく。さしあたり、弓削『ローマはなぜ滅んだか』（前注（36））一七四頁ならびに一七八頁以下参照（本稿前注（37）も参照されたい）。他方、それにもかかわらず、なにゆえにローマ法が近代私法のモデルたりえたか、という「真に困難な」問題については、カール・マルクス「経済学批判への序説」マルクス＝エンゲルス全集一三巻（大月書店版）六一一頁以下、特に六三六頁以下の観点（「物質的・経済的生産の発展と法的上部構造の不均衡な関係」）を、さらに解きほぐす必要がある。本稿でこれに立ち入ることはできないが、すでに甲斐道太郎『土地所有権の近代化』（有斐閣、一九六七年）四五頁以下注3が、この点に注目していたことのみ付言しておく。

（96） ローマ帝国の衰退と滅亡の過程に関しては、たとえば土井正興「ローマ帝国と人民闘争」日本科学者会議編『現代人の科学3・歴史における民衆運動』（大月書店、一九七五年）九頁以下、特に五三頁以下、弓削『地中海世界とローマ帝国』（前注（36））二九二頁以下、同『ローマはなぜ滅んだか』（前注（36））二〇五頁以下参照。

（97） Vgl. M. Kaser, Das Römische Privatrecht, Zweiter Abschnitt（oben N. 51）, S. 23 und S. 238.: D. Olzen, Die geschichtliche Entwicklung des zivilrechtlichen Eigentumsbegriffs（oben N. 20）, S. 331.

（98） Vgl. M. Kaser, Das Römische Privatrecht, Zweiter Abschnitt（oben N. 51）, S. 239.: D. Olzen, Die geschichtliche Entwicklung des zivilrechtlichen Eigentumsbegriffs（oben N. 20）, S. 331.

（99） このような絶対的国家権力は、当時、人民の生活関係のすみずみにまで浸透し、よって「不可侵の私的領域なるもの」（eine unantastbare Privatsphäre）が現実化されることは基本的にありえなかった。Vgl. M. Kaser, Das Römische Privatrecht, Zweiter Abschnitt（oben N. 51）, S. 240–241.

（100） Vgl. M. Kaser, Das Römische Privatrecht, Zweiter Abschnitt（oben N. 51）, S. 241

（101） Vgl. M. Kaser, Das Römische Privatrecht, Zweiter Abschnitt（oben N. 51）, S. 240 und S 292.

（102） Vgl. M. Kaser, Das Römische Privatrecht, Zweiter Abschnitt（oben N. 51）, S. 297.

（103） Vgl. M. Kaser, Das Römische Privatrecht, Zweiter Abschnitt（oben N. 51）, S. 238. なお、actio negatoria の中世法、近代普

通法における展開については、柳澤弘士「予防的不作為請求権の構造――とくにドイツにおけるVorbeugende Unterlassungsklageを斟酌して」日本大学法学紀要二〇巻（一九七九年）九九頁以下参照。

(104) Vgl. E. Picker, Der negatorische Beseitigungsanspruch (oben N. 68), S. 63.

(105) ちなみに、フランス民法典ではactio negatoriaそのものの明文化はおこなわれなかったものの、それは、実質的にフランス民法「学」によって継受された。しかし、その際、肝心であったのは、あくまでもactio negatoriaの「役権訴権」的性格でしかなかった。かくして、フランス民法においてaction nègatoireは、もっとも重要な「相隣関係」の場で統一的所有権保護制度としての機能を獲得しえないままであった。むしろ、フランスにおいて「近隣妨害」（troubles de voisinage）は、不法行為法的規制（その無過失責任構成を含めて）によって処理された。ただし、そのように不法行為法的規制が前面に出れば出るほど、フランス法的な解釈学的課題としてドイツ法におけるのとパラレルな形でactio negatoriaの現行法上の「再録」が試みられざるをえない（ただし、その主要な傾向は、やはり不法行為的「無過失原状回復責任」としてのaction nègatoireの「読み込み」にとどまる点に注意すべきである）。Siehe dazu E. Picker, Der negatorische Beseitigungsanspruch (oben N. 68), S. 59 ff. なお、わが国においてフランス法上の不法行為的「近隣妨害」差止論を詳細に検証する、大塚直「生活妨害の差止に関する基礎的考察（３）（４）（５）（６）」法学協会雑誌一〇三巻八号一四一頁以下、一一号八七頁以下（一九八六年）、一〇四巻二号七六頁以下、九号二頁以下（一九八七年）も参照。

(106) たとえば、海老原明夫「所有権の訴としての妨害排除の訴――一九世紀ドイツ普通法学におけるactio negatoria」海老原編『法の近代とポストモダン』（東京大学出版会、一九九三年）九三頁以下参照。

(107) たとえば、拙稿・川角「ドイツ民法典におけるネガトリア請求権（一〇〇四条ＢＧＢ）形成史の基礎研究――ヨホウ物権法草案前史ならびにその基本構造を中心に」龍谷法学三〇巻一号（一九九七年）一頁以下（本書第二章）参照。なお「ドイツ的な特殊性」については、さしあたり一九世紀パンデクテン法学による所有権「侵害」モメント重視に基づくところのactio negatoriaの不法行為法的把握が問題となろう（川角・前掲論文二一頁〔本書第二章五八頁以下〕参照）。

(108) 同様な評価は「契約」をふくめ、さまざまな法制度におよびうるだろう。ここでは、特に広中『契約とその法的保護』（前注（３））二四六頁末尾の観点（「歴史的ローマ法をよみがえらせるもの、それは、もはやローマ社会ではない。」）を意識している。ただし、本稿が広中教授の主張を十分咀嚼しきっているかどうかは別問題である。なお、ここで筆者（川角）が「近代」という場合、さしあたりそれは、「自由、平等、友愛」をスローガンとするフランス革命によって象徴されるところの近代市民革命による歴史的画期、を念頭においている（この点につき、清水誠『時代に挑む法律学』（前注（3）一頁以下参照）。むろん、この「近代」はフランスそのものにおいても決して平坦な道のりを歩んできたわけではなく、ドイツや日本ではその政治的精神文化的後進性に即してさらに著しい特殊性を示す（日本の場合、ドイツよりも深刻である）。にもかかわらず、「近代」という歴史的画期は、やはり普遍的にありえたし、かつまたそれは今なお現実化されるべき「対象」としてある、というのが筆者の基本的認識である（いわゆる「未完のプロジェクト」としての「近代」把握）。以上の点につき、前注（5）（6）（7）も参照されたい。

第五節　結　語

以上、本稿は、きわめて概略的ながらも、一〇〇〇年をこえるローマ法上の actio negatoria の「形成史」をたどってきた。その際、特に重視されたのは actio negatoria と所有権との「相互関係」論であり、さらにはその前提をなす社会・経済的な「背景」論であった。ここで、その内容を要約して示す必要はもはやあるまい。いずれにせよ、本稿で描き出されたのは、actio negatoria 形成史の一断面であるにすぎず、その意味でも本稿は単なる「覚書」以上のなにものでもなかった。ただ、actio negatoria の形成史については、ドイツにおいても本格的・包括的研究がおこなわれているわけではない、とも指摘されている。(109) だとするならば、本稿も、なにがしかの存在意義をもちうるのかもしれない。そのようにみずからを慰めつつ、このつたなき稿を閉じよう。

(109) Vgl. Elke Herrmann, Der Störer nach § 1004 BGB, Zugleich eine Untersuchung zu den Verpflichteten der §§ 907, 908 BGB, 1987, S. 1, Fn. 1.: dies., Die Haftungsvoraussetzungen nach § 1004 BGB, Neuere Entwicklungen und Lösungsvorschlag, JuS 1994, S. 273 Fn. 1.

第二章　ドイツ後期普通法における所有権保護請求権としてのネガトリア請求権形成史の基礎研究

――ローマ法からドイツ後期普通法への展開

第一節　序論

(1)　ドイツ民法典（ＢＧＢ）は、いわゆるネガトリア請求権について次のような規定を置いている。「所有権が占有の奪取もしくは留置以外の方法で侵害された場合には、所有権者は妨害者に対して妨害の排除を請求することができる。さらなる妨害のおそれがある場合には、所有権者は不作為を求めて提訴することができる」（§ 1004 Abs.1 BGB）。このように、いわゆるネガトリア請求権は、所有権に基づく返還請求権（§ 985 BGB）と並んで、すぐれて物権法上の所有権に基づく請求権（Anspruch aus dem Eigentum）ないし所有権保護請求権（Eigentumsschutz-anspruch）として位置づけられているのである。

(2)　さて、ここで私が「ネガトリア請求権」という呼称を用いるのは、このドイツ民法一〇〇四条がローマ法上のアクチオ・ネガトリア（actio negatoria）以来の歴史的沿革を有することを、特に重視するからである。本稿の最終的な目的は、このネガトリア請求権が一九世紀ドイツ普通法学の展開をへて、どのようにドイツ民法典に結実していったのか、という点に置かれる。ただし、ここでその全面的展開はいまだ準備されていない。さしあたり、一八八〇年に刊行されたヨホウ[1]（R. H. S. Johow）の物権法草案[2]におけるネガトリア論を基軸に、その前提を形成したところの一九世紀前半から中頃にかけての学説にも注目しつつ、若干の考察を試みようとするにすぎない。

(3) ところで、ドイツ民法一〇〇四条一項の規定に従えば、ネガトリア請求権は「所有権が占有の奪取もしくは占有の留置以外の方法で侵害された場合」に発動されることになるのであるから、その限りにおいて an sich に「侵害」とは不法行為法上の侵害をも対象とし、「妨害の排除」とは損害賠償の効果としての原状回復まで包含しうるかのような一種の《要件的開放性》をもつ。こうして、この規定は物権法上のネガトリア請求権と不法行為法上の損害賠償請求権とがひとつの連続線上でとらえられる可能性をも、実は孕んでいるのである。違いがあるとしても、いわゆる主観的要件としての「故意・過失」が、ネガトリア請求権の要件としては必要ない、という点に限られるという余地をのこす。したがって現に、ドイツではネガトリア請求権によって一種の「無過失原状回復義務」が生ずる、などとも主張されているのである。たとえば「結果除去請求権」（Folgenbeseitigungsanspruch）の提唱がそうであろう[3]。また、本来はもっぱら債務法上の規定であるドイツ民法二五一条二項がネガトリア請求権にも適用（ないし類推適用）されうるのであって、よって妨害排除に多額の費用がかかる場合には、妨害者は妨害排除責任に代えて（相当額における）金銭賠償責任を果たせばよい、とする判例・学説が根強く展開してもいるのである[4]。

(4) この傾向は、わが国における民法典および民法学のもとで一層増幅され、もって独特な問題状況を生み出す起動因にもなっている。それは、なぜか。一方で、わが民法は、そもそも所有権に基づく請求権ないし所有権保護請求権としてのネガトリア請求権についての明文規定をもたない。しかも、単に「当然のことだから明文の規定をおかない」というにとどまらない。すなわち、日本民法典制定過程において、いわゆるネガトリア請求権を所有権に基づく請求権ないし所有権保護請求権として理解し、かつ位置づける点で、立法者の見解がきわめて不十分であったこと、極論するならばわが国にはその出発点においてそもそも《市民法上の所有権観念》がなかったということも関連している、と思われるからである。[5] 他方、不法行為の効果として、わが民法は原則上「金銭賠償責任」しか知らず（民法七二二条一項による同法四一七条の準用）、およそ原状回復責任というものが、むしろネガトリア請求権に固有な効果として把握されうる素地を提供している、という点も無視できない。以上の事柄が、民法学のひとつの傾向としてわが国には存在するのではないか。そして、とりわけこの傾向は、いわゆる物権的請求権における「費用負担」問題のありかたにも直結している、と言ってよい。すなわち、ネガトリア請求権が本来不法行為法上の損害賠償としての「原状回復義務」まで包括することを前提とするならば、妨害者たる被告が費用負担義務を負うのは被告に不法行為責任があるときに限られる、と考えることは、それなりに筋の通ったことだからである。[6] このような傾向を放置するならば、本来は迅速かつ簡易な妨害排除機能をつかさどるべきネガトリア請求権の、その本質的で固有な機能領域が見失われてしまうことになるだろう。そして、妨害者の故意・過失とは全く無関係に直ちに妨害を止めさせ、妨害源を除去することに限定されるべきネガトリア請求権が、不法行為法の中に拡散的に吸収されてしまうだろう。[7] これをドイツ民法上の問題として提起しなおすならば、先に指摘したところのネガトリア請求権規定（§ 1004 BGB）の《要件的開放性》をめぐる評価問題に、あらためて収斂してこよう。私見を先取りして言うならば、現行ネガトリア規定の、この《要件的開放性》に対する「制限的解釈」の法的根拠をいかにして呈示するか、という問題が、本稿考察の基底に据えられなければならない、と思われる。

(5)　ともあれ、こうして筆者は、わが国の民法典ならびに民法学の現状を踏まえ――とりわけ公害差止問題や（「日照保護」および「景観保護」等の問題を含め）私法的環境保護問題のありかたを考察する場合にそうなのであるが――民法上のネガトリア請求権をそもそもどのように位置づけるべきかという問題の解明が緊急性をもつ、と考える。そしてその際、この問題を、少なくともドイツ民法との対比において検討することが不可欠な意義をもつ、と考えるのである。というのも、とりわけドイツでは、このネガトリア請求権は、すぐれて土地所有権の法的保護をその歴史的な中心課題としながら、同時に、そこで不可避的に問題となる土地相隣関係における法的諸問題、なかでもイミッシオーン（Immission）との対応問題を、内在的にたえず深刻なかたちで抱え込んできたからである。こうして、ネガトリア請求権の位置づけをめぐっては、イミッシオーン法との関わりを自覚することも決してゆるがせにはできない問題である。とりあえず、以上のような問題関心をここで明らかにしつつ、以下、本論に迫ってゆきたいと思う。

（1） ヨホウ（Reinhold Heinrich Siegmund Johow）は、一八二三年五月二〇日にベルリンに生まれ、ベルリン、ジグマリンゲン、ヘッチンゲンなどの郡裁判所、控訴裁判所判事をへて、ベルリンに復帰し、一八六九年にはベルリン上級裁判所判事となっている。ドイツ民法典編纂事業との関係では、一八七四年から一八八九年まで第一委員会に所属し、一八八八年には議長をつとめた。一八八九年、司法界をはなれ、一九〇四年一月一二日ベルリンにて死去した。以上、平田公夫「ドイツ民法典を創った人びと」（2）、岡山大学教育学部研究集録五八号（一九八一年）二四頁以下、特に二七頁参照。ちなみにヨホウがベルリン大学法学部出身であるかどうか、平田論文からは必ずしもはっきりしないが、そうであるとするならばサヴィニー（F. C. v. Savigny）の影響、さらにはヨホウの学生時代一八四二年にサヴィニーの後継者としてベルリン大学に招聘されたプフタ（G. F. Puchta）の——なんらかの形での——影響を想定することが可能となろう。

（2） R. Johow, Entwurf eines bürgerlichen Gesetzbuches für das Deutsche Reich, Sachenrecht, 1880.

（3） Vgl. G. Hohloch, Die negatorischen Ansprüche und ihre Beziehungen zum Schadensersatzrecht, 1976. bes. S. 156 ff., und dazu sehr kritisch, die Besprechung E. Pickers, AcP 178, 1978. S. 499 ff. すなわち、ピッカーはホーロッホの見解をして、ネガトリアをもっぱら「不法行為法上の権利保護請求権の補完」とみなすものとして、厳しく批判する。

（4） 川角由和「ネガトリア責任と金銭賠償責任との関係について——ドイツにおける判例分析を中心に」広中俊雄先生古稀祝

賀論集『民事法秩序の生成と展開』（創文社、一九九六年）五三九頁以下（本書第五章）参照。

（5）　川角「近代的所有権の基本的性格と物権的請求権との関係——その序論的考察（2・完）」九大法学五一号（一九八六年）二七—三〇頁参照。

（6）　この点において、契約責任、相隣関係法などの法定責任とならんで、とりわけ不法行為責任の成立如何によって被告の費用負担の有無を決しようとする、川島武宜教授の物権的請求権論（川島「物権的請求権に於ける「支配権」と「責任」の分化」（一）（二）（三・完）法学協会雑誌五五巻六号二五頁以下、九号三四頁以下、一一号六七頁以下（ともに一九三七年））がわが国の学説に大きな影響を与えてきたし、現にそうであることを想起されたい。とりあえず、川角・前掲論文（前注（5））四一頁以下参照。

（7）　原島重義「わが国における権利論の推移」法の科学四号（一九七六年）五四頁以下、特に八三—八四頁（原島『市民法の理論』（創文社、二〇一一年）四九二頁以下）参照。ここで原島教授は、ヴィントシャイトの見解を批判して「損害賠償請求権を actio negatoria の中に取り込むことによって（わが国でのように、不法行為法に基づく損害賠償請求権の中に actio negatoria を取り込むのではなく）、両者を混同することになってしまう」と述べた。本稿との関連では引用文中、特に（　）内の指摘が直接的に意味をもつ。わが国のように、不法行為法の効果の中にネガトリア請求権が取り込まれるか、ドイツのように、ネガトリア請求権の中に不法行為法の効果が取り込まれるのかは、共に本質的には同一の方向性（両者の混同・融合化）を目指しながらも、不法行為法の効果が原則「原状回復義務」か、それとも原則「金銭賠償義務」かによって、その現象形態を異にする、と言えるのかもしれない。

第二節　ドイツ後期普通法学におけるネガトリア論

（1）

まず、一八世紀末から一九世紀前期にかけての社会的背景を簡潔に確認しておこう。ここでは、とりあえずプロイセンの状況に焦点を当て、考察しておきたい。周知のように、すでに一八世紀末のプロイセンは、封建制のひとつの発展的移行段階とされる絶対主義的支配体制のもとで、都市の特権企業やツンフト、農村のグーツヘルシャフトなどの封建的諸制度の内に動揺をきたし、もって資本制への移行を模索しつつあった。[8] とはいえ、あくまでもその移行の社会的主体がラントの君主や土地貴族たるユンカー等々の封建的諸勢力にとどまっていたことから、それに対応する法的改革も既存体制上の漸次的改革の枠内において一種の妥協の産物たる性格を色濃く帯びないわけにはいかなかった。こうして、長期にわたる編纂過程をへて一七九四年に施行されたプロイセン一般ラント法（ALR）も——（施行延期の苦難の原因となったところの）その「啓蒙思想性」にもかかわらず——第一部（物の法）では形式的平等性に基づく個人の権利義務関係を規定しえたものの、第二部（人の法）では身分的諸関係を優先させ、その封建的絶対主義に基づく法的価値基準を貫徹させた。[9] しかるにその直後、一九世紀の入り口にあたって展開されたナポレオン戦争（一八〇六年）は、一八〇七年以降のシュタイン・ハルデンベルクの改革によって資本主義的経済改革を基軸とするところの「近代化」促進の起動因となった。とりわけ一八〇七年一〇月九日の農民解放勅令（「十月勅令」Oktoberedikt）によって、世襲隷農民の身分が封建的賦役労働義務とともに廃止され、婚姻の自由、移転の自由、さらには「営業の自由」とならんで、「土地取引の自由」（die Freiheit des Grundstücksverkehrs）が——部分的ながらも——実現されるに至った。[10] これは、農民であれ貴族であれ、その身分的差異にかかわらず一般的抽象的にそれぞれの財産を取得しうる法的可能性を承認することを意味した。ところがそれは、ただちに「所有権の自由」（Eigentumsfreiheit）を保証することにはならなかった。むしろ、実質的な社会的力関係に規定されることによって「所有権の自由」は、容易に「所有権からの自由」（Freiheit vom Eigentum）へと転化しえたのである[11]（つまりは農民層の——土地所有権と無縁な形での——自由なる労働力への転化）。このような意味において、「一般的抽象的」な所有権観念は、「土地」所有権というその具体的な属性を乗り越えて——いわば特殊ドイツ的な形態において――法規範的に形成されていく「必要性」と「必然性」に直面した、と言えよう。むろん、このような傾向が一義的かつ機械的に統一的な法制度としての制定法上の「所有権」観念へと昇化されたわけではない。しかし他方、学問上の理論的営為の上にいかなる重要な影響も与えなかったと断定することもできないように思われる。すなわち、当時のパンデクテン法学者たちが、いかに自覚的に社会的経済的な諸モメントと私法との断絶を目的化していたとしても、彼らを包みこむ社会的環境からひとり超然とするわけにはいかなかったであろう。その意味において、彼らもまた、その主観を越えて、少なくとも客観的には「時代の子」であった。ともあれ、先に示したプロセスを経て、一八三〇年代にはプロイセンを中心とする「ドイツ産業革命」[12]が急速に展開するに至る。その前夜、一八二〇年代のネガトリア論の様相を、次に確認しておこう。

(2)　すでに示したように、一八〇七年の「十月勅令」以降、ユンカーによる土地所有権の拡大、ないし土地所有権そのものの保護の要求、さらには市民間での――「営業の自由」の拡大にともなう――新規の土地取引の自由化への要求に基づいて、土地所有権を典型とする「所有権」そのものの――一般的抽象的な――法的保護の必要性が高まっていった。その際、当時のパンデクテン法学がその拠り所としたのは、やはりローマ法上の「所有権保護」制度であった。とりわけ、rei vindicatio とともに actio negatoria をどのように位置づけるべきか、という問題がひとつの争点となった。前者は「所有権返還訴権」として、ローマ法における「市民法上の保護」制度の典型たる位置が与えられており、少なくともその所有権保護機能について疑いの余地はなかった。[13] これに対して、そもそも「役権否認の訴」として個別具体的な法形象をもつところの actio negatoria を、いかにして一般的な所有権保護規範として性格規定しうるのか、これは大いに争われた。

たとえば、ティボーは所有権訴権の証明問題に関する一八二三年の論文[14]で、もっぱら rei vindicatio をめぐる証明問題のみを論じており、actio negatoria についてはこれを全く度外視しているほどであった。他方、同じ一八二三年、ドゥ・ロワ[15]は裁判実務家としての観点から次のように述べて、acio negatoria をあくまでも「役権否認の訴」として維持しようとした。

「かくて actio negatoria の訴えの根拠は土地所有権ではない。［中略］したがって、actio negatoria のもとでの証明がすでに土地所有権についての証明によって尽くされているという理由づけは、役権の証明責任に関する論争に際して用いられるべきではなかろう[16]」。

とはいえ、引き続く箇所でロワが、actio negatoria を actio in rem として把握するための根拠として――きわめて消極的な形ではあるものの――結局のところ actio negatoria がやはり「所有権に関する訴権」（eine Klage über Eigenthum）であると言明している点を、ここで特に強調しておきたい[17]。そして他方、この問題は――以上の争点（すなわちネガトリア訴権が「所有権訴権」であるのか、「役権訴権」であるのかという争点）をみていく上で基本的な論点であるとともに――依然としてローマ法上の訴権体系を前提としていた当時のパンデクテン法学において、この争点を裁判実務的に、すぐれて具体的な紛争解決の場面で（のみ）考察していくのか、それとも実質的には訴権体系を抜け出て「実体法」的に考察するのか、という方法的観点の対立の問題としても論じうる、という点が重要である[18]。現に、先にとりあげた論文の中で、ティボーは「所有権の訴の根拠は所有権そのものであり、所有権をもたない者がいかなる所有権も譲渡しえないということは無論そのとおりである。しかしながら、そのことによって証明責任の範囲（Umfang der Beweislast）に関する問題はなにひとつ解決しない[19]」と述べることによって、rei vindicatio についても同様の問題（ローマ法源解釈における証明責任の不確定性）が介在することを指摘している。すなわちこれは、たとえ「所有権の訴」であることは確定的であっても（Vindikationsklage が「所有権の訴」であることを否定する者はいないだろう）、民事訴訟法上の証明責任問題として、それは一応別個の問題として現象しうる、ということを意味しよう。

こうして結局のところ、歴史的に「役権（否認）の訴」として展開してきたネガトリア訴権を実体的な「所有権の訴」として位置づけるために、当時のパンデクテン法学が一層の困難に直面したことは否定しえない事実であった。それでは、この問題を当時の法学者は、どのように受けとめ、解決しようとしたのか。次に一八二七年に出されたプフタのネガトリア論[20]を素材に、産業革命前ドイツにおける――この問題に関する――法状況を整理しておこう。なるほど、ここでプフタは、ネガトリア訴権の要件及び効果に関して全面的な論述を展開しているわけではない。しかしこれは、その当時の法学者の問題関心がどこにあったかを知るうえで重要な手掛かりを与えてくれる。それだけではない。まずプフタは、次のように述べることによって、ネガトリア請求権論の《現在的》問題（現在に通底するという意味での基本的問題）を象徴的な形で提起した。すなわち、プフタは「所有権の訴は、その訴を根拠づける侵害（Verletzung）の性質に応じて、二つの方法で現れる」と述べ、所有権の「全面的侵害」（eine totale Verletzung）の場合が rei vindicatio、所有権の「部分的侵害」（eine partielle Verletzung）の場合が actio negatoria である、と位置づけている[21]。この考察方法は、rei vindicatio との関係において、それとともに actio negatoria を一般的な法制度としての「所有権の訴」と把握しようとするプフタのひとつの功績と言えるものである。しかし、他方で、ネガトリア訴権を「所有権の訴」として構成するならば一般的な「所有権侵害」をも包括しうる、という余地（つまりは一種の《要件的開放性》）を与えることによって、プフタは、ネガトリア訴権の不法行為訴権への歪曲の道をも切り開く役割を担ったのである。ともあれ、首尾一貫してネガトリア訴権を「所有権の訴」として捉えようとするプフタにあって、ローマ法上 actio negatoria が「役権の訴」actio de servitute として形成されたという出来事は、たんなる「偶発的事情」（der zufällige Umstand）としての意味しかもたなかった[22]。そのような観点から、プフタによればローマ法源においてこの証明問題に関する不確定性こそは、問題の明確な解決を個々のローマ法文に求める方法ではなしに、むしろ現在の法学者に委ねられた現代的課題として捉える方法的観点の優位性を物語るものであった。[23] その際プフタによれば、「所有権の訴」としてのネガトリア訴権の原告にとって、所有権についての厳格で全面的な証明は必要ではなく、自己の所有権についての「一定の蓋然性」(ein gewisser Grad von Wahrscheinlichkeit) で十分である、とされた。[24] しかも、その立場こそは、グロサトーレン以来、ネガトリア訴権の原告は自己の「占有」の立証で足りるのであって、その所有権の厳格な証明までは必要でないとする伝統的な法学の見解とも合致することであった。[25] かくて、ネガトリア訴権におけるこのような「所有権立証の緩和傾向」こそは、プフタにあって「古い事柄にかまけて現在を忘れるようなことのない法学者の義務であり、共通する仕事」(die Pflicht und das gemeinsame Geschäft der Juristen, welche nicht über dem Alterthum die Gegenwart vergessen wollen) であるとされ、[26] ローマ法以来、rei vindicatio のより迅速な実効化のために、一定の「占有者」であることを要件に占有回復を認めたプブリキアーナ訴権 (Publiciana in rem actio) が Vindikationsklage に準用されてきたのと同様に――たとえこのことをローマ法やローマの法学者たちが知らなかったとしても――ネガトリア訴権においても Actio publiciana negatoria が認められてしかるべきである、とする。[27] このようにプフタは、もっぱら所有権の簡易で迅速な保護を目的としてネガトリア訴権の「所有権の訴」としての証明問題を論じた。それは、いわば民事訴訟法上の「略式手続」(das summarische Verfahren) と同様の平面に立つものであり、[28] かつそのような手続要件面の明確化によって、むしろ「裁判官の主観的恣意」(die subjektive Willkühr des Richters) を阻止するための役割をも担おうとしたのである。[29] しかしながら、プフタ自身も述べているように、すでに当時の法実務家の中には「証明問題」をこえて一般的にネガトリア概念を拡張し、(不法行為上の訴権を含めて)「あらゆる訴権」までもネガトリア概念の中に包摂しようとする傾向も生み出されていった、という点にくれぐれも注意しておくべきであろう。したがってその結果、つまりは不法行為的ネガトリア論形成の帰結として、プフタによれば、「もはや所有権の訴も、したがって当然のことながらわれわれのネガトリアも問題にされなくなった」(nicht mehr von einer Eigenthumsklage, aber darum freilich auch nicht mehr von unserer Negatoria die Rede war）と述べられたのである。(30) しかし、このようなネガトリア訴権の拡張適用論はまた――あとで示すように――プフタ自身の立場であったのであり、その《要件的開放性》のゆえに結果的に「所有権の訴」としてのネガトリア訴権の不法行為法化を広く準備することにもなったのである。

(3)　このような、ネガトリア論の混迷状態は、一八三〇年代のドイツ産業革命の進展を受ける形で一層深刻さを増していったように思われる。この時期の社会経済的な状況を簡潔に描写しておこう。たとえば、一八三四年にはプロイセンの提唱によってオーストリアを除く全ドイツ連邦諸国間で「関税同盟」（Zollverein）が創設され、プロイセンを中心とするドイツ統合的な経済的基礎が形成された。(31) またこの時期の特徴として、「鉄道建設」が大きな経済的活況を呼び起こした点に注目しておかねばならない。(32) 他方、株式会社形式の発展は産業ならびに金融にとって「資本の社会的組織化」を意味したし、「資本の集中・集積のための社会的運動形態」として、資本主義発展の重要な指標とされた。(33) こうして一八三六年には鉄道株式会社のための設立許可条項が公布されている。次いで一八四三年には、プロイセンにおいて一般的な株式会社法が公布された。(34) さらに一八四八年三月の、いわゆるドイツ三月革命ののち、一八五〇年代には石炭、鉄鉱石をはじめとする鉱山業、さらには精錬業等の製鉄業などが、鉄道産業ともども飛躍的に発展し、それに伴って「重工業と生産手段工業への強力な投資」(35) が加速度的に進展していった。一八六〇年代には、それが一層拡大発展し、一八六九年の北ドイツ連邦営業条例（一八七一年以降は帝国営業条例）(36) の公布をへて、一八七〇年代以降の化学産業、電力産業、光学産業等のめざましい展開と、それを土台とするところのその後の《独占資本主義化》を準備していった。(37)

このような状況のもと、産業資本による土地所有が古典的な相隣関係のレヴェルで法的問題（特にイミッシオーン）を引き起こすこともあれば、鉄道産業の振動や火災、化学工場や電力産業の煤煙などはそれを越えて新たな形でイミッシオーン問題を再生することにもなった。[38] その不利益を被るのは、農民や商人など、いわゆる小市民的土地所有者であることもあれば、ユンカー的土地貴族であることもあった。先程、指摘したようなネガトリア訴権の拡張によって、ユンカー的土地貴族が産業資本の土地利用に対して保護されることもあれば、逆にユンカー的土地利用そのものが小市民的土地所有権に対して制限されることによって、ユンカーが不利益を被ることもありえた。さらに産業資本相互間の土地利用をめぐる問題としては、ネガトリア訴権はたとえそれが拡張適用されたとしても、基本的にはなお「お互い様」の領域を維持しえたであろう。その限りで、仮にネガトリア訴権の拡張が当時の一般的傾向であったとしても、たとえばそれをもって直ちに「法の近代化」とも断定できはしないのであり、逆にその反作用としてのネガトリア訴権の「役権の訴」への回帰傾向をもって「法の近代化」とも断定することはできない、と思われる。[39] ともあれ、この時期のネガトリア訴権論、とりわけその《拡張傾向》のより具体的な様相を、次に簡潔に描写しておきたい。

(4) 一八四五年のパンデクテン教科書においてプフタは、先程の「証明問題」の要件緩和路線の行き着く先に、やはり、ネガトリア訴権の拡張適用を承認した。すなわち「その（ネガトリア）訴権は、原状回復、損害賠償、妨害の将来的不作為、そのための担保におよぶ」(Die Klage geht auf Wiederherstellung, Schadensersatz, künftige Unterlassung der Störung, Caution deshalb.) とした。[40] 要するに、ほんらい対人的訴権の対象としての原状回復、損害賠償等をも対物訴権としてのネガトリア訴権に包括した。その際、その根拠としてプフタは、ローマ法源のD. 7. 6. 5. § 6 ならびにD. 8. 5. 4. § 2; D. 8. 5. 12; D. 8. 5. 14. を挙げるのみであって、[41] しかもこれらのローマ法文解釈については近時ピッカーによる強力な批判が展開されたところである。[42] ともあれ、こうしてプフタ自身、ネガトリア訴権の「現代的」拡張、つまりはその《要件的開放性》によって、結果的に「われわれのネガトリアを問題にしなくなった」、とも言いうるのである。さらに一八五五年に、アルンツは、ネガトリア訴権の法的根拠を、正面から「物に対する完全で排他的な支配権としての所有権」として正当に位置づけつつ、ネガトリア訴権の目的として第一次的に「所有権自由の確認」、第二次的に「妨害の停止」をあげた。しかしながら問題は、「事情次第で」(nach Umständen) と断りながらも、やはりネガトリア訴権によって「妨害の反復に対する担保提供」(Sicherheitsleistung gegen Wiederkehr der Störung)、「適法な状態への回復」(Wiederherstellung des rechtsmäßigen Zustandes)、「被った侵害の賠償」(Ersatz für die erlittene Verletzung) をも肯定した、ということである。[43] そしてさらに、一八六二年のヴィントシャイトのパンデクテン教科書によっても、ネガトリア訴権は「権利侵害から生ずる訴権」として構成されており、およそ《侵害によって惹起されたところの所有権を妨害する状態の除去請求権》として把握されている (要するにヴィントシャイトは、「惹起責任」の観点から、「惹起者」たる妨害者の費用負担で妨害を排除せしめるものとしてネガトリア責任を構成している)。[44] とりわけ、このヴィントシャイトの学説は、当時、多大な影響を与えていった。[45] こうしてドイツ普通法学説一般がネガトリア訴権を「所有権の訴」として捉えることによって、むしろ「所有権の訴」として捉えるからこそ、その法的効果として「所有権侵害」に基づく原状回復、損害賠償など、ほんらい不法行為責任の効果であるものまでがネガトリアの内に包括されうる、とする《一般的法状態》が生み出されていったのである。当時のいくつかのラント民法ないしラント民法草案も、この傾向を強力にあと押しした。[46] このような法状態、法傾向を、実質的に当時の産業資本を保護する観点から、きわめて鋭くも批判したのがヘッセであった。

(5)　一八六六年、イェーリング年報に公表されたヘッセの論文[47]は、ネガトリア論とイミッシオーン論との自覚的関連づけにその大きな特色がある、と思われる。ヘッセにとって、まずなによりも当時のネガトリア論そのものが「依然として激しい議論の対象」であり、「今日に至るまでなんら確固とした学問上の形態を与えられていない」という認識が、その出発点としてあった。[48] そのような混迷状態、とりわけネガトリア訴権の拡張傾向がもたらす混迷状態を克服するためのカギはなにか。ヘッセにとってそのカギとは、「actio in rem としてのネガトリア訴権の地位」を断固として回復せしめることであり、そのような観点から「所有権の自由」の限界を理論的に明確化することであった(49)。したがって、その意味において、ヘッセにとっても、ネガトリア訴権はウィンディカチオともども「所有権の訴」(Eigenthumsklage)にほかならないのであって、両者の違いはただその「方向性」(Richtungen)にあるにすぎない、とされた(50)。注意すべきは、ここでヘッセが「方向性」ということの中身如何である。すなわち、すでに示したように当時のネガトリア論においては、「所有権の訴」としてネガトリアを性格づけつつ、ウィンディカチオーンとの違いを、「所有権侵害」の《全面性》か《部分性》かでもって区分けしようとするプフタ式の見解が支配的であった。そしてこれこそが、かのネガトリア訴権の不法行為法化を導く《要件的開放性》を準備したのであった。これに対して、ヘッセの言う「方向性」とは、むしろより「所有権論」そのものに根差したものであった。すなわちヘッセは、次のように言っている。要約すればこうである。《人の物に対する所有権関係は二つの主たる関係のもとで示される。一つは、所有権関係の自然的土台としての占有に基礎をおくところの財産客体としての物の所持において。二つめは、物に属性的な「使用」ないし「利用」という側面において。このような観点からみるならば、ウィンディカチオーンは前者に対応し、ネガトリアは後者に対応する。こうして、ネガトリアはもっぱら「物の排他的利用の保護」に向けられている。それは同時にまた、所有権権能としての「使用」ないし「利用」が所有権者の権利にそくして、その内在的かつ空間的意味において所有権者に帰属するのと同様である(51)》。こうしてヘッセにとっても、ネガトリア訴権はあくまでも「所有権の訴」であった。しかしそれは同時に、ネガトリアがもっぱら「土地」所有権にのみ属性的であることとあいまって、ローマ法上の「役権の訴」としての性格をなお維持すべきことを前提とするものであった。したがって、それはまた、ヘッセが言葉のうえでは承認するところの「所有権の自由」を、実質的には逆向きに否定的に解する見解へとつながっていった。なぜなら、ヘッセの依拠するローマ法では、所有権の即物的な見方はありえても、観念的かつ実体的に「自由な所有権」を語ることはなかったから、である。[52] ただし、ここでは、所有権論自体の基本的性格をめぐる当時の論争の存在のみを指摘するにとどめ、[53] ヘッセの所有権論には深入りしないでおこう。[54]

ともあれ、ローマ法上のネガトリアの法形象によりどころを求めようとするヘッセによれば、「ネガトリアに関する命題」は、次の七つの点に集約されるべきであった。[55]

① ネガトリアは、あくまでも「所有権に基づく訴権」であって、しかも同時に「(不当に僭称された) 役権からの防御」に向けられている。

② しかしネガトリアは、相隣者間のイミッシオーンにも向けられる。ここでは、なるほど役権としての内的なモメントが欠けているのであるが、しかしなお役権の外部的特徴であるところの「土地の隣接性」(praedia vicina)、「イミッシオーンないし突出物」(immissum, oder projectum)、「継続性」(causa perpetua) が承認される限りでは「役権の訴」たりうるからである。

③ ネガトリアは、もっぱら土地の占有者に対して認められる。それは、actio in rem としてのネガトリアの特性からすれば必然的なことでもある。

④ ネガトリア要件としての役権の主張は、役権の行使と考えられる事実上の侵害 (thatsächlicher Eingriff) と等置される。要するに、被告が役権を行使する意図を有したか否かは全く問題とはならない。これは、ウィンディカチオーンのもとでも被告の意図を問題にしないこと、つまりは原告の占有が事実として妨害されたか否かのみが肝心であることと同じである。

⑤ ネガトリアの訴権客体は、原告の所有権と矛盾し、それがゆえに絶対的かつ客観的に違法と評価されるところの被告の行為・容態である。その際、被告の善意・悪意は問題にならない。同様に、被告に過失があるか否かも問題とならない。したがって、被告の主観的違法容態はネガトリアの要件たりえないのである。[56]

⑥　したがって原告が毀損を被ったり、利益の侵害を受けたりすることもネガトリアの要件としては問題にならない。肝心であるのは、ただ被告による侵害が原告の所有権に対して不許容的（unerlaubt）とみなされうるか否か、ということだけである。(57)

⑦　被告が他人の権利を行使する用意なしに、たんに権利を言葉の上でわがものにするだけではネガトリアの十分な根拠になりえない。

さて、ネガトリア訴権がもっぱら相手方の役権の存在・不存在に依存するという立場を厳格に維持しようとしつつも、ヘッセはなお「所有権の訴」という法形態をネガトリアに付与した。こうして、ヘッセにとっては依然として「所有権」がそのものとして意味をもったのであり、特に「所有権の状態」（Zustände des Eigenthums）が重要な役割を果たすのであった。(58)というのは、原告の所有権を妨害する被告の行為は、およそ次の二つの方法で現象するからである。すなわち、まず第一に facere in nostro, つまり「われわれ（原告）の所有地における行為」がそれであって、被告が原告の土地の内部で行為する場合である。第二に immittere in nostrum, つまり「われわれ（原告）の所有地へのイミッシオーン」がそれであって、被告が依然彼自身の所有地にとどまりながらも、なお或るものを原告の所有領域（Eigenthumsbereich）に侵入させる場合である。(59)このようにヘッセは、一方で「役権（否認）の訴」としてのローマ法的枠組みにネガトリアを限定しようとしながらも、肝心のローマ法自身がイミッシオーンの場面においてネガトリアの適用を肯定していたことまで否定することはできなかったのである。しかしヘッセにとって、イミッシオーンの場面で広くネガトリアが機能することは、ややもすると自己否定的な意味をももちえた。したがって、改めてイミッシオーンにおけるネガトアリ適用の厳格な要件化の必要に迫られたのであった。そこでヘッセが依拠したのは、すでに示したところの②の要件、すなわち「土地の隣接性」「イミッシオーン（有体物の侵入）」「継続性」の三要件であった。(60)たとえば、原告所有地への壁の傾きや突出についての異議申し立て（正確には被告にそのような状態を維持する権利がないとする訴え）を認めるD. 8. 5. 14. § 1; D. 8. 5. 17. pr. あるいは被告所有地からの樹木の傾きや根の突出に対する異議申し立てに関するD. 43. 27. 2.; D. 47. 7. 6. § 2, もしくは破裂した水道管から原告所有地に水が流れ込むことの否認に関するD. 8. 5. 13, さらには被告所有地からの石片等の侵入の否認に関するD. 8. 3. 3. § 2, かてて加えて下方に位置するチーズ製造所の排出する煙りが上方の所有地へと侵入しないための予防策を命ずるD. 8. 5. 8. § 5, そして肥溜めからの湿気の侵入に対する否認権を肯定するD. 8. 5. 17. § 2. などなど。これらのローマ法文を検討することによって、ヘッセは、なるほどローマ法は一定の範囲においてイミッシオーンに対するネガトリア訴権適用を認めたのであるが、しかしそれはあくまで②の三要件と合致する限りにおいてのことであった、と主張するのである。[61] ヘッセにあってネガトリアは、かく限定されなければならなかった。したがって自己所有地に（違法な）担保権や地上権が設定されたとしても、それはウィンディカチオーンによる保護の対象とはなりえても、ネガトリアの適用はない、と言うのである。[62] さて、ここで再度イミッシオーンの問題に立ち返ろう。すでに示したように、ヘッセは、イミッシオーンへのネガトリア適用の限定化に苦心した。イミッシオーンの事例においてネガトリアの適用は可能な限り制限されなければならない。これがヘッセの獲得目標であったように思われる。その際、標的となったのは、いまだ産業革命が本格化する以前、一八二六年に出されたスパンゲンベルクの論文であった。[63] スパンゲンベルクは、ローマ法文D. 8. 5. 8. § 5. § 6. § 7をとりあげて、被告自身の炉から排出される「通常の煙」fumum non gravem に対してはネガトリア訴権の適用はなく、もっぱら「通常でない」（ungewöhnlich な）煙りに対してのみネガトリアの適用があるにとどまる、と主張した。[64] これに対して、ヘッセは、スパンゲンベルク流の「通常でない」定式ではなお広くネガトリアが適用されてしまうことになって不当、と厳しく批判するのである。[65] とりわけ、「通常でない」という要件が日常生活とは異なる一定の利益追求を目的にした場合に適用され、しかも「特別な装置」（besondere Apparate）によって煙が隣地に流された場合にネガトリアの適用を認めてしまうならば、隣の鍛冶屋もパン屋も肉屋も薬局も営業できなくなってしまい、結局は都市から追放される憂き目に遭うだろう。ヘッセにとって「このことが、ばかげたことであって、根拠のないことだというのは、日常の現実生活を一瞥すれば明白なこと」であった[66]。これに対してヘッセによれば、「(ネガトリア訴権の対象となるところの) イミッシオーンが成立するのは、固形ないし液体の有体物が被告の土地から原告の土地に必然的にかつ直接的に越境し、導入されるところの施設ないし設備が被告の土地に存在する場合のみである」とされる[67]。かくして、ヘッセは次のように言うのである。

「(不適法なイミッシオーンとしての) 隣地への有体物の導入は、ある (被告の) 土地における施設から発する必然的で直接的な効果でなければならない。また、その有体物の方向と目的が、施設所有者 (被告) の権限 (Macht) と意思 (Wille) とに依存していなければならない[68]」。

こうしてヘッセによれば、被告が原告所有地に隣接する形で水道管や肥溜めを設置した場合には、不適法なイミッシオーンと認められネガトリアが発動されるのであるが、もし被告が所有地の中央に同じ施設をこしらえた場合には、たとえ土地の形状のゆえに湿気が隣地に到達したとしても、不適法イミッシオーンとしては成立していないとされる[69]。とりわけ、煙のイミッシオーンについては、それが「人為的誘導」(künstliche Leitung) によってもたらされたか否かが決定的な意味をもつ、とする[70]。なお、先の⑦について若干のことを指摘しておこう。一般に口先だけで他人の権利を僭称するなどということは、そもそも無意味であると言ってよいのであるが、ここでヘッセは特にシカーネによる権利僭称をとりあげて、それがネガトリア要件を充足しえるものではない、と主張している。そして、仮にシカーネによって権利が僭称された場合を考えるならば、そのシカーネは財産上の損失を招くことはあっても、土地の使用・利用自体とはなんら関わりをもたないのであるから、actio in rem としてのネガトリアとは全く関連性がなく、問題となるのはただ「損害賠償を求める対人的訴権のみ」(nur persönliche Klagen auf Schadensersatz）であると言う。[71] そして、これに引き続いて述べられた文章は、本稿の考察にとっても特に重要であると思われる。次に引用しておこう。

「すなわち、ネガトリアはそれ自体として妨害の惹起者（Urheber der Störung）に対して向けられるものではない。そうではなしに、むしろ客観的に妨害の結果（des Resultat der Störung）に対して向けられており、また妨害された法律関係の回復（Wiederherstellung des gestörten Rechtsverhältnisses）に向けられているのである。したがってネガトリアは、当然のことながら次のことを要件とする。すなわち、現実に権利が妨害されたこと、あるいは現実の妨害が始まったということ、を。なぜなら、そうでないと、そもそもここでは「回復」restituere とか「禁止」prohibere とか、考えられえないからである」。[72]

要するに、ヘッセは、ネガトリアの客観的性格規定を前面に押し出し、そのことによって「妨害の惹起者」ではなしに、もっぱら現実の、現在の妨害者概念を創出しようとするのである。にもかかわらず、ヘッセが「妨害の結果」に依拠したことは、プフタ以降のネガトリア訴権の《要件的開放性》に基づく不法行為責任化の流れに呼応するものであったことに違いはない。

　さて、論文の末尾のほうでヘッセは、以上のようなローマ法回帰に基づくネガトリア要件・効果の厳格化がいかなる有益性をもつのか、果たしてそのようなローマ法回帰を要請する「差し迫った根拠」（dringende Gründe）があるのか、と自問して「ある」と答えている。[73] それはなぜか。ヘッセによれば、当時のネガトリア論をめぐる法状態の不安定こそは、ネガトリアの要件・効果を「一般原理から演繹すること」（das Deduzieren aus allgemeinen Prinzipien）すなわち「所有権概念から抽象的に演繹すること」（das abstrakte Deduzieren aus dem Begriffe des Eigenthums）にその最も決定的な原因があった、とされる。[74] それをヘッセは、次のように表現している。

「この問題（土地相隣者間の法的利益調整確定の問題――引用者）は、まさにいよいよもって産業が土地を自分のものとしつつある現在においては、きわめて重要な意味を獲得した。すなわち、この問題は大規模な産業の創設や鉄道、化学産業、窯業、製鉄所等々の重工業の設立・稼働にとって死活問題となっているのである。そして今や、私法の教科書や裁判所の諸判決を一瞥するならば、以上の問題について、なんと不確かで多様な、また対立し矛盾した見解がわれわれの目にとびこんでくることであろう。この状態こそは、疑い無く実生活にとって、とりわけ大産業にとって大きな災いである。そしてその災いは、まさしくその原因を次のことの内に、すなわちネガトリア訴権の根拠と限界とをごちゃまぜにして、ネガトリアを物権法上の訴権から財産上の訴権（Vermögensklage）へと一般化したことの内にもつのである。もし人が、ローマ法上の明確な輪郭をもつネガトリアをしっかりと堅持し、そしてその対立物たる cautio damni infecti を古臭い形式的な制度として、深い法的な意味のない制度として取り扱い、棚上げにするようなことがなかったならば、われわれは今日、かの災いを嘆くこともなかったろう」[75]。

ここでさしあたり注意すべきは、ヘッセによって「一般的原理からの演繹」とか「所有権概念からの抽象的演繹」と批判されたものの実体が、先に示したプフタをはじめヴィントシャイトの権威によって支配的となった傾向、すなわちネガトリア訴権を「所有権の訴」とし、「所有権侵害」に基づく訴権と構成することによってネガトリアの不法行為法への歪曲を導入した一群の見解を指している、ということである。したがって、当時の支配的学説が、ネガトリアのそのような《要件的開放性》のゆえに、その不法行為法化をもたらしたことを批判する限りでは、ヘッセの指摘はなお一般的意義をもちうる、と考える。しかし同時に注意されなければならないのは、次のことである。すなわち、ネガトリアが「所有権の訴」であるということと「所有権侵害」に基づく訴権であるということとは内的な必然的結合関係に立たない、ということである。すなわち、ネガトリアをあくまでも「所有権の訴」として構成しつつも、なおその要件・効果の《開放性》を所有権法内在的に「限定」する方法的観点は否定されていないし、むしろ可能であり、かつ必然と言うべきなのである。当時のローマ訴権法体系に拘束されながらも、そのような道を敢然と歩もうとした者、それをわたしたちは、次のヨホウにみてとることができるだろう。

（8）石部雅亮「外国法の学び方――ドイツ法4」法学セミナー一九七四年四月号一五八頁参照。なお、ドイツ産業革命の《準備期》を一七八〇年代中葉に起点を求めつつ、イギリス産業革命との対比において、なにゆえドイツ産業革命が緩慢であり、その《準備期》が長期にわたったかという問題を、ドイツ「市民革命」そのものの遅れと緩慢性、ドイツの国民的分裂などの要因に求めようとする、ハンス・モテック『ドイツ産業革命』（一九六〇年）大島隆雄訳（未来社、一九六八年）一七頁以下も参照。

（9）石部・前掲論文（前注（8））一五七頁、さらに石部「ドイツ革命と法」長谷川＝渡辺＝藤田編『講座・革命と法 第一巻 市民革命と法』（日本評論社、一九八九年）二一七―二一八頁、村上淳一「ドイツ「市民社会」の成立」法学協会雑誌八六巻八号（一九六九年）二一頁以下、特に二四頁以下参照。

（10）Vgl. P. Römer, Entstehung, Rechtsform und Funktion des kapitalistischen Privateigentums, 1978. S. 87. 石部・前掲論文前注（8）「ドイツ法7」法学セミナー一九七四年一〇月号一五九頁以下、さらには村上淳一『近代法の形成』（岩波書店、一九七九年）一〇七―一〇八頁、「営業の自由」との関連では特に、田山輝明「「営業の自由」Gewerbefreiheit の立法史的考察――「十月勅令」と改革立法をめぐって」藤田＝高柳編『資本主義法の形成と展開1〈資本主義と営業の自由〉』（東京大学出版会、一九七二年）三三五頁以下参照。

（11）Vgl. Römer (N. 10), S. 90. このようなドイツ的「市民革命」の不徹底性と、そのパラドキシカルな性格（「狭く保守的な」性格）は、土地（農地）問題が市民革命の中心課題と位置づけられるべき点において、さしあたり、封建地代の無償廃棄を実現させたフランス市民革命の「広く民主的な」性格と明確に対比されよう。いずれにせよ、このドイツ「農民解放」は、「自由で独立の農民を打ち出すことなく、却って地主はこの解放を通じてその土地所有を著しく拡大し、その経済を改善し、その地位を強化して Junker 体制を整備してゆく方向に結果した」とも評されるのである。高橋幸八郎『近代化の比較史的研究』（岩波書店、一九八三年）八〇―八一頁、一三六―一三七頁参照。また同様な観点を、国家権力の担い手であったドイツ官僚の保守的性格の内に描写する、石部・前掲「ドイツ革命と法」（前注（9））二二〇—二二一頁参照。

（12）一八三〇年代に本格化するドイツ産業革命の様相については、モテック・前掲書（前注（8））三一頁以下参照。Vgl, Römer (N. 10), S. 158.

（13）Vgl., M. Kaser, Das Römische Privatrecht, Erster Abschnitt, 2. Aufl., 1971. S. 432 ff.

（14）A. F. J. Thibaut, Ueber den Beweis der Eigenthumsklage, AcP 6. 1823. S. 311 ff.

（15）G. A. W. Du Roi, Noch einige Bemerkungen über actio in rem und actio in personam, jus in re und obligatio, AcP 6. 1823. S. 252 ff. なおロワは、裁判官の立場から一貫してネガトリア訴権の証明問題にとりくみ、一八三〇年には「ネガトリア訴権のもとでの立証責任について」という論文を執筆している（ただし公表は死後の一八五七年）。Vgl., Roi, Ueber die Beweislast bei der Negatorienklage (1830), AcP 40. 1857, S. 24 ff. このロワの論文は、ローマ法文の解釈に重点が置かれ、当時のパンデクテン法学がローマ法になお拘束されていた状況のもとで少なからず影響を与えた。現に当時、リューベック上級地方裁判所長として、ロワの上司であったハイゼも、ロワ論文を契機に自説を改めた、と告白している。Vgl., G. A. Heise, Ueber die Beweislast bei der Negatorienklage (1830), AcP 40. 1857. S. 50 ff. とはいえ、もっぱらそのハイゼの改説も部分的なものにとどまる点に注意を要しよう。すなわち、ハイゼがロワに同意するのは、ロワが主要に依拠するローマ法文D. 39, 1, 15. の解釈が妥当する範囲に限定されているのであって、その法文が僭称役権者の「占有」を要件とすること明らかであるから、被告が「非占有者」である限り、ロワの見解に従うわけにはいかない、と述べているからである。Heise, a. a. O., S. 55. ちなみに、D, 39. 1. 15. は次のように言っている。„Si priusquam aedificatum esset, ageretur, jus vicino non esse aedes altius tollere, nec res ab eo defenderetur, partes judicis non alias futuras fuisse ait, quam ut eum, cum quo ageretur, cavere juberet, non prius se aedificaturum, quam ultro egisset, jus sibi esse altius tollere. Idemque e contrario, si quum quis agere vellet, jus sibi esse invito adversario altius tollere, eo non defendente, similiter, inquit, officio judicis continebitur, ut cavere adversarium juberet, nec opus novum se nunciaturum, nec aedificanti vic facturum. Eaque ratione hactenus is, qui rem non defenderet, punietur, ut jure suo probarenecesse haberet, id enim esse, petitoris partes sustinere.“「(試訳)［アフリカーヌス質疑録］或る者［原告］がその隣人に対して、その隣人が建物を建てる前に彼［原告］の家屋をより高く建て増しする権利をもつとして提訴し、これに対して

その隣人がその訴えに応訴しない場合には、その隣人が彼自身その建物をより高く建造する権限を訴求するに至る（別訴を提訴する）までは建物を建てない旨の担保の提供を被告［隣人］に対して求める以外のなにものも裁判官は被告に命じえない。これと異なる場合について、アフリカーヌスは次のように主張している。すなわち、或る者［原告］がその相手方［被告］の意思に反してより高く建て増しする権利をもつとして訴求しようとし、これに対して相手方が応訴しない場合には、その相手方が［原告による］新たな増築を理由とする異議の申し立てもしないし、またその増築を私力によって妨害しない（自力救済しない）という旨の担保の設定を求める以外のなにものも裁判官は（相手方に対して）命じえないであろう、と。このように、［被告として］応訴しようとしない者は、その限りにおいて彼［被告］が彼の権利を立証しなければならないという罰を受けることになろう。なぜなら、すなわち原告の役割を引き受けることになろうからである」。なお、この法文の解釈を含めて、この時期のネガトリア証明問題に関する論争については、海老原明夫「所有権の訴としての妨害排除の訴――一九世紀ドイツ普通法学における actio negatoria」海老原編『法の近代とポストモダン』（東京大学出版会、一九九三年）一九三頁以下、特に一九八―一九九頁参照。ただし、ローマ法上 actio in rem においては――actio in personam と異なって――被告に「応訴義務なし」という原則が貫徹していたとする立場（vgl. Theo Mayer-Maly, Römisches Privatrecht, 1991. S. 59: M. Kaser, Römisches Privatrecht (Kurz-Lehrbuch), 11. Aufl., 1979. S. 322. なお、わが国の文献として、原田慶吉『ローマ法』（有斐閣、一九五五年、改訂版）三八六頁参照）に立ちうるとするならば、この D. 39. 1. 15. がどの程度まで普遍的な意義をもちえたか、一考の余地が出てくるように思われる。さらに他方、ここで原告が提訴にあたって立証責任を負うということが「普遍的」に語られていたとしても、この法文が「自己の権利について」(de jure suo) 原告が立証責任を負担すべしと言う限りにおいて、「原告は自分の所有権の存在についてのみ証明責任を負う」という当時の支配的見解とただちに矛盾するわけではない（少なくとも、D. 391. 1. 15. の解釈として、被告に役権なしとの立証責任までは原告は負わない、という理解が成り立ちうるのではないか）。なお、本稿以下では、ローマ法文につき、その解釈に対立があり、しかも本稿の考察にとって必要不可欠と思われるものに限って「試訳」を試みるにとどめる。

（16）　Roi, AcP 6 (N. 15), S. 298.

（17）　Roi, AcP 6 (N. 15), S. 298-299. 一八三〇年の論文でロワは、「所有権には私の物に関するあらゆる任意の処分に対して第三者の介入を禁じる権限が含まれている」のであるから、「法原則に基づく論理的立場からするならば（aus dem logischen Standpunkte)」ネガトリア訴権を「所有権に基づく訴権」として構成しうる、とする。Vgl. Roi, AcP 40 (N. 15), S. 24. 海老原・前掲論文（前注（15）後半部）一九七頁参照。

(18) この問題については、すでに当時、「訴権」actio 的構成は形式化されつつあり、むしろ実体法としての体系化が進行しつつあったとする。奥田昌道『請求権概念の生成と展開』（創文社、一九七九年）四頁以下参照。

(19) Thibaut, AcP 6 (N. 14), S. 320.

(20) G. F. Puchta, Ueber die Negatorienklage, 1827. in: ders., Kleine civilistische Schriften, Gesammelt und herausgegeben von A. Rudorff, 1851, S. 148 ff.

(21) Puchta (N. 20), S. 149. プフタ流の見解は、その後急速に支配的になっていった。Vgl., A. Brinz, Lehrbuch der Pandekten, Erste Abtheilung, 1857. S. 236 ff. Windscheid, Lehrbuch des Pandektenrechts, Erster Band. 6. Aufl., 1887. S. 674.

(22) Puchta (N. 20), S. 150. ここでプフタは、自説の根拠づけのためにハイゼ（A. Heise, Grundriß eines Systems des Gemeinen Civilrechts, 1823.）とフーゴー（G. Hugo, Lehrbuch der Pandekten, 1805）の見解に依拠している。ちなみに、このハイゼとフーゴーは、一八世紀から一九世紀の転換期においてネガトリア訴権を一般的な所有権保護制度のうちに組み入れた先駆者とされている。Vgl. E. Picker, Der negatorische Beseitigungsanspruch, 1972. S. 65-66.

(23) Puchta (N. 20), S. 151.

(24) Puchta (N. 20), S. 158-159.

(25) Puchta (N. 20), S. 155-156. ちなみにヘッセは、あとで取り上げる論稿（N. 47）において、善意占有者が「正当原因」（justa causa）と「善意」（bona fide）とを立証しえたならば、その完全な所有権の立証がなくともネガトリア訴権が行使されうる、とする立場が正当な意味をもちうる限りで、自分の見解がプフタの学説を補強するものである、と述べている。Vgl., Hesse（unten N. 47）, S. 126 Fn. 65.

(26) Puchta (N. 20), S. 163-164.

(27) Puchta (N. 20), S. 165-166. これに関連して、プフタは、すでにプーフェンドルフ（F. E. v. Pufendorf, Observationis juris

universi, 1777. Bd. 1. S. 36）が、プブリキアーナ訴権を類推して utilis actio negatoria を提唱していたことを援用する。Vgl. Puchta (N. 20), S. 165.

(28) Puchta (N. 20), S. 154.

(29) Puchta (N. 20), S. 166.

(30) Puchta (N. 20), S. 165.

(31) Vgl. Römer (N. 10), S. 160.

(32) Vgl. Römer (N. 10), S. 161.

(33) Vgl. Römer (N. 10), S. 167–168.

(34) Vgl. Römer (N. 10), S. 199-200.

(35) モテック・前掲書（前注（8））五四頁。

(36) Vgl. Römer (N. 10), S. 161. Fn. 339.

(37) たとえば、モテック・前掲書（前注（8））九三頁によれば、一八七三年から一八九五年にかけての時期は、ドイツにおける資本主義的工業化の「独占資本主義への漸次的移行期」にあたるとされる。さらにRömer (N. 10), S. 218は、一九〇〇年のＢＧＢ公布時には、ＢＧＢがその基盤としたところの自由競争的資本主義はもはや存在しなかったとして、独占資本主義段階におけるＢＧＢ登場の意義を、概念法学批判と一般条項論の凱旋パレード（der Siegezug）として描く。なお、一八七〇年代以降のドイツにつき、「農業国から工業国への移行」・「市民層の貴族化・封建化」という興味深いメルクマールに即してＢＧＢの基本的性格を描写しようとする、平田公夫「一九世紀後半のドイツ社会と民法典」上山安敏編『近代ヨーロッパ法社会史』（ミネルヴァ書房、一九八七年）所収二八四頁以下、特に二九二頁以下を参照。

(38) 未公表のものであるが、この問題意識を当時の普通法学説ならびにＢＧＢ立法過程に即して具体的に考察するものとして、村島正一「ドイツにおけるイミッシオーン法の展開」一九七〇年度九州大学法学研究科修士論文、九州大学法学部図書館所蔵を参照。

(39) ちなみに、海老原論文（前注（15）後半部）二一二頁以下は、あとで示すヘッセの見解を「妨害排除の訴の目的を役権の排除に限定する、という一見すると非近代的な立場が、〔中略〕かえって近代産業の発展にとって好都合な法的条件を提供する」（二一四頁）ものとして位置づけながら、それを「法の近代化」の一つの道であるとする。そのような観点から、「法の近代化」の多様な道筋を探求すべきである、と主張している（二一五頁）。なるほど一般論としては、海老原教授流の複眼的思考が重要であり、正当であることは否定できない、と思われる。しかし、仮にヘッセの見解に関する海老原論文の理解が全面的に正しいとしても（たとえば一八五九年から一八六二年にかけてのヘッセの大作『相隣関係論』（Über die Rechtsverhältnisse zwischen Grundstücks = Nachbarn, 1. Aufl.）と一八六六年のネガトリア論との間にどれほどの「転換」が語られうるのかという実証的問題を含めて）、ヘッセの見解をもって一つの「法の近代化」への道であるとする場合には——法学上の基本的かつ方法的観点にてらして言うならば——「近代産業の発展に好都合な法的条件を提供する」見解が、そもそもいかなる点において「法の近代化」の指標となりうるのか、という問題について、さらに検討されるべき点が残されているように思われる。なぜなら、たとえば、まさしく所有権の基礎理論においては、近代産業の所有権行使の自由に対して、いかに農民や漁民や都市居住者等々の所有権利用を保護するか、という観点からネガトリア論を考察し、またイミッシオーン論を考察するという方法的態度も当然にありうるし、現にあったからである。このような問題意識を、いわゆる「近代的所有権」論内在的に、しかも実証的に展開していくことが、筆者には重要であると思われる。ともあれ、「法の近代化」への道を、もっぱら近代産業の利益に即して考察する態度は、なるほどありえないことではないのだが、しかし、それこそひとつの、しかもいびつな「経済還元主義的」近代法理解に行き着くものであるようにも思われる。

（40） Puchta, Lehrbuch der Pandekten, 1845. S. 242-243. ちなみに、本文で指摘したプフタの見解は、すでにネガトリア訴権が「所有権の訴」であることを前提にした議論であったが、この直前の時期、なおネガトリア訴権を体系上「所有権の訴」ではなしに「役権の訴」として位置づけるパンデクテン教科書が存在していたことにも注意しておきたい。Vgl. Thibaut, System des Pandekten-Rechts, Bd. 2. 1834. S. 291; C. F. Mühlenbruch, Lehrbuch des Pandekten-Rechts, Zweiter Teil, 3. Aufl., 1840. S. 172. 参考までに、ここでミューレンブルッフは、ネガトリア訴権によってやはり「損害賠償」（Schadensersatz）ならびに「将来妨害せずとの担保問答契約の設定」（Bestellung einer cautio de non amplius turbando）までも訴求しうる、とする。たとえローマ法上の「役権の訴」に立ち返ったとしても、ネガトリア訴権自体の「機能拡大」は、こうしてなお存在したのである。さらに、一八六〇年代においてもネガトリア訴権を――所有権の訴としてではなく――役権の訴として位置づけていたものとして、vgl. K. A. v. Vangerow, Lehrbuch der Pandekten, Erster Band. 7. Aufl., 1863. S. 766 ff.

(41) Puchta (N. 40), S. 243. Siehe auch dort Fn.

(42) Vgl. Picker (N. 22 am Ende), S. 71-73. ここでピッカーは、なるほどローマ法文の中にはD. 8. 5. 4. §. 2. のように一見したところネガトリア訴権によって損害賠償が肯定されているかのような箇所がある［したがって、プフタをはじめデルンブルク、ヘッセそして最近のローマ法学者（Jörs = Kunkel = Wenger, Schulz）までもがそう考えている］のだが、だからといって直ちにそれを正当化するのは誤りであるとして、とりわけローマ訴訟法体系における「争点決定」(litis cotestatio) の特殊性に言及している。すなわち、勝訴原告は、当該勝訴判決によってこの判決が訴え提起時にすでに下されていたかのような地位に置かれることになっていたのである。Vgl. M. Kaser, Restituere als Prozeßgegenstand, 2. Aufl., 1968. S. 65 f. dauz vgl. Picker (N. 22 am Ende), S. 73 Fn. 117. したがって敗訴被告は、原告の土地所有権を行使することができないということを「知って」行為したところの悪意の被告と等置され、あたかもネガトリア訴権によって損害賠償をも訴求しうるかのような要件充足性が与えられたのである。ピッカーは、これを「たんに訴訟技術上の理由」から、たまたまローマ法上のネガトリア訴権に紛れ込んだものであり、その意味で損害賠償は、ネガトリア請求権とはあくまでも「無関係な責任基準」にとどまる旨、強調している。また、だからこそD. 8. 5. 17. §. 2. では、原告が損害賠償を求めるにはネガトリアとは別個の特別な責任基準としての「未発生損害担保問答契約」(cautio damni infecti) が要求された、とするのである。Vgl., Picker (N. 22 am Ende), S. 73. このようなピッカー説の登場にもかかわらず、その後オゴレクが再びこれらのローマ法文をもってネガトリア訴権が損害賠償をも包括しうるところの、すぐれて《要件的開放性》を有していたとする立場を示した。Vgl. R Ogorek, Actio negatoria und industrielle Beeinträchtigung des Grundeigentums, in: Wissenschaft und Kodifikation des Privatrechts im 19. Jahrhundert, IV. Eigentum und industrielle Entwicklung, Wettbewerbsordnung und Wettbewerbsrecht, Herausgegeben von H. Coing und W. Wilhelm, 1979. S. 44. und 56. これを改めて批判するピッカーは、オゴレク論文をして「法的問題についての解釈学上の論点の明確化に欠けてしまうならば、その歴史研究も失敗してしまうということの見本である」と手厳しい。Vgl. Picker, Zur Beseitigungshaftung nach § 1004 BGB — eine Apologie — zugleich ein Beitrag zur bürgerlichrechtlichen Haftungsdogmatik — in: Festschrift

für Joachim Gernhuber zum 70. Geburtstag, herausgegeben von H. Lange, K. W. Nörr, H. P. Westermann, 1993. S. 315 ff. bes., S. 367-368 Fn. 157. これに対して、海老原・前掲論文（前注（15））二一四頁及び二一九頁注（59）は、オゴレク論文を「近代的産業活動」に奉仕する方向での「妨害排除の訴の機能の限定が図られた」とする文脈につなげる形で、高く評価している。ちなみに、D. 7. 6. 5. § 6, D. 8. 5. 4. § 2. を試訳しておくならば、こうである。D. 7. 6. 5. § 6. „Sicut fructuario in rem confessoriam agenti fructus praestandi sunt, ita et proprietatis domino, si negatoria actione utatur: sed in omnibus itademum, si non sit possessor qui agat (nam et possessori competunt): quod si possident, nihil fructuum nomine consequentur, quid ergo officium erit iudicis quam hoc, ut securus consequatur fructuarius fruendi licentiam, proprietatis dominus, ne inquietetut?"「（試訳）役権者が認諾訴権を提起する場合に彼に果実の賠償が認められるべきであるのと同様に、所有権者がネガトリア訴権を提起する場合にも果実の賠償が認められるべきである。ただし、これが問題となるのは（役権者であれ、所有権者であれ）原告が非占有者である場合に限られる。なぜなら（果実取得は）占有者が追求しようとするものであるからである。すなわち、原告が占有をなしているならば、彼は果実の名においてなにひとつ請求をなしえないからである。かくして、役権者に円満な利用の自由をあてがい、かつまた同時に所有権者を攪乱させないことは、もっぱら裁判官の義務にほかならない、と言えるのではないか」。D. 8. 5. 4. § 2. „In cofessoria actio, quae de servitute novetur, fructus etiam veniunt, sed videamus, qui esse fructus servitutis possunt: et est verius id demum fructuum nomine computandum, si quid sit quod intersit agentis servitute non prohiberi, sed et in negatoria actione, ut Labeo ait, fructus computantur, quanti interest petitoris non uti fundi sui itinere adversarium: et hanc sententiam et Pomponius probat."「（試訳）役権に基づく認諾訴権を提起する場合には、果実も考慮の対象になる。ただ問題となるのは、役権の果実とみなされるものは一体なにか、ということである。ここで答えておくべきことは、役権の行使について妨害されないことの程度そのものが果実に相当する、ということである。しかしラベオが言うように、逆にネガトリア訴権が問題となる場合であっても、（ネガトリア訴権の）原告が自分の所有地を経由する小道を相手方（被告）が勝手に利用しないことを求めようとする場合には、その限りにおいて、そのこと（相手方が勝手に利用しないこと）も果実とみなされるのである。ポンポニウスも、この見解を支持している」。しかしながら、ネガトリア訴権固有の法効果をそもそも「果実」（「役権の果実」）に相当するものとして構成する必然性があったのか否か、問題として残る。なお、わが国においても、ローマ法に関する代表的教科書、原田慶吉・前掲『ローマ法』（前注（15）後半部）一二〇頁によれば、ネガトリア訴権でもって「損害の賠償及び将来妨害せずとの担保問答契約の提供」をも訴求しうるとされている点、問題の根深さを痛感する。

（43）　L. Arndts, Lehrbuch der Pandekten, 1855. S. 231-232. ちなみに一八七九年の第一〇版も全く同様である。Vgl., Arndts, Lehrbuch der Pandekten, 10. Aufl., 1879. S. 278.

（44）　B. Windscheid, Lehrbuch des Pandektenrechts, Bd. 1, 1. Aufl., 1862. §. 198. dazu Vgl., Johow (N. 76), S. 1002-1003. Vgl., Windscheid, dieselbe, 3. Aufl. 1873. S. 559; 5. Aufl. 1879. S. 626; 6 Aufl. 1886. S. 675; 9. Aufl. 1906. S. 1010. この点、重要な意味をもつので、以下やや詳細に原文を掲げておく。„Unter Eingriff in das Eigenthumsrecht wird hier eine Verletzung des Eigentumsrechts verstanden, welche nicht in der Entziehung des Besitzes der Sache besteht. [...] Der Anspuch, welcher aus einer Verletzung dieser Art entsteht, ist gerichtet: auf Beseitigung des das Eigenthumsrecht beeinträchtigenden Zustandes (wenn ein solcher durch den Eingriff herbeigeführt werden ist), und zwar durch den Urheber des Eingriffs und auf seine Kosten."

（45）　Vgl., Picker (N. 22 am Ende), S. 69.

（46）　Vgl., Johow (N. 76), S. 984-985.

（47）　Chr. A. Hesse, Die Negatorienklage, Ihre Veranlassung und Richtung, Jherings Jahrbücher für die Dogmatik des bürgerlichen Rechts, Bd. 8. 1866. S. 82 ff.

（48）　Hesse (N. 47), S. 82.

（49）　Hesse (N. 47), S. 87. ちなみにヘッセは、どちらかと言えば基本概念の演繹的「定義」づけには無関心であり、むしろ帰納的な、いわば生活経験優先的な考察方法を重視しようとした。たとえば「土地所有権」につき、ヘッセは別の論稿で次のように述べている。「われわれは、所有権を定義づけようとする異なった多様な試みに立ちどまることはよそう。なぜなら、物支配の全面性（Totalität）、ならびに排他性（Ausschließlichkeit）［という定義づけこそ］が主に、土地の相隣関係に関して困難を引き起こす二つの根拠であったからである。［中略］さらに実生活の要請を正しく認識するならば、いくつかの制定法上の所有権制限とならんで所有権の自然的制限（natürliche Beschränkungen des Eigenthums）が（所有権の）体系にくみ込まれるべきであろう」。Vgl., Hesse, Zur Lehre von den nachbarrechtlichen Verhältnissen der Grundeigenthümer, Jherings Jahrbücher Bd. 6.

1863. S. 381. 但しヘッセ流の「実生活の要請」が、比較的容易に産業利益優先の立場と結びついていた点は、本文で示す通りである。

（50） Hesse（N. 47）, S. 87-88.

（51） Hesse（N. 47）, S. 89.

（52） Hesse（N. 47）, S. 90.

（53） とりわけ、イミッシオーン法についてもローマ法文の拘束から距離をおこうとして、ヘッセと見解を異にしていたイェーリングが、所有権論についても、ローマ法上の物質的感覚的所有権観念から法理論としての所有権観念への移行の必然性を強調していたことは、興味深く思われる。Vgl. R. Jhering, Ist der ehemalige gutgläubige Besitzer einer fremden Sache verpflichtet, nach deren Untergang dem Eigentümer derselben den gelösten Kaufpreis herauszugeben? Ein Beitrag zur Lehre von Grenzen des Eigentumsschutzes. Jherings Jahrbücher Bd. 16. 1878. S. 230 ff. これに対してヘッセは、ローマ人にとって「その物はわたしの物である」（res mea est）とか「君の物」（tua est）であるという言い方はあっても、「わたしの所有」であるとか「君の所有」という観念はなかったし、即物的に自由なる「土地」を語ることはあっても、自由なる「所有権」を語ることはなかった、とする。Vgl. Hesse（N. 47）, S. 90.

（54） 前注（49）（53）参照。

（55） Hesse（N. 47）, S. 91-92.

（56） Vgl. Hesse（N. 47）, S. 131. ここでヘッセは、当時の裁判実務における民事違法論の動揺を指摘することによって、ネガトリア要件としての「客観的違法」明確性の必要性を強調している。

（57） ただしヘッセが、ほんの三年前の論文において、「始まりはしたものの未だ完結していない侵害」と「すでに完結してしまった侵害」とを区別し、後者においてネガトリア訴権の効力が（「副次的なものとして」als Nebensache と断りながらも）「従前の状態への回復と損害賠償」（Wiederherstellung des vorigen Zustandes und Schadensersatz）に及ぶとしていた点には、くれぐれも注意を要しよう。Vgl. Hesse（N. 49 am Ende）, S. 413. なお、ヘッセのこの論文におけるネガトリア論については、すでに末川博「イェーリングを中心とした土地所有権の限界に関する研究」法学論叢一三巻三号・四号（一九二五年）、末川『続民法論集』（評論社、一九六二年）八七頁に指摘がある。

(58)　Hesse (N. 47), S. 96.

(59)　Hesse (N. 47), S. 97.

(60)　Hesse (N. 47), S. 100.

(61)　Hesse (N. 47), S. 100-104. ここでは、あとでも問題となる、D. 8. 5. 8. § 5. についてのみ抄訳しておこう。D. 8. 5. 8. § 5. „Aristo Cerellio Uitali respondit non putare se ex taberna casiaria fumum in superiora aedificia iure immitti posse, nisi ei rei servitutem talem admittit, idemque ait: et ex superiore in inferiora non aquam, non quid aliud immitti licet: in suo enim alii hactenus facere licet, quatenus nihil in alienum immittat, fumi autem sicut aquae esse immissionem: posse igitur superiorem cum inferiore agere ius illi non esse id ita facere."「（試訳）アリストーはケレリウス・ウィターリスに対し、次のように答えた。すなわちチーズ屋からの煙が上方の家屋へと流出することは適法ではないが、チーズ屋に対して上方の家屋所有権者が役権を与えていれば適法と考える、と。またアリストーは次のようにも言う。すなわち、（逆に）上方の家屋から下方の建物や土地に水が流し落とされたり、その他の物が排出されることも許されない、と。すなわち、なるほど所有権者であれば誰でも彼自身の土地を自由に使用できるのであるが、ただしそれは、他人の土地に何ひとつ侵入させない仕方のみである。しかし、水と同様に煙りもイミッシオーンである。したがって（煙のイミッシオーンを受けた）上方の土地所有権者は下方の所有権者に対してそれをなす権限を有しないという旨の訴権を提起することができる、と」。

(62)　Hesse (N. 47), S. 107-108.

(63)　Spangenberg, Einige Bemerkungen über das Nachbarrecht, AcP 9. 1826. S. 265 ff. dazu Hesse (N. 47), S. 113 ff. なお、シュパンゲンベルクの見解については、中山充「ドイツ民法におけるイミシオーン規定の成立（一）――ドイツ・イミシオーン法の形成・発展及び機能その一」民商法雑誌七一巻一号（一九七四年）二七頁以下に簡潔な紹介があるほか、村島・前掲論文（前注（38））に詳しい。

(64)　Spangenberg (N. 63), S. 266 ff. ここでは、D. 8. 5. 8. § 6, § 7. のみを試訳しておく。D. 8. 5. 8. § 6. „Apud Pomponium dubitatur libro quadragensimo primo lectionum, an quis possit ita agere, licere fumum non gravem, puta ex foco, in suo facere? aut non licere? Et ait, magis non posse agi: sicut gai non potest, jus esse in suo ignem facere, aut sedere, aut lavare."「（試訳）ポンポニウス私撰集第四一巻において、或る者が、たとえば彼のかまどからそれほどたいしたことのない煙（fumum non gravem）を隣地に排出することが許されるのか、それとも許されないのか、ということに関して訴えを提起しうるか、ということが問題にされている。そしてその回答は、どちらかといえば許されない、というものであった。すなわち、それは人が彼自身の土地で火をおこし、そこに腰掛け、そこで洗濯する権利を主張して訴えを提起できないのと同じことだからである、とされた」。D. 8. 5. 8. § 7. „Idem in diversum probat: nam et in balineis, inquit, vaporibus cum Quintilla cuniculum pergentem in Ursi Iuli instruxisset, placuit potuisse tales servitutes imponi."「（試訳）逆の場合には彼（ポンポニウス）は（訴えを）肯定している。すなわち彼が言うにはこうである。クィンティラという者［被告］が彼の浴室からの水蒸気を排出するために地下導管をつくってウルスス・ユリウス［原告］の土地へと導いたとするならば、（その場合には）そのための（特別な）役権が（クィンティラ［被告］のために）設定されるべきであったものと考える方がよいからである（つまりはその役権存在の立証に成功しない限り被告は原告によるネガトリアの訴えにさらされる）、と」。この後者の法文に関して一言しておくならば、原告が自分の土地を経由する地下導管の建造を被告に許可していない限り、通常は、可及的すみやかに（つまり地下導管の完成前に）被告に対して異議申し立てをするであろうということが前提となっている、と考えるべきだろう。

(65) Hesse (N. 47), S. 113 ff.
(66) Hesse (N. 47), S. 117.
(67) Hesse (N. 47), S. 118.
(68) Hesse (N. 47), S. 118–119.
(69) Hesse (N. 47), S. 121.
(70) Hesse (N. 47), S. 122. なおヘッセのイミッシオーン論については、中山・前掲論文（前注（63））四〇頁以下に簡潔な記述があり、村島・前掲論文（前注（38））にさらに詳しい。
(71)(72) Hesse (N. 47), S. 123.
(73) Hesse (N. 47), S. 126–127.

（74）　Hesse (N. 47), S. 127-128.
（75）　Hesse (N. 47), S. 128. なお海老原・前掲論文（前注（15）後半部）二一四頁が、独特の観点からこの叙述に注目している点については、前注（39）参照。

第三節　ドイツ物権法「前草案」（ヨホウ草案）におけるネガトリア論の基本構造

（1）　当時、ベルリン上級裁判所判事であったヨホウ（Johow）は、一八七四年、連邦参議院司法委員会によって物権法草案作成の依頼を受け、一八七八年一〇月までの時点で物権法の一般的規定、さらに不動産登記、占有、相隣関係を含む所有権法など、物権法の最も主要な部分を作成した。そしてその後一八八四年の二月から三月にかけて、ヨホウ物権法草案の全体が第一読会（die erste Lesung）で審議された。[76] こうしてドイツ民法典編纂第一委員会が一八八一年から一八八七年にかけて開催される中、ようやくＢＧＢ第一草案ともども「理由書」（Motive）が刊行され（一八八八年）、一八九〇年から一八九五年にかけての第二委員会の審議をへて、一八九六年にはＢＧＢが制定された。その後、さらに一八九八年の「議定書」（Protokolle）の刊行をみたあと、一九〇〇年のＢＧＢ施行へと至る。[77] このような過程をへて、ヨホウ物権法草案がＢＧＢへと結実していくわけであるが、そもそもヨホウの物権法草案、なかでもそのネガトリア論がいかなるものであったのか。それを明らかにすることが、ここでの課題である。

（2）　一八七〇年代以降のドイツにおける社会経済的背景については、ごく付随的ながらすでに一定の言及を試みた。[78] ここでそれを繰り返す必要はないであろうし、またヨホウの問題関心と社会経済的な背景とがどのように結びつきえたかという問題を含めて、ここで立ち入ることは避けようと思う。[79] なにはともあれ、ヨホウ草案の中身それ自体を探求してみよう。

まず、ヨホウにとっても、ネガトリア論に関する当時の普通法学説の状況は、やはりなお「未完成の発展段階」(Stadium einer unvollendeten Entwicklung) にあった。[80] この点で先のヘッセによる評価がなお妥当している、と言ってよい。[81] さて、それではこの物権法素案の中で、ネガトリア論につきヨホウが主張しようとしたことは一体何であったろうか。それを、あらかじめ整理しておこう。まず第一に、土地所有権の自由保護請求権（しかも、所有権の「侵害」(Verletzung) に基づく訴権ではなく、現在の権利状態のズレを矯正する訴権）としてネガトリア請求権を位置づけること。第二に、ネガトリア訴権の先決的確認訴訟的性格 (Präjudizialnatur der Negatoria) を浮き彫りにすること。第三に、ネガトリア訴権の「対物訴権」(actio in rem) としての沿革を重視することによって「対人訴権」(actio in personam) との峻別をはかること。第四に、イミッシオーンの原則違法を確認することによって、ネガトリア訴権の相隣関係論における原則的機能の明確化をはかること。第五に、妨害土地の所有権が譲渡された場合であっても、妨害の惹起者ではなく新所有者がネガトリア責任を負担することを明らかにすることによって、妨害施設保持の禁止ならびに妨害者概念の客観的把握を押し出すこと。以上の諸点にヨホウの問題関心を収斂させることができるだろう。それでは以下、可能な限りヨホウの論述に即しながら、その内実を窺うことにしよう。

(3) ヨホウにとっても、ネガトリア訴権はウィンディカチオーンとともに第一の「対物訴権」(actio in rem) であり、それは「所有権を主張すること」(die Behauptung des Eigenthums) によって実現されるべきものであった。[82] ただしその際、ヨホウにとって特に重要であったのは、当時のパンデクテン＝ドイツ普通法学がいかなる客観的な法状況のもとに置かれていたか、という「法の現状分析」であった。とりわけ、ドイツ普通法が、ローマ訴権法からの分離を図ろうと模索しつつも、それにもかかわらず、なおローマ訴権法の固有性 (Eigentümlichkeit) に拘束されて物権的請求権を対人的請求権と厳格に区別することを怠った、という事実認識がきわめて重大な意味を担った。[83]すなわち——本稿においてすでにあきらかにされたことであるが——当時の普通法下の実務においては、裁判官が、妨害状態の排除、将来にわたる侵害の禁止のみならず、さらに「損害賠償」（Schadensersatz）をも被告に命ずることができる、という認識が支配的であった。この問題は、ヨホウも言うように、ローマの裁判官が物的訴訟の判決に際し対人的訴権を同時に顧慮しようとした点に密接に関わるのであって、本稿でも先に示したように「争点決定」（litis contestatio）を内在化させていたローマ訴権法体系の独自性に強く規定されてもいるのである。[84]ともあれ、このような伝統的ローマ法体系との自覚的な取り組み、ないし「格闘」が必ずしも十分なされないまま、すでに見たように、「所有権の訴」であることと「所有権〈侵害〉に基づく訴権」であることが無媒介的に直結し、ネガトリア訴権でもって「損害賠償」までカヴァーしうるとする「支配的傾向」が根づいていったのである。なるほど、このような支配的傾向に対しては、たとえばヘッセによる批判があったのだが、ヘッセ独特の問題意識（たとえば産業の利益優先）と彼のあまりにも直截的なローマ法への回帰傾向によって、それは必ずしも十分な説得力をもちえなかった。逆に、ヴィントシャイトを旗頭とする支配的見解が一層強化されつつあった。このような中で、統一的市民法典としてのＢＧＢにおけるネガトリア的所有権保護請求権のありかたが、鋭く問われていったのである。このような要請を、ヨホウは、正面から引き受けなければならなかった。その際、ヨホウはヘッセと同じように、まずはローマ法以来のネガトリア訴権の原則的規範形態（なかんずく「対物訴権」としての機能）を確認することにつとめながら、それでいてなお、それから自由な（当時における）現代的法観念抽出の必要性を説きおこし、独自の「所有権の訴」としてのネガトリア訴権像を描き出そうとしたのである。その積極面ともども、なお指摘されなければならない消極面を含めて、さらにヨホウの言うところをたどろう。

(4)　ヨホウにとって、すでにネガトリアは一般的な「物権的請求権」（der dingliche Anspruch）の範疇のもとで捉えられている[85]（したがって、これからは「ネガトリア訴権」ではなく、もはや「ネガトリア請求権」と呼ぼう）。しかもその物権的請求権が問題になるのは、もっぱら「現在の違法容態」（nur ein gegenwärtiges rechtswidriges Verhalten）についてであって、過去の行為から生ずる請求権は、すべて「対人的性質」persönliche Natur をもつ、とする[86]。すなわち、違法な毀損（rechtswidrige Beschädigung）に基づく請求権は明らかに（不法行為を典型とするところの）「対人的性質」をもつのであって、また占有侵害（Besitzeingriffen）に基づくすべての請求権も同様である、という。これらは本来、ネガトリアとは全く無縁なのである。他方、ヨホウは、すでに示したプフタ流の見解、すなわち〈所有権の全面的侵害〉としてのウィンディカチオーンとの対比において〈所有権の部分的侵害〉としてのネガトリアを構想することによって、ネガトリアを「ウィンディカチオーンの補完的訴権」（eine die Vindikation ergänzende Klage）とする見解を批判するのである[87]。なるほど、このように現在の違法「容態」が問題にされているという点では、ヨホウもいわゆる「行為不法」を当然の前提にしていた、と言える[88]。その問題性はあとで指摘しよう。むしろ、ここで重視されなければならないのは、ヨホウがネガトリアの「対物訴権」的性格をたんに一般的に論じるだけでなしに、もっぱら「現在」の違法容態の排除にネガトリアの機能を収斂させることによって、「あらゆる権利侵害に先立つ権利確認のための方法」（Wege zur Rechtsfeststellung vor jeder Rechtsverletzung）をネガトリア請求権論の基本的視点にすえた、ということである[89]。このような観点から、次にヨホウは、ネガトリア請求権の確認訴訟法的性質（Präjudizialnatur der Negatoria）につき、言及するのであった。

(5) 現在の一般的理解によれば、物権的請求権としてのネガトリア請求権（典型的には所有権に基づく妨害排除請求権）は、所有権の円満な支配状態の確保を目的として、それと矛盾する妨害の排除のために必要な一定の行為（不作為を含めて）を相手方（被告）に対し請求しうる権利とされるのであって、その意味において一般に「給付訴訟的性質」をもつ、とされる。妨害排除のために必要な費用負担問題においては、一層その性格が補強されることだろう。その意味において、ヨホウがここでネガトリアの確認訴訟的性質を強調したことをとりあげるとしても、それは的外れでアナクロニズム的な色彩を帯びる、と言うこともできそうである。しかし、むしろ筆者は、ヨホウの見解に一定の限界があることを承知のうえで、あえてその意味を肯定的に捉えてみたい、と考える。なぜなら、ひとつは当時の普通法が、やはりローマ法上の訴権（actio）的法体系の上にのりかかっていたことが指摘されよう。さらに第二に、ネガトリアをもって「対人的訴権」と位置づけることによって、「損害賠償」ないし「原状回復」という債務法上の「給付」までもネガトリアの機能射程内に取り込もうとする〈不当な〉傾向が、当時あまりにも強力であったからである。そのような支配的傾向に対する反作用として、ヨホウの見解にたとえ一定の行き過ぎがあったとしても、むしろそれはやむをえないことであった、とも思われるからである。

さてヨホウにとって、たとえローマの裁判官がネガトリア訴権に関して「過去の権利侵害行為に基づく請求権」（Ansprüche aus früheren rechtsverletzenden Handlungen）を併せて問題にする態度をとっていたことが事実だとしても、それはあくまで当該行為自体が過去の行為として「すでに違法であった」（schon rechtswidrig war）という固有の「形式性」に依拠している[90]。その意味において、すでに指摘したローマ訴権法体系の特殊性、なかんずく「争点決定」手続の介在が、ここで再び重視されるべきだろう。ヨホウ自身、ローマ民事訴訟における特殊性として、裁判官がネガトリア手続において同時に果実（Früchte）ならびに損害（Schaden）の賠償、さらには原状回復（Restitution）を命ずる権限を有していたことを指摘している[91]。その対比において、確認判決（das Präjudizium）が権利侵害に基づく請求権を対象にする場合であっても、「過去の行為をその権利侵害という光のもとに置くこと」（eine vorgangene Handlung unter das Licht der Rechtsverletzungen）とは全く無縁なことが強調されなければならないのである[92]。こうしてヨホウは、ネガトリア訴権がたまたま偶発的に一定の「給付請求権」と結びつけられることがあったとしても、ネガトリアを「確認の訴え」として理解することによって「給付請求権」との明確な分離が図られるべきである、とする。[93] そして、ヨホウは、訴訟の冒頭に提起された特定の訴権だけが全訴訟過程を決定づけていたローマ民事訴訟法原則との対比において、現行〈普通法〉上の民事訴訟手続ではそのような狭隘性をすでに克服しているのであるから、原告がネガトリアでもって「損害賠償」を請求することは「意味がない」（ohne Sinn）、とする。[94]「損害賠償」は、むしろ端的に「不法行為論」（die Lehre von den unerlaubten Handlungen）の中で考察されるべきなのである。[95] このような立場から、ヨホウは、先に取り上げた「証明問題」に関する論争、すなわち原告は彼の所有権を全面的に立証し、もって相手方（被告）に利用権（役権）がないことまで立証する必要があるのか、それとも自己の所有権についての簡易な立証で足りるのかという論争を、後者の線においてすでに決定済みの問題である、とする。[96] すなわち、原告は自分の所有権が妨害されないように被告による妨害の事実を立証するだけで十分なのである。これに対し、自己の利益のために原告の所有権に対する利用権を主張し、よって原告の所有権を制限しようとする被告の方が、原告に所有権がないこと、あるいは被告が原告ないしその前権利者から適法な利用権限を取得したことを、抗弁として立証すべきなのである。[97]

(6) 次にヨホウは、ネガトリア請求権の「要件論」に目を転ずる。ここでヨホウによって特に強調されたのが、ネガトリア要件としての被告の行為の「権利簒奪」（Rechtsanmaßung）という性格であった。こうして「他人の物についてのあらゆる権利に関して確認訴訟上のネガトリアの利益が構想されなければならない」とするのである。[98] すなわち、ここでヨホウは先のヘッセの認識と異なって、当時の普通法のもとで「不動産への物的負担」（Reallasten）、「先買権」（Näher = und Vorausrecht）などにわたり、「ネガトリア訴権がその対象の種類のいかんにかかわらず一般的に承認されていた」、という。[99] こうしてヨホウは、ローマ法上のネガトリアの「役権」的構成から大きく一歩足を踏み出し、「所有権の訴」としてのネガトリア請求権の一般化（ただしあくまでも〈土地〉所有権論の中での一般化）[100] を図ろうとするのである。ところで、すでにヘッセも告白していたように、ネガトリアの、このような

「役権」的構成からの脱却は、実はすでにローマ法に内在していたことでもあった。土地相隣的法律関係におけるネガトリア訴権の機能が、それであった。

(7)　先に示したように、いわば無媒介的なローマ法回帰論者であったヘッセは、この土地相隣関係におけるネガトリア訴権の機能をまのあたりにして、「役権」的構成との整合化に苦慮しつつ、なんとかその接合を図ろうとした。[101] これに対してヨホウは、すでに「一般的な」所有権自由保護規範としてネガトリア請求権を位置づけようとする立場から、ヘッセと異なった見解を示す。たとえば、①壁が隣地へ傾いたり、②樹木が風に吹き倒されて隣地に侵入したり、③樹木の根が境界を越えて隣地に伸びたりしたケース。さらには、④採石業者が石の破片を隣地に飛び込ませたり、⑤水道管が破裂して隣地が水浸しになったりしたケース。あるいは、⑥肥料だめから湿気が隣地に侵入したり、⑦チーズの燻製所からの煙が高所の隣人を煩わせたりしたケース。これらを念頭に置きながらヨホウは、すでにローマ法において「役権」の存在・不存在にかかわらず、ネガトリア訴権が肯定されていた多様な展開の様相を直視しようとする。[102] むろんヨホウにとっても、土地所有権のその〈相隣関係的属性〉を無視できないことは当然であった。したがって、土地所有権が「隣人との共同生活のためにかなりの制限に服すべきである」(manchen Eainschränkungen im Interesse des nachbarlichen Zusammenlebens unterworfen sein muß) こともまた、言うまでもないことであった。[103] そしてその場合に問題となるのが、ほかならぬイミッシオーン (Immissionen) の位置づけであった。ヨホウは、その物権法草案の一〇五条において、すでに現行ＢＧＢ九〇六条の原型とも言うべき条項を提示している。[104] その際、問題は、とりわけ諸産業・工業や鉄道等による土地利用の帰結としての「煤煙」「排水」「振動」などを、どのような基準によって不許容的イミッシオーンと許容的イミッシオーンとにふるい分けることができるか、ということであった。そしてその場合、「些少で間接的な侵入作用のことごとく」(jede geringe und mittelbare Hinüberwirkung) を、ネガトリアの対象とすることがゆきすぎであることも、自明のことであった。[105]

したがって、「許容的」イミッシオーンの基準線をどこに引くか、が問題とならざるをえない。[106] いわゆる「間接的イミッシオーン」に関する許容・不許容の判断基準が肝心な意味をもつ。しかし、結論的に言うならば、ヨホウは――およそ後の「理由書」（Motive）の態度と同様なのであるが――そのふるい分けを「学説と実務」とにゆだね、その詳細な論述を回避している。ともあれ、ここでさしあたり強調されておかなければならないのは、次のことであると思われる。すなわちヨホウによれば、ネガトリア請求権はさしあたり「相隣的法律関係規制」（die Regelung des nachbarlichen Rechtsverhältnisses）を目的化していること確かではあるが、とはいえあくまでヨホウは相隣関係イコール「お互い様」であるから相互受忍が原則であるとは決して言っていない、ということである。[107] 要するに、ヨホウにとっては、相隣関係においても自己の所有領域に侵入するものは原則ネガトリア的妨害排除請求権の対象となるのである（原則越境不法）。[108] 言い換えるならば、まずは第一次的に相互に自己の所有領域にとどまることによって妨害しあわないこと、これこそが相隣的相互顧慮義務の出発点でなければならない。その上で、一定の場合に、相互に合理的でかつ必要な範囲内において〈例外的に〉相互的な受忍義務が承認されるにすぎないのである。ともあれヨホウは、相隣関係におけるネガトリアの原則的機能を確認するため、より具体的に次のように言っている。まず、有体的干渉作用（körperliche Einwirkungen）はことごとく「不当」（unbefugt）である。[109] 建物の一部たとえば壁やバルコニーの傾きや侵入、さらに樹木やその根の侵入は「突出物」（Projektionen）として、また飼い鳩の糞や飼いうさぎそのものの侵入などは「固形物のイミッシオーン」（Immissionen von festen Körpern）として、ただちにネガトリアの対象となる。[110]「流体物のイミッシオーン」（Immissionen von Flüßigkeiten）のケースでは、雨水の自然な流れが「施設」（Anlage）を通じて隣地に向けられ、しかもかなりな程度（in verstärktem Maße）流れ込む場合には、ネガトリアが発動されなければならない。さらに、ヨホウが次のように、いわゆる「間接的イミッシオーン」のケースに言及している点は、とりわけ重要であるように思われる。すなわち「気体状の固形物の侵入」（Zuführung von luftförmigen Körpern）のケースがそれである。ヨホウは、ここで、「間接的な方法で」（auf indirektem Wege）イミッシオーンが問題になると明確に述べつつ、たとえば「工場排水」（Fabrikabflüsse）によって河川の水が汚染され（infiziert）、それによって河川からガスが生じて隣地に侵入した場合や、あるいは煙のイミッシオーンの場合についても、しばしばネガトリア訴権が適用されてきたし、さらに「振動」（Erschütterungen）がより大きな煩わしさを与え、よってその振動の行使が隣人としての所有権行使を逸脱する場合もそうである、とする。[111] これらネガトリア請求権の理論的かつ裁判実務的考察を踏まえて、ヨホウはネガトリア請求権の原則的形態を、確認訴訟上の「不許容性の確認」（die Feststellung der Unerlaubtheit）に集約する。その限りにおいて、先に紹介したヘッセの見解も、ヨホウの目にはもっぱら「ネガトリアの目的として所有権自由の形式的な確認をすること」（als Ziel der Negatoria die formale Anerkennung der Eigenthumsfreiheit）を強調した前向きの見解と映ったのである。[112] 要するに、ヨホウの構想するネガトリア論においては、請求権者のもとでの損害（Schaden）どころか、いかなる意味における対人的な「不利益」（Nachtheil）の発生も必要でなければ、したがってそれを立証する必要もないのである。[113] そして、このようなヨホウのネガトリア論の行程は、改めてネガトリアと不法行為ないし損害賠償請求権との関係についてのより深い考察を必然化せずにはおかなかった。

(8)　まず俎上にのぼったのが、ヴィントシャイトの見解の当否であった。ヴィントシャイトは、そのパンデクテン教科書において早い段階からネガトリア請求権が損害賠償にも向けられる、とした。その際、ヴィントシャイト理論において、プフタ以来支配的見解として根づいてきた「所有権侵害に基づく請求権」としてネガトリアを把握する観点がその基底に据えられている、という点を見逃すわけにはいかない。すなわちヴィントシャイトは、次のように言っている。

「ここ（ネガトリアの場面――引用者）では所有権に対する侵害（Eingriff）とは、物の占有侵奪以外の形態での所有権侵害（eine Verletzung des Eigenthumsrechts, welche nicht in der Entziehung des Besitzes der Sache besteht.）と解されている。［中略］このような侵害（Verletzung）から生ずる［ネガトリア］請求権は、妨害状態が侵害によって惹起された場合には所有権を妨害する状態の排除に向けられる。それも、その侵害の惹起者（Urheber）に対してはその者自身の費用負担におけるその者自身の妨害排除請求として、また第三占有者（現に占有しているが妨害の惹起者ではない者——引用者）に対しては［原告である］所有権者による除去の許容請求として。あるいはさらに、侵害惹起者の責めによって所有権者のもとで生じた損害の賠償にも向けられる[114]（ferner auf Ersatz des dem Eigenthümer durch die Schuld des Urheber des Eingriffs gewachsenen Schadens）」。

要するにヴィントシャイトは、一般原則に従えば不法行為法（ないしは債務不履行）の要件（特に故意・過失という主観的帰責性）を充足しえない場合であっても、ネガトリアが、いわば一種の無過失損害賠償責任として機能しうる、とする（ただし、狭義の損害賠償のためには、あくまでも一般原則上の要件（故意・過失等）が必要だという。Vgl., Windscheid, § 198. Fn. 5.）。しかしながら、すでに「所有権侵害にもとづく妨害状態の排除」それ自体が「原状回復」をも包摂する理論的余地を与えた点に注意されたい。こうしてこの立場は、より広範な「妨害状態の排除」という要件枠組みにおいて妨害〈結果〉の排除と結びつくことによって、現在の《結果除去請求権》（Folgenbeseitigungsanspruch）へのネガトリアの変造を準備することにつながっていった[115]。ここでヴィントシャイトは、もっぱら妨害される側の所有権状態のみを視野に収めるという点で、いわば一面的な「損害賠償法的考察方法」に拘束されている。このようなヴィントシャイトの見解を、ヨホウは正面から批判したのである。すなわちヨホウにとって——この点はすでにヘッセも強調したことだが——「損害賠償請求権」というものは、そもそもすべて「対人的性質」（persönliche Natur）をもつのであって、ネガトリアとは全くその次元を異にするのである。ところが、今や支配的な「所有権侵害」という「全くもってあいまいな」（völlig dunkel）概念定式のおかげで、あたかもネガトリアによって「損害賠償請求」が可能であるかのような《要件的開放性》が付与されてしまったのである。[116] なるほどローマ法では、一見したところ、ネガトリアによって同時に損害賠償や原状回復が訴求されるという法形式が承認されてもいた。しかしこれは――すでに本稿で幾度か指摘したように――訴権提示方法の狭隘性と「争点決定」手続の介在などの諸点において、そもそもローマ民事訴訟法体系に固有の、いわば特殊ローマ法的現象でしかなかった。その限りで普遍性をもちえなかったのである。しかし他方、それならばネガトリアを「所有権の訴」として捉えたこと自体が誤りであって、ヘッセのように「所有権の訴」から「役権の訴」へと回帰すべきなのであろうか。この問題に関連して、ヨホウは、原告が占有者であればなんら「所有権立証」の必要性はなく、むしろ相手方（被告）に所有権不存在の立証責任があることを繰り返すことによって、明快な回答を与えようとした。[117] とにもかくにもヨホウにとっては、「損害賠償請求権（Schadensersatzanspruch）は、あくまでも独自の債務法的根拠（ein eigener obligatorischer Grund）に基づくもの」なのであって、[118] 同様のことはInterdictum quod vi aut clam（隠秘または暴力でなされたことに基づく特示命令）についても妥当するのである。[119] さらに特殊「原状回復義務」（Wiederherstellungspflicht）に関して、ヨホウは次のように言っている。たとえば加害的施設（die beschädigende Anlage）の原状回復義務は、その加害性の回復がもっぱら不法行為法上の損害賠償として可能であるがゆえに、ネガトリア責任としての「（本来の権利関係から）ズレた施設を継続的に保持しない義務」（die Pflicht, widerstreitende Anlagen nicht fortzuerhalten）とは明確に区別されなければならない。[120] なぜなら、前者の（不法行為法上の）原状回復請求権が特定人に対する特定の給付を求めるものであるのに対して、後者のネガトリアとしての回復請求権は「物権の内容に合致するところの不作為」（eine dem Inhalte des dinglichen Rechts entsprechende Unterlassung）を「その個人が誰であるかはどうでもよいところの（現在の施設）保持者に」（dem der Person nach gleichgültigen Inhaber）対し、行使されうるものだからである。[121] 要するに、ヴィントシャイトにおけるような混乱が生ずるのも――ヨホウは繰り返し強調するのであるが――一般に普通法上、ネガトリアが「権利侵害から生ずる請求権」（ein *aus* einer Rechtsverletzung entspringender Anspruch）とみなされてきたからにほかならない[122]。

(9)　ところで、以上のようなヨホウによる確認訴訟的ネガトリア理解は、なるほど権利侵害観念に基づく広範な不法行為法的発想からの離脱を決定的に推し進める契機となった。また同時に、ヘッセ流のいくぶん狭隘な「役権の訴」への回帰傾向を阻止し、よって首尾一貫したネガトリアの「所有権の訴」としての基本的性格を維持せしめるための役割を発揮しもした。しかしながら他方、確認訴訟的性格規定に拘束されて、ネガトリア効果論そのものの狭隘化を招いた点は率直に指摘されなければならない、と思われる。すなわちヨホウは、ネガトリア判決によって引き出されるのは訴訟相手方（被告）の「消極的振舞い」（ein passives Verhalten）にとどまるのであって、ネガトリアから流出する禁止効は、もっぱら相手方の「意思行為」（Willensakte）に向けられる、とするのである（いわゆる広義の「行為不法論[123]」）。しかし、こうして訴訟相手方の「意思行為」のみによってあらゆる妨害が排除されうると考えることは、結局のところ相手方（被告）の客観的で現在的な「権利状態」への視点をさえぎり、相手方の侵害意思の廃棄のみを視野に入れることになるわけであるから、「忍容請求権」しか帰結しえないことになってしまうだろう。ヨホウ自身、やはりこの点が気になった。そこで彼は、実際の裁判においてどの程度被告がその将来の行為を決定づけられうるのかという問題を立てて、それは「個々のケースごとの目的適合性考量」（Zweckmäßigkeitserwägungen für den einzelnen Fall）にゆだねられるのであるから、裁判官の裁量にまかされるべきである、との妥協的な判断を示す[124]。いわば、入り口を狭めたために、かえって出口としては広がってしまう余地を与えた格好である。それはともかく、このようなヨホウ流の発想をそのまま貫こうとするならば、一体どうなるであろうか。なかでも、妨害排除のための「費用負担問題」は、どのように判断されることになるであろうか。一見したところ、「費用負担問題」はもっぱら妨害を被った側の原告が負担するということに落ち着きそうである。なぜなら、妨害者である相手方（被告）は、その「意思」によって将来的に妨害行為を停止するだけでネガトリア責任を果たしたことになるはずだからである（いわゆる「忍容請求権」説的な立場）。現にヨホウ自身、そのような考えに強く拘束されていた。しかしながらヨホウは、その拘束性にもがきながらも、実は逆の結論を引き出しえたのである。次に、その脈絡をたどろう。

⑽　ヨホウは、一定の施設が妨害源であるケースをとりあげて、その妨害施設の除去費用を被告が負担するのか原告が負担するのか、という問題を論じている[125]。ヨホウの論述をできる限り整理するならばこうである。《ネガトリアで問題となる妨害施設の占有者（妨害者）の不法（das Unrecht）は、もっぱら彼がその施設を、許されざる形態で保持しているという点にのみ存する。したがって彼は、ただ消極的なVerhalten、すなわち受忍 patientia の拘束を受けるのみである。この受忍は次のような形で現れる。すなわち、妨害者がその施設への立ち入りを被妨害者に認め、よって当該施設を無害なものにするために必要な限りで「被妨害者（原告）」が彼自身の費用負担のもとで当該施設の有体的な形状変更を受忍する、という形で。このローマ法上の原則は、内的な一貫性をもつのであって、あくまでも物権法関係は被告に対して消極的なVerhaltenを義務づけるのみであるのに対して、原状回復義務を含め、積極的な給付義務は、すべて債務法上の義務根拠を必要とする[126]》。

このようにヨホウによれば、（善意・無過失の）妨害者が負担すべきであるのは原告の妨害施設への立ち入りと原告費用負担による妨害施設の形状変更行為の受忍に尽きるのであり、これこそローマ法上の原則の首尾一貫した適用にほかならない、とする[127]。しかしヨホウにとっては、同時に次のこともひとつの大原則でありつづけた。すなわち「所有権者は誰であれ、彼の所有物、とりわけ彼の所有地上に施設が存在する場合には、その施設をつくったのが彼であるのか、あるいはその前所有者であるのかにかかわらず、（その施設によって）隣人が妨害を受けない状態を保持しなければならない[128]」。この大原則に加えて、さらに次の危惧がヨホウのバランス感覚を鋭くとらえた。すなわち、なるほど妨害者が費用を負担しないことはよいとしても、原告が妨害除去のために妨害者の所有地に立ち入り、その施設をいわば勝手にいじることを受忍することのほうが、むしろ妨害者にとっては苦痛なのではないか。かえってそれは、余計に新たな紛争を引き起こす原因になってしまうのではないか、という危惧がそれであった[129]。しかし、だとすると不法行為責任とは全く無縁の妨害者に妨害施設の除去を、しかも彼の費用負担において義務づけることはネガトリア請求権の原則を逸脱することになるのではないか。このジレンマをヨホウはどう克服したであろうか。被告費用負担による妨害排除請求権としてのネガトリアの正当化（いわゆる「行為請求権」説としての立場）、この論拠をヨホウは次のように呈示した。

「この正当化は、次の場合に与えられる。すなわち、ある所有権者がその所有物によって他人の物を危殆化させたり、あるいは不許容的な方法で他人の物に干渉を及ぼすということを知るにいたった（die Kenntnis erlangt）場合には、所有権者は誰であっても彼の物をいかなる妨害も生じない状態へともたらす義務を負う。このような《公共的な保全利益へと目的化された命題》（der auf öffentliches Sicherheitsinteresse abzielenden Satz）が一般的承認を得る場合に、かの正当化が与えられるのである[130]」。

ちなみに、妨害者といえども何らかの形で自己の妨害の事実を知らない限りは「妨害除去」のしようがないわけであるから、ヨホウは妨害の事実を「知るにいたった」（die Kenntnis erlangt）と特に断っているのである[131]。いずれにせよ、ここで言われる《公共的な保全利益へと目的化された命題》がいかなる意味を有するのか、これがきわめて重要な意味をもつと思われる。ヨホウは、第一に——すでに指摘したところの——「所有権者が自己の所有権によって他人を妨害しない状態を保持する」こと、第二に原告の被告所有地への立ち入りによる新たな紛争発生の回避ということに、もっぱらその《公共的な保全利益》の根拠を認めているほか、それ以外に特に立ち入った言及していない。これについては、現行ネガトリア請求権論のありかたをめぐる私なりの観点から、あとで必要な限りにおいて言及することにしよう。

以上、必ずしも十分なものとは言えないものの、ヨホウ物権法草案におけるネガトリア請求権論の基本構造をたどってきた。とにもかくにも、こうしてヨホウは第一委員会に提出するネガトリア草案の骨格を形成したのである(132)。暫定的ながらも、次に試みられなければならないのは、ヨホウ草案の積極面・消極面にわたる、その位置づけである。

(76) Vgl. Die Vorlagen der Redaktoren für die erste Kommission zur Ausarbeitung des Entwurfs eines Bürgerlichen Gesetzbuches, 1982. hrsg. v. W. Schubert, ders., Einleitung. なお、この資料集にヨホウ物権法草案が収録されており、資料集の頁数と草案そのものの頁数の双方が掲示されている。本稿では後者の表記に従った。

(77) 平田公夫「ドイツ民法典編纂過程の諸特徴」岡山大学法学雑誌四五巻四号（一九九六年）二頁参照。

(78) 本稿五九頁参照。

(79) ちなみに、ヨホウ物権法草案を含むＢＧＢ草案準備段階の出発点から確認されていたのは、「法典編纂がけっして法の改革を目指すものではない」ということであり、学問的に体系化された「政治的に中立な法」として、もっぱら「法技術的な側面に重点」をおくべきこと等、であった。その関連で、ヨホウの草案作成過程においては「国民経済学や社会学関係など非法学的文献はほとんど利用されなかった」、とされる。以上、平田・前掲論文（前注（77））六―七頁参照。なお、本稿では十分に言及できなかったが、ヨホウが（あとでも示す）イミッシオーン原則禁止との関係で「帝国営業条例二六条」（§ 26 GewO）を特に問題にしている点は、重要な意味をもつと思われる。すなわちヨホウは、当時の工業による環境破壊ないし公害問題をやはり意識していたのであって、それをイミッシオーン問題の平面でとりあげながら、ネガトリア請求権の適用によるその原則排除を主張していたのである。それだけになお、ヨホウは当時の産業資本との妥協点を § 26 GewO の基準線に求めようとしたのだと思われる。すなわち § 26 GewO は、当該妨害施設が「行政官庁による許可を得て」（mit obrigkeitlicher Genehmigung）

建設されたものである限りにおいて、営業活動の停止を請求することはできず、ただ妨害作用を排除するための設備の請求ないしは損害補償（Schadloshaltung）の請求だけが可能である、と規定する。この§26 GewOを、ヨホウは、特に鉄道事業の営業保護の観点から、決定的に重視している。そしてその一般化を図るため、BGBへの取り込みをも提案したのであった（後掲のヨホウ草案二〇七条第二文参照）。Vgl. Johow (N. 76), S. 1006-1007. ここには、イミッシオーン原則禁止とその例外規範形成をめぐるヨホウなりの葛藤がみてとれる。そのような意味において、ヨホウ物権法草案はなお、その独自の「社会的性格」から免れるわけにはいかなかったのである。

(80) Johow (N. 76), S. 982.

(81) 本稿六一頁参照。

(82)(83) Johow (N. 76), S. 982.

(84) 本稿前注（42）参照。

(85)(86)(87) Johow (N. 76), S. 988.

(88) 「行為不法」概念については、現在のネガトリア請求権論において最も争われている争点の一つが、費用負担問題を含めたところの「行為不法」か、それとも（現在の権利状態のズレという意味での）「状態不法」か、という問題との関わりで重要な意味をもつ。とりあえず、川角・前掲論文（本稿前注（5））五四頁以下参照。

(89) Johow (N. 76), S. 990.

(90) Johow (N. 76), S. 991.

(91) Johow (N. 76), S. 991. なお、この点についてはすでにヴィントシャイトによっても正当に指摘されていた。Vgl. Windscheid, Pandekten, Bd 1. 3. Aufl. 1870. S. 560. Fn. 5.; 9. Aufl., 1906. S. 1010. Fn. 5.

(92) Johow (N. 76), S. 990 und S. 1004.

(93)(94)(95) Johow (N. 76), S. 991.

(96)(97) Johow (N. 76), S. 992.

(98) Johow (N. 76), S. 994.

(99) Johow (N. 76), S. 995.

(100) このような一般化は、当時ではごく当然のこととされていたようである。Vgl., Johow, (N. 2) S. 993: Hesse, (N. 47) S. 86.

(101) ヘッセの見解につき、本稿六一—六八頁参照。

(102)(103) Johow (N. 76), S. 997.

(104) ヨホウ物権法草案一〇五条「土地所有権者はすべて、次の限りにおいて、ガス、蒸気、煙り、塵、臭気等々の隣地からの侵入ならびに騒音や振動、熱の伝達を受忍しなければならない。すなわち、このような諸々の干渉作用が不利益を及ぼさず（unnachtheilbar）作用を受けた土地の利用の快適さを阻害しない（nicht beeinträchtigen）限りにおいて。あるいは、場所的な慣行によれば（nach örtlicher Uebung）それらの作用が受忍されるべきであるところの限度を越えない限りにおいて」。Vgl., Johow (N. 76), S. 17.

(105)(106) Johow (N. 76), S. 997.

(107) Johow (N. 76), S. 999.

(108) Johow (N. 76), S. 1000.

(109) Johow (N. 76), S. 997.

(110)(111) Johow (N. 76), S. 999.

(112)(113) Johow (N. 76), S. 1000.

(114) Windscheid, Lehrbuch des Pandektenrechts, 3. Aufl. 1873, § 198. S. 559-560. Vgl., ders., 9. Aufl., 1906. S. 1009-1010. ちなみにこの時期——ヴィントシャイトほど極端ではないのであるが——デルンブルクも次のように述べることによって、ヴィントシャイトの路線を歩もうとした。「ローマ法によればもっぱら僭称された役権からの防御のためにだけ提起されていた actio negatoria は、今日すでに普通法の実務によって所有権自由へのあらゆる不当侵害（unberechtigte Antastung）に対して認められるに至っている。プロイセンの法実務は、このような（ネガトリアの）拡張の中で（in dieser Ausdehnung）、その（ネガトリア）訴権を承継したのである」。Vgl. H. Dernburg, Die Allgemeinen Lehren und das Sachenrecht des privatrechts Preußens und des Reichs, 4. Aufl., 1884. S. 636. このように狭隘な「役権否認の訴」からの一般的な「所有権自由の訴」への転換は、それ自体としては必然的な法傾向であったものの、もっぱらその〈拡張的傾向〉の内に即自的に把捉されることによって――デルンブルク自身はそれほど踏み込んではいないのだが――ネガトリア責任内部への不法行為法上の効果（損害賠償等）の取り込みを幅広く準備していったのである。

(115) Vgl. Picker (N. 22 am Ende), S. 66 und S. 74-75.
(116)(117) Johow (N. 76), S. 1002.
(118) Johow (N. 76), S. 1002-1003.
(119) Johow (N. 76), S. 1003.
(120) Johow (N. 76), S. 1007.
(121)(122) Johow (N. 76), S. 1003.
(123) したがって、その点であくまでもヨホウは、ネガトリア請求権要件としての「（他人の）権利を行使する意思」（der Wille, ein Recht auszuüben）に拘束されているのである。Vgl. Johow (N. 76), S. 994. これをとらえて、ピッカーは、最も原則的なヨホウですら「従来のカズイスティークにとらわれていた」（in der überlieferten Kasuistik befangen war）と批判している。Vgl. Picker (N. 22 am Ende), S. 67. Fn. 78.
(124) Johow (N. 76), S. 1005.
(125) Johow (N. 76), S. 1007-1009.
(126) Johow (N. 76), S. 1007.
(127) これに対してピッカーは、ローマ法上の actio in rem においても被告による（積極的な）除去義務が認められていたという立場から、ヨホウの見解を批判している。Vgl. Picker (N. 22 am Ende), S. 71.
(128)(129)(130) Johow (N. 76), S. 1009.
(131) ちなみに、後掲（注132）のヨホウ草案二〇八条との関係から言うならば、この「知るに至った」（die Kenntnis erlangt）という文言を、なお「判決による法律関係の確認ののち」というように理解する余地が出てくるかもしれない。しかし、ヨホウ草案本文中からそのように断定する根拠は必ずしも見いだせない。むしろ、ヨホウの見解をすなおに理解するならば、（善意・

無過失の）妨害者が被妨害者から妨害の事実を告げられ、異議を提起された場合には、やはり自己の費用負担でもって妨害を排除することができる、と理解すべきであると考える。そのことによって、ヨホウ自身承認しているように、妨害者は原告の立ち入りを気にすることなく、自分のやり方で妨害を排除するイニシアティブを発揮できるのであり、ひいてはそのことによって新たな紛争が回避されうるからである。ピッカーもこのことを正面から論じている。すなわち、ネガトリアにおける被告の費用負担による除去義務というのは、妨害者にそのイニシアティブが与えられることと同時に、本来あるべき権利領域に自己の所有権範囲を引き戻すというもっぱら自己の権利領域保全のための行為への妨害者自身の自己投資にほかならないからである。したがって、それは決して「制裁」（Sanktion）ではないのである。かくして、ネガトリア上の除去義務は、「まさしく債務者（被告）の利益においても」（gerade auch im Interesse des Schuldners）法的に位置づけられるべきものなのである。Vgl. Picker (N. 22 am Ende), S. 170. その意味でヨホウ草案二〇八条は狭隘な性格をもつ規定であって、だからこそピッカーも指摘するように、その後の法典編纂段階では被告の「忍容義務」ではなしに、被告自身の費用負担による「除去義務」が正当にも選択されたのである。Vgl. Picker (N. 22 am Ende), S. 169. とはいえ、なおヨホウが「（所有権者をして）自己の所有権によって他人を妨害しない状態を保持せしめる」という法効果をネガトリア請求権の内容として組み入れていた点は、やはり評価に値しよう。

(132)　以下、参考までにヨホウ物権法草案におけるネガトリア規定を訳出しておく。（Vgl. Johow (N. 76), S. 34-35.）

第二〇五条　「土地の所有権者（原告）は、その者（被告）の行為によってその者が（原告の）土地についての権利をわがものにしていると考えるのに十分なきっかけ（Anlaß）を原告に対して与えた場合には、その者に対して所有権の無制約性の確認（Feststellung der Unbeschränktheit des Eigenthums）を求めて、訴えを提起することができる」。（カッコ内川角、以下同様）

第二〇六条　「土地の所有権者（原告）は、相隣地の所有者（被告）がその者の行為によってその者には帰属していない相隣的権限を僭称し、あるいは原告が有しているこの権限の承認を拒むものと考えるのに十分なきっかけを原告に与えた場合には、相隣地の所有者に対して相隣的法律関係の確認を求めて、訴えを提起することができる。

ただし、（被告による原告の土地利用の）不許容性の確認ならびに（被告の）相隣上の行為の（原告による）拒絶につき合理的な利益が見込まれない場合には、訴えは認められない」。

第二〇七条　「(判決によって）法律関係が確定されたのち、その直接的あるいは間接的な結果のゆえに違法とみなされる行為は、被告の従来の振舞いからみてその繰り返しが懸念される場合には、裁判官の刑罰による威嚇（Strafandro-hung）が発せられることによって、禁ぜられる。

当局の許可を得て建設された営業施設ならびに当局の許可を得て稼働している鉄道事業・蒸気汽船事業に対して、決してその営業活動の停止を求める訴えは提起されえない。ただ、不利益を与える干渉作用を排除するために必要な設備の設置を求める訴え、ないしはこのような設備の設置ができないか、あるいは営業の然るべき稼働と合致しない場合には損害補償（Schadloshaltung）を求める訴えを提起しうるのみである」。

第二〇八条　「被告の土地の上にある施設が法律関係の確定ののちも不許容的である限りで、被告はその施設を自己の費用負担で除去する義務を負う」。

第二〇九条　「被告が第三者の名で行為した場合には、この第三者の名が指定されたこと、ならびにこの第三者による訴訟引受を考慮して、民事訴訟法七三条（現行七六条七七条）の規定が類推適用される」。

第四節　ドイツ物権法「前草案（ヨホウ草案）」におけるネガトリア論の位置づけ

(1)　ここでは、先に整理したヨホウ「ネガトリア論」の五つの論点にそくして――第三節では十分に言及できなかった内容も含め――若干の考察を試みようと思う（ただし、考察の順序とその重点配分は適宜調整した）。まず、第一に取り上げられなければならないのは、当時のネガトリア訴権の基本的性格に関わる論点、すなわち「所有権の訴」か「役権の訴」か、という問題の〈波及効〉である。この波及効は、すでに示したようにプフタによってその出発点が形成され、とりわけヴィントシャイトによってその典型化が図られたところの「所有権侵害」（Eigentumsverletzung）に基づく請求権としてのネガトリア理解へと結実していった。[133] そしてこれはまた、ネガトリアをウインディカチオーン（所有権に基づく返還請求権）のたんなる補完的請求権として消極的に把握する、という態度と不可分一体のものであった。すなわち、ウィンディカチオーンが所有権客体の全面的侵害（eine toatale Verletzung）を回復せしめる機能をもつのに対して、ネガトリアはたんにその部分的侵害（ein partielle Verletzung）を回復せしめる機能をもつにとどまる、とされた。しかし同時にそれは、ウィンディカチオーンとの対比において、所有権客体の占有侵奪・占有留置以外の方法におけるあらゆる「所有権侵害」をもネガトリアの内に包摂しうる、と解する余地をも与えた。つまりはそのような意味での《要件的開放性》を与えた、のである。[134] そして、それは——個々のローマ法文がたまたまネガトリア訴権の効果としての損害賠償・原状回復を認める形式をとっていたり、当時の普通法学説がそれをそのまま踏襲する傾向を示したこととあいまって——ネガトリア訴権の不法行為訴権への実質的転化を準備することになった。ヘッセは「役権訴権」への回帰という、独自の観点とモティーフから、そのような支配的傾向に立ち向かおうとしたのである。[135] また、ヨホウによるネガトリア論の「先決的確認訴訟」的構成も、そのような支配的傾向に対抗するための努力の現れ、と言うことができよう。ともあれ、ネガトリアの「所有権訴権」構成によって所有権〈侵害〉に基づく広範な法効果をも包摂しようとした当時の普通法学説は、ネガトリアの「所有権訴権」構成が本来的に法理論上の「根本的変革」（Umbruch）を内在せしめているのであり、したがってそのためには——所有権保護請求権への転化と同時に「原状回復」をもその法効果として包摂しうるか否かに関する——「法の継続的形成」についての立ち入った正当化作業が必要であるとの認識とは、遠くかけ離れていたと言わざるをえない。[136] ともあれ、このような当時の支配的見解はヴィントシャイトの権威とともに、[137] BGB起草者によって受け継がれ、現行のドイツ民法一〇〇四条へと結実していった。今日の「妨害概念」（der Begriff der Beeinträchtigung）をめぐる論争[138]は、まさしくこのような系譜の上に立つ。したがって、たとえば、実質的な「無過失原状回復責任」を意味する《結果除去請求権》(Folgenbeseitigungsanspruch)の提唱[139]は、当時の普通法上の支配的学説の現代的メタモルフォーゼとも言えるものであった[140]。したがって、BGB法典編纂の準備段階にあってヨホウが、当時の支配的傾向を正面から批判すると同時にヘッセ流のローマ法への回帰傾向にも流されず、独自にネガトリアの「所有権訴権」構成を維持しながら、なおかつその〈機能限定〉を図ろうとした態度は、それ自体としてきわめて貴重なものであった。それでは、なぜ、BGB法典編纂過程におけるその後の展開に逆流が生じたのであろうか。これは、別稿において独自に考察されることとなろう(本書第四章、第五章、第六章を参照)。

(2) いずれにせよヨホウは、ネガトリアの固有の法効果を、少なくとも不法行為法上の損害賠償請求権・原状回復請求権から厳密に切り離すことに一応は成功した。しかしながら、同時にヨホウ自身のネガトリア効果論は、その「確認訴訟」的構成に規定されて、およそ妨害者たる相手方の将来的な不作為に限定されることになった。言い換えるならば、ヨホウによる「将来的な不作為」という法効果論は、次の二つの意味を同時に担ったと言えよう。すなわち第一に、ネガトリアの無過失不法行為責任化を推し進めようとした当時の支配的傾向に対する重要でかつ不可欠な歯止めとして。そして第二に、当時のローマ法による拘束に規定されたところの所有権効果論の消極的でかつ過渡的な所産として。この点、なるほど前節でもみたように、とりわけ被告の妨害施設の除去義務について、ヨホウはその持ち前の感覚と決断力でもって、被告の費用負担義務を正当に導き出した。しかし、そのための根拠づけが必ずしも十分には展開されなかったため、ネガトリア草案二〇八条にみられるような一定の動揺にもつながっていった。今なお争われているこの問題の正当な解決のためには、先に指摘したような法学方法論上の「根本的変革」ないし「法の継続的形成」という基本的視点を導入する必要が出てこよう。少なくとも、所有権自由保護請求権としてのネガトリア請求権においては、被妨害者の所有権を保護すれば足りるという一面的な思考からの脱却が図られるべきであろう。すなわち、同時に妨害者の所有権領域を妨害者自身の法的利益のためにも妨害者自身の行為と費用負担でもってその妨害を除去する、とする観点が不可欠な意義を担うべきであろう。したがって、必然的に当該妨害排除のための「費用負担」は、不法行為法上のサンクションとは全く無縁なものとして位置づけられるべきこととなろう。まさしく妨害者自身の所有権領域保全のための自己投資として、それが要請されるべきだろう。[141] こうして私は、先に言及した、ヨホウによる《公共的な保全利益へと目的化された命題》を、以上のべた意味においてさらに展開してゆくことの必要性を――ここで特に――指摘しておきたいと考える。[142]

(3)　他方でヨホウは、「現在の違法容態の排除」としてネガトリア請求権を把握することによって、次の二つの問題を、新たに提起することになった。ひとつは、その〈現在〉性を強調することによって――確認訴訟的な将来的不作為効のみならず――現在の妨害施設の占有者が彼自身の妨害原因惹起の有無とは無関係に「妨害者」としてネガトリア責任を負担すべきであるとしたことである。二つめは、その違法〈容態〉性を強調することによって、いわゆる「行為不法」の立場を採用した、ということである。この第二の論点は、すでに本稿でも若干の指摘を試みたので割愛しよう。[143] ここで特に取り上げておかなければならないのは、むしろ第一の論点である。すなわち、このような現在の妨害施設の所有者が「妨害者」としてネガトリア責任を負担すべきことは、少なくともドイツでは今日すでに支配的な見解となっている。[144] ところが当時の普通法段階では、この論点はなお争われていたのである。そして、たとえばヴィントシャイトは、当初の立場とは異なり一八七四年以降、妨害状態の惹起者だけが積極的除去義務を負うのであり、無責の譲受人（現在の所有者）はネガトリア責任を負わない、という立場を示した。[145] このような中で、ヨホウが〈現在の〉所有者を妨害者として把握することによって、そのネガトリア責任を鮮明に押し出し得た[146]というのは、やはり画期的な意味をもったと言ってよかろう。[147]

なお、ヨホウのイミッシオーンについても立ち入った検討をなすべきであるが、それはまた、別稿に譲りたいと思う（本書第三章参照）。

(133) 本稿六二頁以下ならびに八九頁以下参照。

(134) プフタの見解につき本稿五七頁以下参照。

(135) しかしながら、ヘッセにみられる動揺とその首尾一貫性のなさについては前注（57）参照。

(136) Vgl. Picker (N. 22 am Ende), S. 66.

(137) Vgl. Picker (N. 22 am Ende), S. 54. Fn. 5.

(138) ドイツにおける「妨害」概念の論争については、わが国の文献として、玉樹智文「妨害除去請求権の機能に関する一考察――ドイツにおける議論を巡って」林良平先生還暦記念論文集『現代私法学の課題と展望（中）』（有斐閣、一九八二年）一二七頁以下、特に一五八頁、ならびに川角・前掲論文（前注（5））五〇頁以下参照。

(139) さしあたり前注（3）におけるホーロッホ（G. Hohloch）の見解を参照。なお、ホーロッホについては、玉樹・前掲論文（前注（138））一六八頁以下ならびに一七一頁以下参照。

(140) すでにヴィントシャイトにおいて「結果除去請求権」への歪曲をみてとるのは、やはりピッカーであった。Vgl. Picker (N. 22 am Ende), S. 78.

(141) 本稿前注（131）参照。

(142) ちなみに近時ピッカーは、保護法規としての建築法規が、個人的な権利割当てを通じて、同時に利害関係者の個人的な利益を越えたところの「公共関連的な規制目的」(die gemeinwohlbezogenen Regelungsziel) を実現するものとして捉えた。Vgl. Picker, Negatorische Haftung und Geldabfindung — Ein Beitrag zur Differenzierung der bügerlichrechtlichen Haftungssysteme, in: Festschrift für H. Lange, zum 70. Geburtstag, 1992. S. 687. これは、いわば本文で指摘したヨホウ的見解の、ひとつの現代的展開とも言えよう。

(143) 本稿九二頁ならびに注（123）参照。

(144) K-H. Gursky, Staudingerskommentar, Drittes Buch, Sachenrecht, 1989. Rdnr. 92.: Jauernig = Schrechtriem = Stürner = Teichmann = Vollkommers BGB [Jauernig], 5. Aufl. 1990. S. 1149: F. Baur, Lehrbuch des Sachenrechts, 12. Aufl., 1983. S. 110: Picker (N. 22 am Ende), S. 98.

(145) Windscheid, 3. Aufl. und 9. Aufl. (N. 114), S. 1010. dazu Picker (N. 22 am Ende), S. 69. すなわち、たとえば九版にある「(妨害惹起者でない)第三占有者に対しては、(ネガトリア請求権は)所有権者(原告)による(妨害)排除の許可(に向けられる)(gegen den dritten Besitzer auf Gestattung der Beseitigung durch den Eigentümer)」という叙述は、少なくとも三版にはない。

(146) Johow (N. 76), S. 1009. すなわち、ヨホウはここで次のように言っている。「所有権者は誰であれ、その所有客体の上に、とりわけその所有する土地の上に妨害施設が存在する場合には、その施設をつくった者が彼自身であるか、それとも前所有者であるのかにかかわらず、(その施設によって)隣人が妨害を被らない状態を保持しなければならない」。

(147) Vgl. Picker (N. 22. am Ende), S. 98. Fn. 219.

第五節 結語

以上、ヨホウ物権法草案におけるネガトリア請求権論の前提としての当時の普通法学説、ならびにヨホウ・ネガトリア請求権論そのものの基本構造に焦点を定めつつ、その若干の位置づけ・評価を試みた。もはや、ここでその内容を要約する必要はないだろう。いずれにせよ、ヨホウのネガトリア草案は、その後、第一草案九四三条[148]をへて第二草案九一六条[149]に受け継がれ、今日のBGB一〇〇四条へと展開していく。そこでは、およそヨホウの基本的観点、なかでもネガトリア請求権の「所有権保護請求権」としての確立、さらには妨害者の積極的な除去義務の承認などの基本線がしっかりと継承されてゆくとともに、他方で一定の反動にも身をさらされることになった。たとえば、ピッカーの評価を援用するならば、ヨホウ草案では否定的に解されていた「所有権侵害」(Eigentumsverletzung)観念に依拠するところの、その《要件的開放性》に基づく不法行為法的侵害への接近傾向が再び浮上した。[150]

なかでも第一委員会「理由書」によれば、「純然たる物権的請求権は権利と現実との間の矛盾についての現在的状態に依拠するものである。そしてこの矛盾の調整を要求するものなのである。」（rein dinglicher Anspruch auf dem gegenwärtigen Bestehen eines Widerspruches zwischen Recht und Wirklichkeit beruht und eine Ausgleichung dieses Widerspruches fordert.）とされた。[151] すなわち――念のため言い添えるならば――「権利と現実との間の矛盾」と言われる場合の「現実」を〈所有権侵害の結果〉として把握する場合には、実質的に不法行為法上の効果としての損害賠償＝原状回復までも〈矛盾調整〉の対象となりうるのである。そこにあるのは、もっぱら「矛盾」の惹起者としての妨害者による「妨害行為」への着目という一面的考察態度であった。ともあれ、この第一委員会の立場は第二委員会にほぼそのまま受け継がれ、今日のＢＧＢ一〇〇四条へと収斂していった。[152] このようなヨホウ草案からの分岐ないし変容を促したものは一体何であり、またその分岐ないし変容そのものの意味するところは一体何であったのだろうか。この問題を含めて、そもそもヨホウ草案がその後のＢＧＢ法典編纂過程においていかなる取り扱いをうけたのか。ネガトリア規定とその他の所有権規定との関係、とりわけ相隣関係規定、なかでもイミッシオーン規定（現行九〇六条）との位置関係はどうであったのか。さらにその社会的背景は何であったか。これらの問題を、その後の第一委員会から第二委員会を経てＢＧＢへと至る総体的過程のうちに実証的に考察すること。これが次の課題にほかならない（本書第三章）。

(148) 第一草案九四三条「所有権者は、その所有権が占有ないし保持の侵奪または留置以外の方法で妨害したところのその者に対して、妨害が現に存在する限りにおいて、その妨害の廃棄（Wiederaufhebung）を求める請求権をもつ。なお、妨害がもはや存在しない場合であっても、この妨害が継続するおそれのある場合には、さらなる妨害の停止（Unterlassung）のために、この妨害を生み出した者に対する有責判決を請求することができる」。Vgl., B. Mugdan, Die gesammten Materialien zum Bürger-

lichen Gesetzbuch für das Deutsche Reich, Bd. 3. Sachenrecht, 1899. XXXVI

(149) 第二草案九一六条「所有権が占有の侵奪ないし留置以外の方法で妨害された場合には、所有権者は妨害者（Störer）に対して妨害の排除（die Beseitigung der Beeinträchtigung）を請求することができる。さらなる妨害のおそれがある場合には、所有権者はその停止を訴求することができる。ただし、所有権者が受忍義務を負う場合には当該請求権は認められない」。Vgl., Mugdan（N. 148）, ebenda.

(150) Vgl., Picker（N. 22 am Ende）, S. 79-81.

(151) Motive zum Entwurf eines Bürgerlichen Gesetzbuches für das Deutsche Reich, Bd. 3. Sachenrecht, 1888. S. 394: Mugdan（N. 148）, S. 219. dazu Picker（N. 22 am Ende）, S. 79.

(152) Vgl., Picker（N. 22 am Ende）, S. 79. Fn. 145.

第三章　ドイツ物権法「前草案」(ヨホウ草案)における所有権保護請求権としてのネガトリア請求権規定形成史の探求

——ドイツ民法典上のイミッシオーン規定生成との関連性

第一節　序論

(1)　筆者は、ネガトリア請求権、すなわち所有権に基づく妨害排除請求権に関して幾つかの論稿を公表してきた。(1) その際、中心的なモティーフであったのは、さしあたりドイツ民法学とわが国のそれとを比較法的に検討することであり、しかもドイツ特有の近代化の問題性とわが国のそれとを可能な限り社会経済史的な視点において対比することであった。そうすることによって、わが国民法学においてすでに何が達成され、さらにドイツ法学から何を学ぶ必要があるのか、より具体的に認識することが可能となるように思われたのである。

(2)　もちろん、筆者の限界性に規定されて、比較の対象もドイツに限られており、考察の奥行きも深く掘り下げられているわけではない。にもかかわらず、こと所有権保護請求権論（とりわけネガトリア請求権論）さらに所有権内容制限論（なかでもイミッシオーン論）においては、特にドイツとの比較法的考察が今なお重要な意味をもつ、というのが現在に至る筆者の率直な認識である。そして、その思いは、ネガトリア請求権やイミッシオーンに関するローマ法以来の歴史的展開を内在させているドイツならではの学問的伝統性を顧慮するとき、あるいはその伝統性と密接不可分な私法的環境保護についてのドイツならではの先進性と社会性とを顧慮するとき、一層の説得力をもって筆者を鼓舞せずにはおかないのである。

(3) かてて加えて、わが国には——ヨホウ物権法草案もそうであるが——ドイツ民法典編纂過程の基礎的資料(たとえば、Die Beratung des Bürgerlichen Gesetzbuchs: in systematischer Zusammenstellung der unveröffentlichten Quellen, Hrsg. H. H. Jakobs = W. Schubert, 1978 など)を踏まえた『第一草案理由書』や『第二委員会議事録』に関する本格的研究が、果たしていくつ存在すると言えるであろうか。本稿で筆者は、それが本格的であるか否かはともかく、上記の基礎的資料をも参考にしつつ、ドイツ民法典編纂過程におけるネガトリア請求権規定の諸問題に幾ばくかの光を当ててみたい、と考える。その際、とりわけヨホウ物権法草案が、その後『第一草案理由書』や『第二委員会議事録』においていかなる取り扱いを受けたのか。どこが積極的に継承され、どこが消極的に受けとめられ、あるいは形骸化されてしまったのか。これらの点を明らかにすることが本稿の課題となろう。そして、ドイツ民法典編纂事業に従事した人々の、その主観を超えた客観的な〈歴史的使命〉を、その所有権論やネガトリア請求権論、さらにはイミッシオーン論にそくして、可能な限りグローバルな形で確認することができれば、と願う。ともあれ以下では、本書第二章の考察と重なり合う点もあるが、本稿で新たに課題とされたドイツ民法典編纂過程に重点を置いた考察が試みられることになる。まずは、ヨホウ物権法草案の内容を再確認した上で、ドイツ民法「第一草案」及び「第二草案」におけるネガトリア請求権とイミッシオーン規定の編纂過程の実像に迫りたい。

(1) 川角由和「近代的所有権の基本的性格と物権的請求権との関係(一)(二・完)」九大法学五〇号六一頁以下、五一号二七頁以下(一

九八五―一九八六年)、同「ネガトリア責任と金銭賠償責任との関係について――ドイツにおける判例分析を中心に」広中俊雄先生古稀祝賀論文集『民事法秩序の生成と展開』(創文社、一九九六年)五三九頁以下(本書第五章)、同「ドイツ民法典におけるネガトリア請求権(一〇〇四条ＢＧＢ)形成史の基礎研究――ヨホウ物権法草案前史ならびにその基本構造を中心に」龍谷法学三〇巻第一号(一九九七年)一頁以下(本書第二章)。

第二節　ヨホウ草案・再論と補論

一　ヨホウ物権法草案の主張点

ベルリン上級裁判所判事であったヨホウが連邦参議院司法委員会の委託を受け物権法草案(2)を世に問うたのは、一八八〇年八月のことであった。この草案を通して、ヨホウが主張しようとしたのは、一体何であったのか。近時活字となった筆者の小稿(3)を要約的に再論し、これを明らかにしてみよう。さしあたり五つの点にそれを整理することができよう。まず第一に、ネガトリア請求権を土地所有権の自由を保護するための請求権として一般的かつ積極的に位置づけること。第二に、ネガトリア請求権を所有権の「侵害」(Verletzung)に基づく請求権としてではなく、現在の権利状態のズレを矯正するための請求権として位置づけ、もってネガトリア請求権の先決的確認訴訟的性格(Präjudizialnatur der Negatoria)を浮き彫りにすること。第三に、ネガトリア請求権の「対物訴権」(actio in rem)としての沿革を重視して「対人訴権」(actio in personam)との峻別をはかり、もってとりわけ不法行為法上の損害賠償請求権との対立を明確化すること。第四に、イミッシオーンの原則違法を確認することによって、ネガトリア請求権の相隣関係論における原則的機能の明確化をはかること。第五に、妨害発生源たる土地が譲渡された場合であっても、妨害の惹起者ではなく現在の所有者がネガトリア責任を負担することを明らかにすることによって、妨害施設保持の禁止ならびに妨害者概念の〈客観的把握〉を押し出すこと。

その後、紆余曲折はあったものの、これら五つの主張点のうち、第二点を除くすべてが民法典編纂過程において承認を受けた。とはいえ、この第二点の評価こそは実に大きな影響力をもつ問題に直結するのであった。それはヨホウが正面から対決しようとした当時のドイツ普通法学におけるネガトリア論の支配的動向と密接な関係をもっていた。そして、この第二点に関わる問題をより具体的に描写しようとするならば、同時に第三点の考察も重要な役割を果たさざるをえない。まずは、この点から立ち入ってみよう。

二　プフタのネガトリア訴権論

周知の「農民解放勅令」（すなわち「十月勅令」Oktoberedikt vom 9. 10. 1807）をへて土地所有権の市民法的保護が社会的かつ政治的な問題となりつつあった十九世紀前半のドイツ（とりわけプロイセン）において、ローマ法以来独自の法形象をもつ actio negatoria を、所有権保護訴権としてどのように性格づけるのか。これは大いに争われた。すなわち、文字通り「役権否認の訴」として捉え、もって妨害を受けた所有権者が相手方の利用権限の不存在につき証明責任を負うのか、それとも「所有権の訴」として捉え、よって所有権者は自己の所有権が妨害されたことの立証で足り、これに対抗するには相手方が自己に利用権限が存在することの立証責任を負担することになるのか。[4] この論争において、actio negatoria を「所有権の訴」とする方向で決着することに決定的な影響を与えた者こそ、プフタであった。その際、プフタは、所有権の「全面的侵害」（eine totale Verletzung）のケースで問題となる所有権返還請求権（rei vindicatio; Vindikation）との対比において、いわば相対的にネガトリア訴権を把握し、かくしてネガトリア訴権を所有権の「部分的侵害」（eine partielle Verletzung）のケースでの保護手段として、もっぱら消極的に位置づけた。(5) この考察方法は、すでに「所有権の訴」として確たる地位を占めていた Vindikation と共に、その連続線上にネガトリア訴権を置くことによって、actio negatoria を一般的法制度としての「所有権の訴」たらしめたプフタの大きな理論的功績であった。しかし、同時にこの考察方法は、あくまでも〈所有権侵害〉をその共通のモメントとすることによって、ネガトリア訴権の不法行為訴権化への道をも準備することになった。なぜなら、一般に所有権の「全面的侵害」とは所有権客体たる物の「占有の侵奪ないし留置」(Entziehung oder Vorenthaltung des Besitzes) として明確に定式化されていたのに対して、ネガトリアの場合の「部分的侵害」とは「占有の侵奪ないし留置」以外の侵害形態であるとして、きわめて消極的に、かつ広範に捉えられたからである。「占有の侵奪ないし留置」以外の侵害形態には独自の要件上の外枠が具体的に示されているわけではないのであるから、このプフタ流の定式方法は、勢いネガトリア訴権によって本来不法行為訴権の対象である「原状回復責任」ないし「損害賠償責任」をも追及する法的可能性（つまりはそのような意味での《要件的開放性》）を与えてしまった。当時、すでにローマ法源ならびにローマ民事訴訟手続の特殊性による影響を受けて、ネガトリア訴権の行使によって同時に原状回復ないし損害賠償をも訴求しうるとする学説や裁判例が支配的であった。このような支配的傾向と相俟って、所有権の「部分的侵害」に対するネガトリア訴権の不法行為責任への歪曲の道が切り開かれたのである。したがって、このことは、ほんらい対人的訴権の対象である原状回復責任や損害賠償責任を、やはり対人的訴権である「雨水阻止請求権」(actio aquae pluviae arcendae)、「未発生損害担保問答契約」(cautio damni infecti)、「暴力または隠秘になされた妨害の回復特示命令」(interdictum quod vi aut clam) ともども、「対物訴権」たるネガトリアの中に取り込むことを意味した。(6) すでに、当時においてもネガトリア訴権の要件として故意・過失などの主観的要件は不必要とされていたのであるから、このようなネガトリア訴権の不法行為訴権化とは、結局のところネガトリア訴権の一種の〈無過失損害賠償訴権化〉を意味した、と言えよう。

三　ヨホウのネガトリア請求権論

それでは、このような傾向に、ヨホウはどのように立ち向かったのであろうか。ヨホウは、先ほどの五つの論点をほどよくブレンドしながら、およそ次のように言っている。すなわちヨホウによれば、ネガトリア請求権とは他人による無権限での権利簒奪（Rechtsanmaßung）に対する保護請求権にほかならず（Johow 994）、その際、権利簒奪者の故意・過失などの主観的要件は全く問題にならない（Johow 991ff. passim）。さらに、〈過去〉においてすでに為された行為から生ずる請求権は、すべて対人的性質（persönliche Natur）をもつのであって、もっぱら不法行為法上の損害賠償ないし原状回復の対象でしかない。これに対して、ネガトリア請求権こそは、権利簒奪者の〈現在〉の違法容態に向けられている。すなわち、ネガトリア請求権は、このような権利の〈現在〉的違法状態の排除を目的とすることによって、統一的な物権的請求権へと組み込まれていくのである（Johow 988 passim）。ネガトリア請求権が、かかる〈現在〉的違法状態の排除を固有の目的とするということは、言い換えるならば、それは権利侵害（Rechtsverletzung）が生ずる前に〈あるべき現在〉の権利状態を確認することによって、将来ありうべき紛争を未然に防ぐ、という機能をも営む（Johow 990）。これは、もっぱら土地の相隣関係において、重要な視点を提供するだろう。したがって、ヨホウは相隣的生活関係において、場合によって相互的受忍義務が要請されうることを承認しつつも、しかし相隣関係においても他人の所有領域に介入することは原則ネガトリアの対象になるのであり、むしろ相隣関係にあるからこそ、お互いが自己の所有領域にとどまるための努力をなすことが一層要求される、という観点を強調する（Johow 997ff. 999-1000）。こうして、ヨホウにとっては、ネガトリア請求権を「権利侵害」構成から解放することが、まず第一義的に重要な課題であった。そのためには、プフタ以来のドイツ普通法学説における支配的見解を批判することが不可欠であり、とりわけその当時最も影響力をもっていたヴィントシャイトの見解[7]を論駁することが必要であった。ヨホウは、次のようにヴィントシャイトを批判した。要約的に示せば、こうである。《ヴィントシャイトはそのパンデクテン教科書の中で actio negatoria が損害賠償（Schadensersatz）に向けられていると述べているが、それは不正確である。さらに、以前からその損害賠償義務を根拠づけるために一般に「所有権への侵害」（Angriff auf das Eigenthum）という表現も使用されてきたが、それもきわめて曖昧なままであった（völlig dunkel blieb）。なぜなら、損害賠償請求権というのは、ことごとく対人的性質（persönliche Natur）をもつからである。こうして、損害賠償請求権それ自体は、独自の債務法的根拠に（einem eigenen obligatorischen Grunde）基づくものなのであって、ネガトリア請求権と関連性をもつことがあるとしても、それは単に外観的（nur äußerlich）なことにすぎない。それは、たとえば、債務法的根拠を必要とする「暴力または隠秘でなされたことに基づく特示命令」（interdictum quod vi aut clam）が、この物権法草案で問題にされていないことからも一目瞭然である》（Johow 1002-1003）。

四　補論——ヨホウによる妨害施設問題の取り扱い

ここで、ヨホウがそのネガトリア請求権論の中で妨害施設問題をどのように取り扱ったか、簡潔に確認しておこう。その際、妨害源たる施設は前所有者の手によって建造されたのだが、それを善意の第三者が譲り受けた、というケースが肝心な意味をもつ。その際にヨホウは、まず何よりも、ローマ法上の大原則と対決しなければならなかった。すなわち、ローマ法に従うならば、いかなる債務法上の義務根拠とも関わりをもたない施設占有者は、その施設が他人の所有権領域を妨害する場合には、ただ「彼がその施設を許されざる形態で保持していること」（daß er die Anlage in ihrer unzulässigen Gestalt aufrecht erhält）という点にのみ、その不法性（das Unrecht）をもつ。それゆえ、必然的に、施設所有者は次のような「受忍」（patientia）へと駆られていくのであるし、かつ同時に、それにとどまるのであった[8]。すなわち、彼はその妨害施設への立ち入りを被妨害者（原告）に許し、施設無害化のために必要な限りで施設の有体的形状を変更させうる、という点にとどまるのである。したがって、その限りで、妨害施設の無害化（Unschädlichmachung）のための費用負担は被妨害者（原告）に課せられることになる（いわゆる「忍容請求権」説）。これがローマ法上の大原則であった。これまで、ネガトリア請求権と不法行為請求権との違い、とりわけ「対物訴権」と「対人訴権」との対比・対立につき、首尾一貫してローマ法の忠実な執行者であったヨホウにとって、このローマ法大原則はいかなる意味をもったであろうか。ヨホウにとっても、このローマ法大原則は「内的な一貫性をもつ」（von innerer Konsequenz sind）ものにほかならなかった（Johow 1007）。なぜなら、もし無責の妨害施設占有者がその財産からこの施設無害化のための費用を支出するとすれば、それは積極的な給付義務を負担したことになるのであって、そのためには十分な債務法上の義務根拠が必要だからである。ましてや、妨害施設を解体したり移動させたりするための費用については、なおのことそうであろう。だからこそ、ローマ法のもとでは、無害化方策が無意味であるような深刻な場合には、被妨害者がその妨害施設を買い受けるか、あるいは裁判に持ち込まれたとしても、判決によって（破産処理のケースと同様な形で）被妨害者に付与される、という矯正策（Remedur）が存在したのであった（Johow 1007-1008）。しかしヨホウは、そのローマ法大原則にとどまることを欲しなかった。すでに、統一的で一般的な物権的請求権構想を実現しようとしたヨホウ、さらにローマ民事訴訟法体系における「訴権」（actio）思考からの脱却をはかり、もって近代法的な「請求権」（Anspruch）システムの構築を目的としていたヨホウにとって、論理的には一貫性をもつローマ法原則もさらなる修正が施されるべきであった（vgl. Johow 982-983）。すなわち、ローマ法とは異なるところの、無責被告費用負担による妨害排除請求権としてのネガトリア請求権の正当化（いわゆる「行為請求権」説）、この根拠を、ヨホウは次のように提示した。

「この正当化は、次の場合に与えられる。すなわち、ある所有権者がその所有物によって他人の物を危殆化させたり、あるいは許容されざる方法で他人の物に干渉を及ぼすということを知るにいたった場合には、その所有権者は誰であれ彼の物をいかなる妨害も生じない状態へともたらす義務を負う。このような《公共的な保全利益へと目的化された命題》(der auf ein öffentliches Sicherheitsinteresse abzielenden Satz) が一般的承認を得る場合に、かの正当化が与えられるのである」(Johow 1009)。

無論、ここで言われる《公共的な保全利益へと目的化された命題》がいかなる内容をもつのか。なかでも市民法的価値基準のもつ「公共性」との関連づけにおいて、それ自体重要であること言うまでもない。加えてまた、ヨホウ自身、残念ながらこの点につき詳論しているわけではない。ただ、ヨホウによって次の点が示されたことだけは、ここで指摘しておくべきだろう。すなわち、もしローマ法の原則通りに被妨害者（原告）が妨害者たる被告所有の妨害施設に立ち入り、その施設の有体的変更を一方的に加えることになれば、それによって、むしろ新たな紛争が発生する可能性が高く、それは単に相隣関係にとどまらず、地域社会や地域経済の円満な運営に支障をきたすことになろうからである（vgl. Johow 1009）。当時すでに、ローマ社会以上に高度な経済発展を余儀なくされているドイツの場合には、これが法的かつ社会的に一層の深刻さをもちえたこと、明らかであるように思われる。ともあれ、このようなヨホウ・ネガトリア請求権論がその後の民法典編纂過程においていかなる取り扱いを受けたか。次に確認されるべき問題は、これである。

(2) R. Johow, Entwurf eines bürgerlichen Gesetzbuch für das Deutsche Reich, Sachenrecht, 1880, in: Schubert, Vorlagen SachR Tl. 以下、適宜 Johow と略して、頁数と共に本文中に示す。

(3) 川角・前掲論文「ドイツ民法典におけるネガトリア請求権（一〇〇四条ＢＧＢ）形成史の基礎研究」六頁以下、三三頁以下（本書第二章八一頁以下）参照。

(4) この点については、たとえば海老原明夫「所有権の訴としての妨害排除の訴――十九世紀ドイツ普通法学における actio

negatoria」同編『法の近代とポストモダン』（東京大学出版会、一九九三年）所収一九三頁以下、特に一九八頁以下参照。

（5） G. F. Puchta, Ueber die Negatorienklage, 1827, in: ders., Kleine civilistische Schriften, Gesammelt und herausgegeben von A. Rudorff, 1851, S. 148ff. なお、プフタの見解については川角・前掲龍谷法学（前注1）九頁以下（本書第二章五七頁以下）に比較的詳しく論述しているので参照されたい。

（6） Vgl. Picker, Der negatorische Beseitigungsanspruch, 1972, S. 61ff. bes., S. 70ff. わが国の文献としては、原島重義「わが国における権利論の推移」法の科学四号（一九七六年）五四頁以下、特に八六頁（同『市民法の理論』〔二〇一一年〕四九五―四九六頁）参照。

（7） B. Windscheid, Lehrbuch des Pandektenrechts, Bd. 1. 1. Aufl., 1862, § 198; dazu vgl., Johow（前注（2））S. 1002-1003; vgl., Windscheid, Pandekten, Bd. 1, 3. Aufl., 1870, S. 559.

（8） わが国において、この問題を鋭く提起したのは、川島武宜「物権的請求権における「支配権」と「責任」の分化㈠」法学協会雑誌五五巻六号（一九三七年）二五頁以下であった。特に三七頁以下参照。なお、川島理論における「責任」概念の不法行為法的把握を明確に指摘し、かつ批判したのは、原島・前掲論文（前注（6））七九頁以下である。特に八六頁以下（原島・前掲書〔前注（6）〕四八六頁以下）参照。

第三節　ヨホウ草案以降の立法上の展開
――第一草案と第二草案を中心に

一　考察範囲の限定とヨホウ物権法草案中のネガトリア請求権規定

(1)　ここでは、ネガトリア請求権規定につき比較的詳細な議論が展開された民法典第一委員会と『第一草案理由書』を中心的に取り上げることにしたい。『第二委員会議事録』など、それ以外の編纂資料は必要な限りで言及するにとどめる。ちなみに、第一委員会についても「議事録[9]」が存在し、以下本文中で考察の対象となるのであるが、これについてはProt. Iと略称し、第二委員会のそれについてはProt. IIと表示する。

(2)　なお、第一委員会では、ヨホウによって提案された物権法部分草案（TE-SachR）におけるネガトリア請求権規定が直接審議の対象になる。それを、便宜上、ここで掲げておこう。ただし、これにつき今のところ定訳はなく、筆者の試訳にとどまる。したがって、念のため原文も添記しておく。

ヨホウ草案二〇五条「土地の所有権者（原告）は、その者（被告）の行為によって（原告の）土地についての権利をその者（被告）がわがものにしていると考えるに十分なきっかけを原告に与えた場合には、その者（被告）に対して所有権の無制約性の確認を求めて訴えを提起することができる」（丸カッコ内川角、以下同様）。

TE-SachR § 205 Der Eigenthümer eines Grundstücks kann auf Feststellung der Unbeschränktheit des Eigenthums gegen denjenigen Klage erheben, welcher durch sein Verhalten dem Kläger genügenden Anlaß zu der Annahme giebt, daß er sich Recht an dem Grundstücke zuschreibe.

ヨホウ草案二〇六条「土地の所有権者（原告）は、相隣地の所有権者（被告）がその者の行為によってその者には帰属していない相隣的権限を僭称し、あるいは原告が有しているこの権限の承認を拒むものと考えるに十分なきっかけを原告に与えた場合には、相隣地の所有権者に対し相隣的法律関係の確認を求めて訴えを提起することができる。

ただし、（被告による原告所有地利用の）不許容性の確認ならびに相隣上の（被告の）行為の拒絶に合理的な利益が見込まれない場合には、（原告の）訴えは認められない」。

TE-SachR § 206 Der Eigenthümer eines Grundstücks kann auf Feststellung der nachbarlichen Rechtsverhältnisses gegen den Inhaber eines benachbarten Grundstücks Klage erheben, wenn derselbe durch sein Verhalten dem Kläger genügenden Anlaß zu der Annahme giebt, daß er sich nachbarliche Befugnisse, die ihm nicht zustehen, anmaße oder derartigen Befugnissen des Klägers seine Anerkennung versage.

Die Klage findet nicht statt, wenn kein verständiges Interesse an der Feststellung der Unerlaubtheit und der Zurückweisung des nachbarlichen Verhaltens ersichtlich ist.

ヨホウ草案二〇七条「法律関係が確認されたのち、その直接的ないし間接的な結果のゆえに違法と見なされる行為は、被告の従来からの振る舞いにてらして、その繰り返しが懸念される場合には、裁判官の刑罰による威嚇が発せられることによって、禁じられる。

当局の許可を得て建設された営業施設ならびに当局の許可を得て稼働している鉄道事業・蒸気汽船事業に対して、その営業活動の停止を求める訴えはこれを提起しえない。訴えを提起しうるのは、不利益を与える干渉作用を排除するために必要な設備の設置、もしくはこのような設備の設置が不可能であるか、あるいは営業の然るべき稼働と合致しない場合の損害補償請求に限られる」。

TE-SachR § 207 Handlungen, welche nach der ergehenden Rechtsfeststellung wegen ihrer unmittelbaren oder wegen ihrer mittelbaren Folgen als rechtswidrig erscheinen, sind von dem Richter mit Strafandrohung zu verbieten, wenn das bisherige Verhalten des Beklagten eine Wiederholung besorgen läßt.

Gegenüber einer mit obrigkeitlicher Genehmigung errichteten gewerblichen Anlage und einem mit obrigkeitlicher Genehmigung betriebenen Eisenbahn = und Dampfschifffahrtsunternehmen kann die Klage niemals auf Einstellung des Gewerbebetriebes, sondern nur auf Herstellung von Einrichtungen, welche die benachtheiligende Einwirkung ausschließen, oder, wo solche Einrichtungen unthunlich oder mit einem gehörigen Betriebe des Gewerbes unvereinbar sind, auf Schadloshaltung gerichtet werden.

ヨホウ草案二〇八条「被告の土地の上にある施設が、法律関係確定ののちも不許容的である限りで、被告はその施設を自己の費用負担で除去する義務を負う」。

TE-SachR § 208 Soweit Anlagen auf dem Grundstücke des Beklagten nach der ergehenden Rechtsfeststellung unzulässig sind, ist er verpflichtet, dieselben auf seine Kosten zu beseitigen.

ヨホウ草案二〇九条「被告が第三者の名で行為した場合には、この第三者の名が指定されたこと、ならびにこの第三者による訴訟引受をかんがみて、民事訴訟法七三条（現行七六条、七七条）の規定が準用される」。

TE-SachR § 209 Hat der Beklagte im Namen eines Dritten gehandelt, so finden in Ansehung der Benennung dieses Dritten und der Uebernahme des Rechtsstreites durch denselben die Bestimmung in § 73 der Civilprozeßordnung entsprechende Anwendung.

二　第一草案のための第一委員会での議論

(1)　①第一委員会において、議論の焦点となったのは、主にヨホウ草案二〇五条であった。今少し詳しく述べておくならば、計五ヵ条に及ぶネガトリア規定を、ヨホウ草案二〇五条を基軸として一本化し、スリム化することがその課題であった。ここでは、そのような意味で中心的な役割を与えられたヨホウ草案二〇五条に関する議論に焦点を当てつつ、審議過程を跡づけてゆきたいと考える。

②　さて、ここで、第一委員会での議論の焦点を筆者なりに整理しておくならば、次のように言うことができよう。すなわち、第一に、すぐあとで確認することだが、第一委員会の修正提案においては、プフタ以来ヴィントシャイトなどドイツ普通法学の支配的見解において典型化された「権利侵害」アプローチが、ヨホウによる正面からの批判にもかかわらず、依然として決定的に重視された。この「権利侵害」アプローチが審議過程を通じて最終的

にどのように位置づけられたと言えるか。これが第一の論点である。第二に、その「権利侵害」アプローチの必然的副産物として、ネガトリア請求権をVindikationの補完的請求権として消極的に位置づけ、もって「所有物の占有ないし保持を侵奪・留置すること」（すなわち「所有権の全面的侵害」）以外の方法（すなわち「所有権の部分的侵害」）による妨害を広くネガトリア請求権の要件とする見解が、当時すでに一般的に流布されていた。筆者は、これを――不法行為法上の原状回復請求権へと連なる可能性を与えたところの――ネガトリア請求権の《要件的開放性》と性格づけるのであるが、第一委員会はこの《要件的開放性》をどのように受けとめたか。第三に、以上の論点との関連において、ネガトリア請求権と不法行為法上の損害賠償請求権ないし原状回復請求権との関係は、そもそもどのように位置づけられたか。とりわけ、ヨホウ草案において明確化された〈過去〉の「権利侵害」行為に対するサンクションとしての不法行為責任と〈現在〉の違法状態に対するリアクションとしてのネガトリア責任との関係を、どのように理解すべきか。さらに、たとえば妨害施設の善意譲受人がネガトリア責任を負担すべきことになるのか否か。その際の費用負担問題はどうか。第四に、あとで考察するイミッシオーン規定で議論になったことだが、当時のドイツ資本主義の要請、すなわち産業・営業の発展を優先的に考慮するモメント（つまりは「経済発展との調和」観念のドイツ版）がネガトリア請求権の形成過程においてどのような位置を占めたのか。さしあたり、これらの事柄に注目しながら第一委員会での議論を解きほぐしていこう。

(2) ① まず、以上の論点検証にとって重要と思われるものとして、大学教授出身のマンドリと裁判官出身のプランクの修正提案を紹介しておきたい。まず、マンドリの提案はこうであった。[10]

マンドリ二〇五条修正案「土地の所有権者は、その所有権（自体）あるいはその所有権の制定法上の拡張(in sein Eigenthum oder dessen gesetzliche Erweiterung)を制限する形で侵害する(beschränkend eingreift)者に対して、その侵害の停止を求める請求権を有する。そして、このような侵害が継続的に存在する施設（eine dauernde Einrichtung）から発している場合には、この施設の除去を求める請求権を有する。この請求権は、その侵害が被告の故意または過失に起因される場合には、さらにその侵害によって惹起された損害の賠償（Ersatz des durch den Eingriff verursachten Schadens）にも及ぶ」（Beratung 848: Prot I 4249）。

② マンドリは、さらにヨホウ草案二〇六条の修正案において、妨害排除の対象となった施設の建築行為が、被告によっても、またその先行者たる譲渡人によってもなされていない場合には、被告によるその施設の除去は、原告側からの費用の前払いと引き替えでのみ（nur gegen Vorschuß der Kosten Seitens des Klägers）義務づけられるにすぎない、とする（Beratung 848: Prot I 4249-4250）。ここには、ドイツ普通法学に一般的に見られたネガトリア請求権内部への不法行為責任のあからさまな取り込みと「権利侵害」アプローチからの必然的所産としての「惹起者責任」観念が、明瞭に示されている。

③ プランクの修正案も、とりわけ費用負担問題につきマンドリのそれと共通する。しかもそれは、一見したところ一〇〇四条に近いこともあって、かなりの影響をもちえた。その、プランクの提案はこうであった。

プランク二〇五条修正案「物の所有権者が（その物の）占有ないし所持の留置によること以外のやり方で（auf andere Weise, als durch Vorenthaltung des Besitzes oder der Inhabung）違法にその所有権を妨害された場合には、所有権者はその妨害の廃棄（Wiederaufhebung）を求める請求権を、妨害者（der Störer）に対して有する。事情によってさらなる妨害のおそれがありうる場合には、所有権者は、刑罰の威嚇をもってさらなる妨害の発生を禁止する内容の裁判上の命令布告を請求することができる。妨害廃棄のための費用は、（原告である）所有権者と（被告である）義務者との間に存在する法律関係によって別段の取り決めがない限り、所有権者がその費用を負担しなければならない（der Eigenthümer zu tragen hat）」（Beratung 848-849: Prot I 4250）。

④ 裁判官出身のシュミットならびに司法官僚出身のクルルバウムによる修正提案も、プランクのそれと近似し

ていた（Beratung 849: Prot I 4251-4252）。他方、裁判官出身のヴェーバーは、同じく「権利侵害」観念に拘束されることによって不法行為上の損害賠償と「惹起者責任」とをネガトリアの内に取り込む点でヨホウと決定的に異なるものの、なお形式的にはヨホウ流の権利確認訴権的構成を維持しようとした（Beratung 850: Prot I 4252）。

⑤　いずれにせよ修正提案は、およそヨホウ草案を積極的かつ肯定的に受けとめる立場からのものではなく、むしろヨホウが精一杯対決してきた陣営、つまりは当時の支配的見解を肯定する立場からの消極的かつ否定的なものであった（むろん、ネガトリア請求権の対象が「土地」所有権から「物」所有権一般に拡張されたことは、それなりに評価されるべきことではあるが）。こうして、ヨホウ・ネガトリア規定の積極的核心そのものが、まずは正面からの反転攻勢にさらされた、と言えよう。とまれ、これら修正提案を受けてヨホウ・ネガトリア規定をあと戻りさせるのか、それともそれに抗してなお前進させるのか。第一委員会は、果たしていずれの道を選択しようとしたであろうか。

(3)　①　結論から言えば、第一委員会は、一方でヨホウ・ネガトリア規定の積極的核心部分を正しく継承しようとしたものの、他方で専門用語の運用上の不徹底さを残し、なかでも依然として「権利侵害」観念に拘束されることによって、現在のネガトリア請求権問題に連なる理論的混迷を示した。

②　まず、委員会は法形式上の問題としてヨホウ流権利確認訴権的構成を排して、所有権の部分的侵害から生ずる請求権（die aus der partiellen Verletzung des Eigenthums sich ergebende Ansprüche）としてネガトリアを把握し（Beratung 850: Prot I 4254）、よってネガトリア請求権を一種の給付請求権として位置づけた。その際、委員会は、次の点に特に注目している。すなわち、ヴィンディカチオーン（所有権に基づく返還請求権）のあり方につき、それが被告の過失や故意（culpa oder dolus）とは全く無関係に、他人の占有状態による所有権の客観的侵害に基づいて生ずるところの被告の単なる受忍を求める請求権ではなく、むしろ被告の積極的給付を求める請求権（Anspruch auf eine positive Leistung des Beklagten）にほかならないと確認されていることに、注目している（Beratung 851: Prot I 4254-4255）。したがって、「所有権の全面的侵害」としてのヴィンディカチオーンがこのようなものであるとするならば、それをモデルとした「所有権の部分的侵害」としてのネガトリア請求権にも、被告の積極的行為を求める給付請求権としての性格を与えることは、ごく自然な成り行きであった（ibid）。

③　さらに第一委員会は、ネガトリア請求権上の「要件」問題に立ち入って、次のように言っている。すなわち、ネガトリア請求権にとって肝心であるのは、修正提案におけるその表現に“Eingriff”,“Störung”,“Beschränkung”等のバラツキがあるにもかかわらず、要するに「所有権への現在の客観的侵害」（die gegenwärtige objektive Verletzung des Eigenthums）であることこそ肝心である、と言っている。この点でも、あくまでヴィンディカチオーンとの対比において、いわばそれに従属的な「所有権の部分的侵害」としてのネガトリア請求権について肝心であるのは、被妨害者たる所有権者が、その所有権をヴィンディカチオーン要件たるところの〈占有・所持の侵奪ないし留置〉以外の方法で侵害された場合に、広くネガトリア請求権が発動される、ということであった（Beratung 851: Prot I 4256　侵害の「現在」性が承認された限りでは一歩前進と言えようが）。この点、第一委員会自ら、このようなネガトリアの、ヴィンディカチオーンに対する従属的位置関係を、次のように告白している。

「したがって一目瞭然に思われるのは、ネガトリア請求権の要件が消極的に（negativ）、すなわち当該の所有権侵害がヴィンディカチオーン成立のためには十分でない場合に（初めて）充たされる、ということである」（ibid）。

この、いわばプフタ＝ヴィントシャイト的な定式化こそ[11]、実はヨホウが厳しく批判の対象としたところの〈ネガトリアをしてヴィンディカチオーンの補完物と見なす見解〉そのものであった。

④ 他方、第一委員会ではネガトリア請求権の「内容（法的効果）」問題につき、あらためて次のことが強調された。すなわち、ネガトリア請求権の効果として委員会で意見の一致を見ていたのは、客観的に権利と矛盾する状態の廃棄が被告の積極的給付によって（durch positive Leistung des Beklagten）実現されなければならない、ということが、それである（Beratung 852: Prot I 4257-4258）。しかも委員会見解として、以下の点が確認されたことの意味は小さくない。すなわち言う。なるほど、ここネガトリア請求権の効果問題においても、「回復請求権」（der Anspruch der Restitution）という表現が妥当する。しかし、そのネガトリア的「回復請求権」は「不法行為に基づいて生ずる回復請求権」（der aus dem Delikt entspringenden Anspruch der Restitution）と明確に区別されなければならない。なぜなら「不法行為に基づいて生ずる回復請求権」は、被侵害者に対して、あたかもその侵害が発生していなければ存在したであろう（仮定的な）財産状態をもたらすものであるのだが、これと異なり、ネガトリア上の回復請求権は過去の生じた財産損害を調整するためのものではなく、権利と矛盾する事実上の状態のさらなる継続を排除するためのものだからである（Beratung 853: Prot I 4258）。さらに、妨害源たる施設の除去について、そのための費用負担を被告に課する内容で制定法中に明文規定を置くことが決定されている。というのも、被妨害者たる所有権者に侵害除去の請求権が与えられたということは、この請求権が同時に「侵害を与えている施設の除去」（die Beseitigung von verletzenden Anlage）をも包括していること、そして「請求の相手方たる義務者が彼自身の費用でその義務履行のために必要なすべてのことを実行しなければならない」（Der Anspruchsverpflichte hat Alles zur Erfüllung seiner Pflicht Erforderliche auf eigene Kosten vorzunehmen）ということ、を意味したからである（Beratung 853: Prot I 4259-4260）。かくして委員会は「彼の所有物を、他人の権利を妨害しない状態に維持するということが万人の義務（die Verpflichtung eines Jeden）として正当化される」という見地から、プランクらの修正提案について、これを正面から拒絶したのであった（Beratung 854: Prot I 4260）。さらに、これに引き続く形で委員会は、妨害

施設の善意譲受人のネガトリア責任問題につき、明確にヨホウ草案の立場を支持して、ここでもプランクらの提案をはねつけることを宣言している。すなわち、妨害施設の譲受人が善意であって、しかもいかなる過失（culpa）がなくても、やはりネガトリア責任を負担すべし、とするのである（Beratung 854: Prot I 4260）。

(4)　①　ちなみに、第一委員会は、ヨホウ草案二〇七条二項における、いわば営業法的特例の民法典への取り込みを排除した。まず、ヨホウの立場を確認しておこう。ヨホウ草案二〇七条一項は、一〇〇四条一項二文とほぼパラレルに継続的・反復的妨害行為の禁止を内容とする規定（いわゆる「妨害予防請求権」）であるが、それに続く草案二〇七条二項の規定こそは、鉄道事業・蒸気汽船事業に限定しつつも、一八七一年のライヒ営業令(12)（Reichsgewerbeordung）二六条の規定を民法典へと取り込もうとするものであった。なぜヨホウは、すでに行政法規として存在する営業令規定を民法典に取り入れようとしたのであろうか。その理由は、ヨホウによればこうであった。そもそも有体的固形物の相隣地への侵入さらに有体的でかつ直接的な干渉作用（körperliche und unmittelbare Einwirkung）は、ネガトリア請求権によって排除されなければならない（Johow 997）。そしてローマ法以来、間接的な相隣上の侵入作用（mittelbare nachbarliche Hinüberwirkungen）すなわち営業上の所産であるところの煙（Rauch）、熱（Wärme）、振動（Erschütterung）、騒音（Gräusch）、臭気（Geruch）等々の相隣地への侵入も、ネガトリアによる原則禁止の対象であった（Johow 1005-1006）。

②　これに対して、当時のドイツ法体系においては、イミッシオーンとネガトリアとの関係の整序問題に先立つ形で、すでに先に示したライヒ営業令二六条が次のような規定を置いていたのである。

「一方の土地から隣接する他方の土地に及ぼされる相隣上の干渉作用を防止するために存在する権利が被妨害地の所有権者ないし占有者に許与されている限りで（なるほど私法上は妨害排除権限があるのだが）、（しかし）この（妨害排除のための）訴権は、行政官庁による許可を得て建造された施設に対しては、決してその営業行為の停止へと向けられることはない。ただしそれに代わって、当該訴権が（隣人に）不利益を与える干渉行為を排除するための装置の設置に向けられることはあるし、さらにこのような装備の設置が実行不可能であるか、あるいはそれが当該営業の然るべき稼働と合致しない場合には、当該訴権は金銭による補償へと向けられる」。

Reich-GewO § 26 Soweit die bestehenden Rechte zur Abwehr benachtheiligender Einwirkungen, welche von einem Grundstücke aus auf ein benachbartes Grundstück geübt werden, dem Eigenthümer oder Besitzer desselben eine Privatklage gewähren, kann diese Klage einer mit obrigkeitlicher Genehmigung errichteten Anlage gegenüber niemals auf Einstellung des Gewerbebetriebes, sondern nur auf Herstellung von Einrichtungen, welche die benachtheiligende Einwirkung ausschließen, oder, wo solche Einrichtungen unthunlich oder mit einem gehörigen Betriebe des Gewerbes unvereinbar sind, auf Schadloshaltung gerichtet werden.

③　ヨホウによれば、営業上の破綻に導きかねないネガトリア的禁止を内容とする現実執行（Realexektion）に代えて金銭補償を主な内容とする財産執行（Vermögensexektion）を目的とするライヒ営業令二六条の妥当性は自明のことであった。それにもかかわらず、他方、当時のライヒ営業令六条によれば、鉄道事業に同二六条の適用がなく、そのためにも蒸気汽船事業ともども民法典におけるネガトリア訴権からの例外的な保護（言い換えれば、ネガトリア訴権の例外的な不適用）が要請されざるをえない、という特殊事情があった（Johow 1006-1007）。なるほど、このようなヨホウの見解に対して、鉄道事業や蒸気汽船事業のための特別な保護は、これを特別な行政的営業法規の中に見いだすべきであって、民法典の課題とすべきではない、という批判は当然ありえよう。現に、すぐあとで見る第一委員会の立場がそうであった。しかしながら、他方で見方を変えるならば、このようなヨホウの態度は、ネガトリア訴権からの重要産業のための、特別で例外的な保護が必要不可避とされたくらいに、それほどヨホウ・ネガトリア請求権それ自体の法的完成度が高かったということを意味している、と言えよう。

④　ともあれ、このヨホウ草案二〇七条二項に対して、第一委員会はきっぱりとこれを拒否した。すなわち、もしこのヨホウ草案に従うならば、公共的な営業上の利益（öffentliche gewerbliche Interesse）のために私的所有権が制限されることを意味するし、これを言い換えるならば、私的所有権を制限する需要の範囲（der Umfang des Bedürfnisses der Einschränkung des Privateigentums）が、もっぱら営業立法（Gewerbegesetzgebung）の観点から決定づけられる、ということを意味するだろう。したがって、私法法規の典型としての民法典の内にこのような営業立法的規定を採用するわけにはいかない。これが、第一委員会の立場であったと思われる。なるほどこれは、民法典のあり方について一見したところ積極的で健全な方向性を指し示している。しかしながら、たとえばイミッシオーン規定の性格づけに関してあからさまに産業の利益を語り、それを優先させたのも、他ならぬこの第一委員会であった。このことを忘れるわけにはいかないし（後述参照）、さらに所有権制限規定を広く営業立法に委ねることによって（Beratung 857: : Prot I 4267）、私的所有権の原則論を保守的でかつ官僚主義的な行政立法の指導性に従属させる側面をもちえたということも、あながちあり得ないことではないように思われる。しかも当時のドイツでは、このようなライヒの行政立法のみならずラントの諸立法への留保が、すでに広範に行われており、その後、第二委員会もまた、ネガトリアと営業令との関係について公然とラント立法への留保を肯定したこと（Beratung 860: Prot II Bd.3, 377-378: Mugdan, Bd.3, 696ff.）も印象深い出来事であった、と言わなければならない[13]。

三　第一草案九四三条から現行一〇〇四条へ

(1)　ともあれヨホウ・ネガトリア請求権規定は、以上の第一委員会の審議を経て、次のように第一草案九四三条へと転身をとげた[14]。

第一草案九四三条「所有権者は、その所有権を、占有ないし所持の侵奪あるいは留置以外のやり方で妨害する者に対して、その妨害がなお存続する限りで、その妨害の廃棄請求権を有する。その妨害がもはや存続しない場合であっても、事情次第でその更なる妨害が懸念される限りで、その更なる妨害を停止させるために、（被妨害者たる）所有権者は、その妨害をもたらした者に対する有責判決を請求することができる」。

E I § 943 Der Eigenthümer hat gegen denjenigen, von welchem sein Eigenthum in anderen Art als durch Entziehung oder Vorenthaltung des Besitzes oder Inhabung beeinträchtigt wird, soweit die Beeinträchtigung noch fortbesteht, den Anspruch auf Wiederaufhebung derselben; er kann, auch wenn die Beeinträchtigung nicht mehr fortbesteht, die Verurtheilung desjenigen, welcher dieselbe bewirkt hat, zur Unterlassung weiterer Beeinträchtigungen verlangen, sofern solche nach den Umständen zu besorgen sind.

ところで、この第一草案九四三条について、『第一草案理由書』はどのような態度を表明したであろうか。端的にいえば、『第一草案理由書』の見解は、先にみた第一委員会での確認事項とほぼ同じである。しかし、ネガトリア請求権論の現在的諸問題にも関わる重要な指摘も、そこには存在する。若干の再確認を織り混ぜながら、以下では『第一草案理由書』の見解をフォローしておきたい。

(2)　『第一草案理由書』にとっても、第一に、ネガトリア請求権がヴィンディカチオーンとならぶ〈所有権侵害〉（Eigenthumsverletzung）に基づく請求権であること。それゆえ第二に、所有権の〈部分的侵害〉を要件とするネガトリア請求権は、所有権の〈全面的侵害〉の場合に発動されるヴィンディカチオーンと比べて副次的でかつ補完的な請求権であるにすぎないということ（Beratung 236; Motive 422）。これが、その出発点であった。その意味で、『第一草案理由書』も、やはり不法行為的原状回復をネガトリアの内に取り込みうる《要件的開放性》に拘束されていた。とはいえ、すでにヨホウによって強調され、第一委員会の審議においても確認されたネガトリアの原則的法形象を——不十分とはいえ——『第一草案理由書』も見失ってはいない。たとえば、相手方がその振る舞いによって他人の権利を我が物にすることは必ずしもネガトリア請求権の要件ではないし（ibid）、しかも被告の過去に属する個別的行為から（aus einer der Vergangenheit angehörenden einzelnen Handlung des Beklagten）、ネガトリア請求権が発生するわけでもない（Beratung 237; Motive 424）。さらに、被告に過失（culpa）や故意（dolus）があったかどうかということも、まったく関わりをもたない（ibid）。

（3）　要するところ、『第一草案理由書』のネガトリア請求権論は、いわゆる〈妨害状態保持意思責任根拠説〉の上に立つ。すなわち『第一草案理由書』によれば、ネガトリア請求権は、もっぱら「その者の意思によって」（durch dessen Willen）所有権内容と矛盾する状態を維持する者に対し、発動される（Beratung 237; Motive 424）。『第一草案理由書』における、この〈保持意思責任説〉をいかに評価するか。これは、いささか難問である。一方で『第一草案理由書』は、先に示したように、過去における妨害の惹起行為とは無関係にネガトリア請求権が成立することを正しく認識している。だとするなら、〈保持意思責任説〉から帰結される独自の責任根拠とは、客観的に現在継続する侵害そのものでなければならないし、『第一草案理由書』もそれを繰り返し指摘していたのである（Beratung 236; Motive 422-423 und Beratung 237; Motive 424 und noch Beratung 239; Motive 428）。しかし他方、あくまでも〈意思〉に責任根拠を還元しようとする限り、逃れ切れぬジレンマに遭遇する。なぜなら、ネガトリア請求権の成立根拠それ自体は、文字通り客観的に現存する妨害状態そのものであって、相手方がその事実を知ろうと知るまいと、ネガトリア責任はすでに、そして現に客観的に生じているからである。したがって、理論上、ネガトリア請求権の責任根拠とは、端的に被妨害権利の現在の客観的状態そのものであるべきところ、〈保持意思責任説〉の立場からすると妨害者の個人的意思モメントが決定的意味をになう結果、結局〈違法な意思活動〉なるモメントによって不法行為法的な〈惹起因果責任説〉とも、その足場を共有することになるから、である。その意味では、本草案における“bewirkt hat”という表現も、以上のことを裏づけるものと言えよう。[15]

(4)　さらに『第一草案理由書』は、第一委員会の審議においても示されたように、ネガトリア請求権の内容を被告の積極的給付義務（eine positive Leistungspflicht des Beklagten）として定式化した。それは一方で、当時裁判官の裁量（das richterliche Ermessen）に従属することになっていた民事訴訟手続上の権利確認訴訟からネガトリア請求権を引き離し、「所有権内容に合致する状態への回復請求権」としてネガトリア請求権を独自化することを可能にした（Beratung 236; Motive 423）。そしてまた、一般的な「所有権」保護請求権としてのネガトリア請求権の純化を徹底せしめつつ、さらに、妨害施設の善意譲受人のネガトリア責任を、その者の費用負担において確定することにも導いた（Beratung 238; Motive 426）。これはなるほど一歩前進であった、と言わなければならない。しかし他方、それは、肝心な〈給付〉内容について重大な曖昧さを残すものであった。なぜなら、たとえば妨害施設の善意譲受人が、ネガトリア責任上の〈給付〉義務内容として、ただ形式的に自己の財産からの金銭支出行為を余儀なくされるとしたならば、それはあたかも不法行為法的サンクションとしての損害賠償責任と同じ性質のものとなってしまう可能性を生じるからである。だからこそドイツ普通法の有力説は、ローマ法以来の物権的効力論にしたがって、善意譲受人は原告自身の費用負担による妨害施設除去行為を「受忍」する義務を負うにすぎない、と主張したのである。そしてまた、『第一草案理由書』自体その結論に負い目を感じて、善意譲受人を含めた被告費用負担の原則の根拠を、当時の裁判実務でそれが単に支配的であった事実と、「争点の錯綜と多様化」（Verwickelungen und Vervielfältigung der Streitpunte）を被告費用負担による「法律関係の単純化」（Vereinfachung des Rechtsverhältnisses）によって回避するという、きわめて消極的な点にのみ求めるほかなかったのである（Beratung 238; Motive 426）。そこには、少なくともヨホウが示唆した原告の被告所有施設への立ち入りによる新たな紛争発生防止等の積極的根拠は何ら示されていない。この点は、「権利侵害」アプローチによるネガトリア責任の不法行為責任化へと導きうるところの《要件的開放性》承認やネガトリアのヴィンディカチオーンに対する〈補完的〉請求権構成と相ならんで、ヨホウ草案との重大な分岐点を示すものとして記憶にとどめられるべきことであろう。こうして『第一草案理由書』は、第一委員会の審議と同様にネガトリア請求権と不法行為請求権との違いを正当に認識しようとしたにもかかわらず、同時に、以上指摘した問題点を抱え込むことによって、現行ネガトリア請求権論争の引き金となる役をも演じることになった、と言わなければならない。

(5)　ともあれ、この第一草案九四三条は、一〇〇四条とほぼ同様な第二草案九一六条へと展開し、その役目を終えた。[16] 第二委員会では、表現形式上の修正が施されただけで、以上指摘した論点に関する立ち入った議論は、最早なかった(Beratung 696-697; Prot II 4044-4048)。こうして、一〇〇四条が誕生したのであった。

一〇〇四条「(一項)所有権が占有の侵奪ないし留置以外のやり方で妨害された場合には、所有権者は妨害者に対してその妨害の排除を請求することができる。更なる妨害が懸念される場合には、所有権者はその不作為を求めて訴えを提起することができる。

(二項)所有権者が受忍義務を負っている場合には、請求権は排除される」。(現行一〇〇四条については、参照が容易であるため、ドイツ語原文の表記を省く。)

(9)　Protokolle der [1.] Kommission zur Ausarbeitung eines bürgerlichen Gresetzbuches, 1881-1889, in: Jakobs = Schubert, Beratung, SachR II, S. 847ff. なお、使用頻度が比較的高い文献については以下のように表示する。すなわち、頁数の表示のみで出典が特定される場合にはその数字のみを本文中に指示し、そうでない場合には出典の略称を併記する。以下同様。また、紙幅の制約から、文献の表示について凡例を逸脱せざるをなかった。

(10)　ドイツ民法典編纂委員会の人的構成については、たとえば石部雅亮「外国法の学び方——ドイツ法」法学セミナー一九七五年八月号一五九頁以下、平田公夫「ドイツ民法典編纂過程の諸特徴」岡山大学法学雑誌四五巻四号(一九九六年)一頁以下参照。

（11） Vgl. Windscheid, Pandekten, Bd. 1, 9. Aufl., 1906, S. 1009. なおプフタについては、すでに本文中で指摘した。

（12） 一八七一年のライヒ営業令に至る経過を簡潔に示せば、以下の通りである。すなわち、たとえばその前史として一八二七年にヴィルヘルム三世が「住宅地域における工場施設ならびに営業稼働に基づく一般布告」（Allgemeine Verordnungen wegen der Anlagen von Fabriken und des Betriebes von Gewerben in bebauten Gegenden）を制定し、一八三一年には警察当局による「土地所有の営業上の利用制限に関する法律草案」（Der Entwurf eines Gesetzes über die Beschränkung der gewerblichen Benutzung des Grundeigenthums）が提起された。それらを受ける形で、一八四五年にプロイセン営業令（Preußische Gewerbeordung von 1945）が制定された。その後、プロイセン営業令が一八四八年、一八五六年、一八六一年にかけて部分的改定を受け、一八六二年の北ドイツ連邦営業令へと引き継がれ、一八七一年のライヒ営業令に結実することになる。Vgl. M. Kloepfer, Zur Geschichte des deutschen Umweltrechts, 1994, S. 41ff.; G. Scholz, Gewerberecht und Bundesimmissionsschutzgesetz, 4. Aufl., 1986, S. 3-4. ともあれ、土地所有権制限の社会・経済的背景は、ドイツなりにかなり奥が深い、と言わなければならない。

（13） このようなラント法への留保は、石部雅亮教授の見解によれば、次のように性格づけられる。すなわち「民法典の自由主義に対する制約として重要なのは、民法施行法におけるラント法留保である。それによれば、諸侯や貴族の大土地所有のような、封建的、保守的または官憲主義的伝統がラント法の中に温存されることになった。それは、まさに〈パンデクテン法と自由主義の損失表〉であった。民法典は、この自由主義の大きな犠牲のうえで、はじめて成立しえたのである」。石部・前掲論文（前注（10））一五二頁参照。これは、本稿についても示唆的な指摘である。

（14） Motive, Bd. III, S. 422ff. = Mugdan, Bd. III, S. 236ff.

（15） このような『第一草案理由書』の〈妨害状態保持意思責任説〉について、ピッカーは、それが一方で客観的な権利状態に正当に注目していたと評価しつつも、他方でそれが、傾向的に「因果責任」観念と結合せざるをえない本質をもつことを、批判的に分析している。Vgl., Picker（N. 6）S. 40ff., bes. S. 42 und 47.

（16） Protokolle, Bd. III, S. 377ff. = Mugdan, Bd. III, S. 696ff.

第四節　ネガトリアとイミッシオーン

一　ネガトリア請求権の〈一般的〉性格と社会的性格

（1）　ヨホウ草案二〇五条においてすでに明らかなように、ヨホウはネガトリア請求権をもっぱら〈土地〉所有権に属性的なものとして捉えていた。さらに、たとえば第一委員会におけるマンドリの修正提案もそうであった。これに対して第一委員会は、マンドリの修正提案に応える形で、次のように結論づけた。すなわち言う。第一委員会としてはネガトリア請求権の適用対象を〈土地〉に限定しないことを決定した、と。なぜなら、たとえその現実的需要がいかに小さくとも、〈動産〉所有権の保護のためにも、やはりネガトリア請求権が適用されうる（anwendbar）からである。また占有妨害の訴（die Besitzstörungsklage）が、〈土地〉への限定を行っていないことからもそのようなネガトリア請求権の拡張は不自然なことではない、とする（Beratung 855: : Prot I 4263-4264）。その後、『第一草案理由書』も、ほぼ同様な観点からネガトリア請求権の〈土地〉所有権への限定を否定し、ネガトリア請求権の〈一般的〉な所有権保護請求権としての位置づけを明確にした（Mugdan 236; Motive 423-424）。

（2）　このようにネガトリア請求権は、ヴィンディカチオーンとならんで、名実共に〈一般的〉所有権保護請求権として性格づけられるに至った。これは、所有権そのものが、ようやく一般的かつ統一的・抽象的に把握されていった十九世紀後半のドイツの法状況と密接不可分な関わりをもつ。その意味でネガトリア請求権に対する〈一般的〉な所有権保護請求権としての性格の付与は、所有権の近代化過程の最後の詰めに相当する、と言えよう。しかし同時に、その〈一般的〉な性格の付与にあたって――すでに示したように――ネガトリア請求権が所有権の「部分的侵害」に対する保護請求権として、ヴィンディカチオーンに対して副次的・補完的に位置づけられたこと、さらにその「部分的侵害」概念のもつ機能的に広範な「権利侵害」救済論的な側面に伴って、ネガトリア請求権が不法行為法上の原状回復をも取り込みうる《要件的開放性》をも内在化させていったことが、ここでも正しく認識されなければならない。このいずれの点も、当時のドイツ普通法学の支配的見解とパラレルなものであった。そして、この支配的見解に正面から対決しようとした者こそ、かのヨホウその人にほかならなかった。幾つかの理論的弱点を抱えながらも、ヨホウは、ネガトリア請求権を「所有権〈侵害〉の訴」として把握する支配的見解と対決しつつ、独自にネガトリア請求権の「所有権の訴」としての要件明確化を追求したのであった。ヨホウ草案における社会的モメントの組み込みは、同二〇七条二項の営業令的例外規定の場面に限られていたし、その後第一委員会以降の審議においても、ネガトリア請求権の社会的性格は、もっぱら営業立法やラント立法に委ねられる形で排除されていった。

(3) これに対して、たとえばヘッセは、正面からネガトリア請求権の社会的性格を論じ、その結果ネガトリアの「所有権の訴」としての〈近代法的〉法律構成を放棄して、ネガトリアのローマ法回帰を志向した[17]。すなわち、当時ヘッセにとって、ネガトリア訴権を「所有権の訴」として理解することは支配的見解のいう「所有権侵害訴権」としてのネガトリア理解と同じであって、したがってネガトリア訴権の行使によって事情次第では不法行為法上の損害賠償義務たる原状回復義務まで無責の被告が負担することになりえた。これをヘッセは、支配的見解によるネガトリア訴権の「物権の訴」(Sachenrechts = Klage) から「財産上の訴権」(Vermögensklage) への転化の内に根拠づけようとした (Hesse 128)。このような「転化」を内在せしめた支配的見解の帰結は、ヘッセによれば、当時自己の所有地においてその生産活動を活発化させはじめていたドイツの産業、とりわけ鉄道、化学工業、窯業、製鉄所等々重化学工業の設立・稼働にとってより大きなリスクを負担させることになる。ヘッセは、それを「死活問題」(Lebensfrage)、と呼んだ (Hesse ibid)。このヘッセの見解は、当時の支配的見解の問題性をリアルに抉りだした点で貴重なものと言わなければならない。だからこそヘッセに批判的でありながら、ヨホウは、先行するこのヘッセの業績から多くを学んだ。ところがヘッセ自身は、「財産上の訴権」としての「所有権侵害訴権」を否定しようとして、結局「物権の訴」としての近代法的な「所有権の訴」までも共に葬り去ろうとしたのである。

(4)　しかるに、ともあれ、以上みたようにドイツ民法典の起草者の立場も、究極的にはこの支配的見解に拘束されていたのであるから、その点でなおヘッセの批判は正鵠を得ていたと言わなければならない。言い換えるならば、ネガトリア請求権の不法行為責任的な〈内容的拡張〉を内在化せしめつつ、同時にネガトリア請求権の〈形式的純血〉を守ろうとした起草者たちは、一方で営業立法やラントの諸立法に広く例外措置を委ねながらも、他方でイミッシオーン規定の形成において市民法固有の一般的規範化を志向することにより、結果的にその、民法典起草者としての独自の社会的使命を果たそうとしたように思われる[18]。

二　イミッシオーン規定の〈特殊的〉性格と社会的性格

(1)　たとえば、ある土地所有権者が、その土地の上でいかなる行為をしようと、その行為が制定法上の禁止や第三者の適法な権利と抵触しない限り(九〇三条一項参照)、一般にこれは自由である(行為自由 Handlungsfreiheit)。したがって、たとえば隣人の所有地に何らかの干渉作用を及ぼす行為は、その隣人の所有権行使の自由、つまりは所有権者としての当該隣人の行為自由を制限しているわけであるから、原則的かつ〈一般的〉にネガトリア請求権によって排除されなければならない。このような干渉作用を例外的かつ〈特殊的〉に許容する規定を、ここではイミッシオーン規定と呼ぶ。しかも、〈土地〉という所有権客体は、その属性上、一定の空間的支配領域を必然的に他者の土地と接して存在するものであることから、このイミッシオーン規定は、もっぱら〈土地〉所有権についてのみ妥当性をもつ(九〇六条参照[19])。

(2)　さて、翻って有体物が妨害物である場合のネガトリア的原則排除は、きわめて自明のことであった（そのわずかな例外は、たとえば越境建築（Überbau）の場合の受忍義務であろう。現行九一二条参照）。だからこそヨホウは、一般に「不可量物」（Imponderabilien）、すなわちガス、蒸気、臭気、煤、煙、熱、騒音、振動等々による干渉作用をイミッシオーンと呼んで、その法的処理のあり方を特に論ずべきものとするのである。その際、イミッシオーン原則禁止か、それともイミッシオーン原則自由か、という選択肢が、さらに重要な意味をもった[20]。

(3)　まずヨホウ草案をみよう。ヨホウは、草案の一〇五条で次のように規定した。

ヨホウ草案一〇五条「土地の所有権者は誰であれ、ガス、蒸気、煙、塵、臭気等々の相隣的導入ならびに騒音、振動、熱の伝達を次の限りで受忍しなければならない。すなわち、それらの作用が不利益を与えず、またその者の土地利用の快適さを妨害しない限りにおいて、あるいはそれらの作用が場所的な慣行にてらして受忍されるのが常であるような限度を越えていない限りで」。

TE-SachR § 105 Jeder Eigenthümer eines Grundstücks hat die nachbarliche Zuführung von Gasen, Dämpfen, Rauch, Staub, Gerüchen und dergl. sowie die Mittheilung von Geräuschen, Erschütterungen und Wärme insoweit zu ertragen, als solche Einwirkungen entweder unnachtheilig sind und die Annehmlichkeit der Benutzung seines Grundstücks nicht beeinträchtigen, oder die Grenzen, in denen dieselben nach örtlicher Uebung geduldet werden pflegen, nicht überschreiten.

この草案規定を、ヨホウ自身どのように理解していたであろうか。すでに指摘したように、ヨホウにとって、相隣関係だからといってストレートに相互受忍義務が引き出されるべきではなく、むしろお互いに自己の所有権領域を保持する義務を承認すること、言い換えるならば〈原則越境違法〉の立場からする相互顧慮義務の承認こそ、その出発点であった。これこそ、いわばヨホウ・ネガトリア請求権論の〈原則性の反映〉であった。したがって、たとえばイミッシオーンによる干渉素材の方向性が、人みずから、あるいは人の道具（Werkzeug）によって直接維持されていた場合には、当然ネガトリア排除の対象となる（Jphow 581）。と同時に、ヨホウはイミッシオーン規定において一つの重要な飛躍を試みようとした。すなわち、当時普通法の代表者の一人であったヴィントシャイトによれば、「作用」（Einwirkung）とは「隣地の自然的性質によって与えられる通常的利用の結果」（die Folge der durch die Natur des benachbarten Grundstücks gegebenen gewöhnlichen Benutzung）として観念されていた。これは、いわばローマ法以来の伝統をもつ古典的相隣関係論からの一つの必然的な帰結と言ってよい。これに対してヨホウは、＜原則越境違法＞に対する例外として、いわゆる「場所的慣行性」要件を導入しようとした。すなわち、たとえば工場地域（Fabrikdistrikt）においては、隣地の工場稼働から生ずる負担（Belästigung）が自然適合的なものでなくとも、なお受忍義務が承認されなければならない、とする（Johow, 584）。このような、「場所的慣行」をイミッシオーンの要件とする自身の草案規定を、ヨホウは「新たな規定」（Die neue Vorschrift）と名づけた。実務家ヨホウは、さしあたりこのような形でローマ法以来の規範的原則と当時の新しい社会的現実との調和を試みた、と言えよう。

(4)　第一委員会は、このようなヨホウ・イミッシオーン規定を積極的に受けとめた。ヨホウ草案における「イミッシオーンの許容性」（das Erlaubtsein der Immission）は、明白でかつ正当なもの、とされた（Beratung 453; : Prot I 3824）。その際、委員会ではイミッシオーンの「直接的導入」（die unmittelbare und direkte Zuführung）を無条件に許容されない（unbedingt unzulässig）ものとして、規定に明記すべきだとするヴェーバーの修正提案が承認された。然るに、さらに同じくヴェーバーによる提案、すなわち「土地の通常の利用における妨害」（eine Beeinträchtigung in der regelmäßigen Benutzung des Grundstücks）の「重大性」（die Erheblichkeit）が検討され、承認された。これはヨホウ・イミッシオーン規定の「不利益を与えない」（unnachtheilig）、あるいは「快適性」（die Annehmlichkeit）等の要件を、産業育成促進の立場から一層押し進める意味をもった。その際、注目しておきたいのは次のことである。すなわち、古典的相隣関係論の枠組みを越えた「場所的慣行」要件自体、すでにこれを第一委員会としても無条件に承認していたところ、たとえば新たな産業部門（neue Industriezweige）や従来存在しなかった建築施設・営業施設（bauliche und gewerbliche Anlagen）等が郊外に（in Gegenden）出現する場合には、この「場所的慣行」要件では適切な対応ができない。このように、ヨホウの想定していた〈規範的原則と社会的現実との調和〉を乗り越えて、第一委員会は、よりあからさまに《産業育成優先論》の立場から「土地の通常利用妨害」の「重大性」要件を取り込んだのである（Beratung 454; Prot I 3827）。こうして次のように第一草案八五〇条が形成された。

第一草案八五〇条「土地の所有権者は、直接の導入によらずに生ずるガス、蒸気、煙、煤、臭気、熱、振動などの侵入または伝達を、それらの作用が土地の通常の利用を重大な過程において侵害しないか、あるいは場所的慣行上の限界を越えない限りで、これを受忍しなければならない」（傍点・川角）。

E I § 850 Der Eigenthümer eines Grundstücks hat die nicht durch unmittelbare Zuleitung erfolgende Zuführung oder Mittheilung von Gasen, Dämpfen, Rauch, Ruß, Gerüchen, Wärme, Erschütterungen und dergleichen insoweit zu dulden, als solche Einwirkungen entweder die regelmäßige Benutzung des Grundstückes nicht in erheblichem Maße beeinträchtigen oder die Grenzen der Ortsüblichkeit nicht überschreiten.

要するにこれは、いわゆる「イミッシオーン自由」（Immissionsfreiheit）に通じる立場を第一委員会が採用したことを意味する（Beratung 452-453; Prot I 3824）。したがって、たとえば「騒音」（Geräusch）は、文言としてこの第一草案規定からはずされてしまったのだが、これについて言うならば、たとえ過度な騒音であっても所有権侵害としては妥当せず、明文の規定があって初めて〈例外的〉に規制されるにすぎない、という立場が「イミッシオーン自由」からの必然的帰結として明瞭に語られている。この点に関する理解が、まずは重要であると思われる（Mugdan 147; Motive 266)。

(5)　これに対して、第二委員会ならびに第二草案の立場は、一般に「イミッシオーン原則禁止」の立場である、と解されている(たとえば注(20)の中山論文参照)。しかしその意味は、幾分錯綜していて多面的な考察を必要とする。さしあたり、要点のみ示せば次のようである。まず、第一草案八五〇条における「土地の通常の利用」への「重大な妨害」という要件は、被妨害者に対して酷である、という評価が下された。すなわち、第二委員会によれば、土地の所有権者がその土地を任意に利用することはそれ自体彼自身の権利にほかならず、その権利を妨害されたならば保護されて当然であるからである。したがって、次の場合にだけ被妨害者は彼の土地への重大な妨害を受忍すれば足りる、とされた。すなわち、イミッシオーンを原因づけている妨害者の行為が、この位置にある土地の場所的諸関係に照らして通常性(Regel)に合致する利用行為である場合にだけ、受忍すれば足りる。加えて、その立証責任は妨害者たる被告がこれを負担しなければならない、とされた(Mugdan 581; Prot II 3533-3534)。たとえば、ここに一人の庭園所有者がいるとして、その庭園が工場地区に隣接していたならば、場所的慣行性に照らし、煤煙などによる重大な妨害もこれを受忍すべきであるが、しかしその庭園が広大な牧草地にあって、新たにそこに隣接して工場が建てられ重大な妨害を受けた場合にはこれを受忍する必要はなく、ネガトリア請求権を行使しうる、という(Mugdan 581; Prot II 3534)。また、「受忍しなければならない」(zu dulden haben)と規定することと「禁止できない」(nicht verbieten können)と規定することは区別されなければならない、とも指摘している。なぜなら、被妨害者たる所有権者は、ある特定のイミッシオーンを禁ずることができないことはあっても、自己の所有権領域において当該イミッシオーンを適法に事実上防止することはなお可能だからである(ibid)。以上の点で、なるほど第二委員会の「イミッシオーン原則禁止」は一定の積極性をもつ、と言わなければならない。しかしながら、「庭園」の例をみても第一草案の立場とそれほど違いがあるとは思えないし、さらにその《産業育成優先主義》については第二委員会の方がより徹底していた、と思われる。私見によれば、その《産業育成優先主義》は「イミッシオーン原則禁止」の旗印をも、いっきょに色褪せさせるものであった。というのは、こうである。実は、第二委員会において後掲第二草案八二〇条末尾にイミッシオーン発生者に対して適切な保護措置（Schutzmaßregeln）をとらせる規定を置くべし、とする修正提案が出された（クニーによる修正提案。Vgl. Beratung 458）。その趣旨は、なるほど国民経済上の利益において産業の発展が優遇されるべきであり、イミッシオーンの受忍も必要であろうが、しかしながら同時に近時の科学技術の進展に伴って本質的にイミッシオーンそのものを緩和する可能性が存在する。したがって、たとえば工場所有地の所有権者（なかでも産業資本家）にこのような保護措置を要求することは十分有り得ることである。これが、その修正提案の立場であった（Mugdan 581; Prot II 8537-8538）。しかし、第二委員会はこれをいとも簡単に拒絶した。その理由は、こうである。

「（第二）草案の立場からすでに自明であるのは、産業目的で利用されている土地の所有権者がそのような保護措置をとるべきであるのは、公法上の諸原則にのっとってもっぱら警察的方法において（im polizeilichen Wege）指定された保護措置の場合だけである。そのような警察的に規定された保護手段を越えるものを工場敷地所有権者に要求することは、憂慮すべき（bedenklich）ことにほかならない。なぜなら、それによって工場敷地所有者は、彼の自由な営業活動に重大な支障を被るからである。（中略）民法（das bürgerliche Recht）には、当該の保護措置を要求するためのいかなる手がかりも存在しない」（Mugdan 582; Prot II 8538）。

こうして、以下の——その文理解釈上、原則イミッシオーン禁止規定とされるところの——第二草案八二〇条が形成された（なかでも、「限りで」と「できない」との〈文理〉に留意すべきである）。

第二草案八二〇条「土地の所有権者は、他人の土地からのガス、蒸気、臭気、煙、煤、熱、騒音、振動の侵入および類似の作用を、彼がそれらによって彼の土地の利用を妨げられないか、または非本質的にのみ妨げられたにすぎない限りで、あるいは、その妨害がこの状態の土地における場所的な諸関係によれば通常である他人の土地利用から生じた限りで、禁止することができない。

特別な誘導による侵入は許されない」（傍点・川角）。

E II § 820 Der Eigentümer eines Grundstückes kann die Zuführung von Gasen, Dämpfen, Gerüchen, Rauch, Ruß, Wärme, Geräusch, Erschütterungen und ähnliche von einem anderen Grundstücke ausgehende Einwirkungen insoweit nicht verbieten, als er durch sie in der Benutzung seines Grundstückes nicht oder nur unwesentlich beeinträchtigt oder die Einwirkung durch eine Benutzung des anderen Grundstückes herbeigeführt wird, die nach den örtlichen Verhältnissen bei Grundstücken dieser Lage gewöhnlich ist.

Die Zuführung durch eine besondere Leitung ist unzulässig.

この第二草案八二〇条は、ほぼそのまま旧九〇六条として成文化された（なお「騒音」〔Geräusch〕という文言が第二草案で復活している点、一応留意しておきたい）。その後、一九五九年一二月二二日の営業法改正とそれに伴うBGBの補充、さらには一九九四年九月二一日の改正法を経て、現行の九〇六条へと変容を遂げたのである。[21]

九〇六条「(1)　土地の所有権者は、ガス、蒸気、臭気、煙、煤、熱、騒音、振動の侵入ならびに他人の土地から生ずる類似の作用を、その作用が彼の土地の利用を妨害しないか、あるいは非本質的にのみ侵害する限りで禁ずることができない。通常、非本質的妨害が存在するのは、制定法ないし行政上の法規命令において確定された限界数値ないし所与の評定数値が、これら法規の諸規定に即して査定され、かつ評価された諸作用によって越えられない場合である。連邦イミッシオーン保護法四八条に基づいて公布され、そして技術水準を反映している一般的な行政法規における諸数値についても同じことが妥当する。

(2)　同様のことは、本質的妨害が他人の土地の場所慣行的利用によって惹起され、そしてこの種の利用者にとって経済的に期待可能な手段によって防止されない限りで妥当する。このようにして所有権者が作用を受忍すべき場合には、その作用がその所有権者の土地の場所慣行的利用またはその収益を期待可能な程度を越えて妨害したことを条件として、他人の土地の利用者に対して金銭での適正な補償を請求することができる。

(3) 特別な誘導による侵入は許されない」。(傍点・川角。なお、現行ドイツ民法九〇六条は参照が容易であるため、本稿では原文表記を省く。)

(17) Chr. A. Hesse, Die Negatorienklage, Ihre Veranlassung und Richtung, Jherings Jahrbücher für die Dogmatik des bügerlichen Rechts, Bd. 8, 1866, S. 82ff. なお、海老原論文(前注(4))におけるヘッセ理解の問題点としては、さしあたり川角・前掲龍谷法学論文(前注(1)末尾)二六頁注(32)及び本書第二章七三―七四頁注(39)参照。さらに本文で指摘した「所有権〈侵害〉の訴」と「所有権の訴」とが、海老原論文の中でどのように的確に理解されているかも、別途問題にされるべきであろう。

(18) 以上の点に関連して、クレッパーは次のように言っている。すなわち、ローマ法源に基づくネガトリア訴権の形成と展開は、十九世紀の三〇年代から六〇年代に至るまで、もっぱら営業法上の展開と競い合う形でおこなわれた、と。Vgl. Kloepfer (前注(12)) S. 46.

(19) Vgl. R. v. Jhering, Zur Lehre von den Beschränkungen des Grundeigenthümers im Interesse der Nachbarn, Jherings Jahrbücher für die Dogmatik des bürgerlichen Rechts, Bd. 6, 1862, S. 81ff. in: ders., Gesammelte Aufsätze aus den Jahrbüchern für die Dogmatik des heutigen römischen und deutschen Privatrechts, Bd. 2. Scientia 1981, S. 22ff. このイェーリング論文については、末川博「イェーリングを中心とした土地所有権の限界に関する研究」『続民法論集』(評論社、一九六二年)所収六四頁以下参照(初出は法学論叢一三巻三・四号(一九二五年))。

(20) イミッシオーン規定の成立過程とその変遷については、中山充「ドイツ民法におけるイミッシオーン規定の成立(一)(完)」民商法雑誌七一巻一号二五頁以下、七一巻二号七八頁以下(一九七四年)、同「今世紀におけるドイツ・イミッシオーン法の発展

㈠㈡(完)」民商法雑誌七四巻二号、四号、六号（一九七六年）、さらに大塚直「生活妨害の差止に関する基礎的考察⑹」法学協会雑誌一〇四巻九号（一九八七年）一四頁以下、秋山靖浩「相隣関係における調整の論理と都市計画との関係㈠」早稲田法学七四巻四号（一九九九年）四一〇頁以下注（12）を参照。

(21)　Vgl. Das Bürgerliche Gesetzbuch mit besonderer Berücksichtigung der Rechtsprechung des Reichsgerichts und Bundesgerichtshofes, 12. Aufl., Bd. 3. 1. Teil §§ 854-1011, 1979, S. 28. ちなみに、近時一九九四年の物権法修正立法（Sachenrechtsänderungsgesetz）に対応する九〇六条への展開については、さしあたり以下の文献を参照。Vgl. V. Kegel Änderung von § 906 I BGB im Rhmen des Sachenrechtsänderungsgesetz, NJW 1994, S. 2599-2600: K, Fritz, Das Verhältnis von privatem und öffentlichem Immissionsschutzrecht nach der Ergänzung von § 906 I BGB, NJW 1996, S. 573-575.

第三節　結　語

以下では、上記本稿考察の要点だけを、「結語」として掲げておく。それをごく単純化して示せば、次のように言えよう。

①　ドイツ民法典形成過程の準備期、十九世紀中期から後期におけるネガトリア請求権論の特徴点は、一方でプフタ＝ヴィントシャイト流の「所有権の部分的侵害」概念に基づくヴィンディカチオーンの補完的請求権としてのネガトリアの消極的位置づけであり、同時に他方で「権利侵害」アプローチからの必然的所産としてのネガトリア請求権の不法行為法的原状回復請求権への転化を可能とする《要件的開放性》の形成であった。

②　ヨホウは、このような当時の支配的見解に鋭く対峙し、ネガトリア請求権の——けっして「所有権〈侵害〉の訴」としてではないところの——「所有権の訴」としての性格規定を明確化しようとした。それは、たとえばネ

ガトリア請求権がもっぱら＜現在の客観的な権利状態のズレ＞を矯正するためのものとして位置づけられ、主観的要件としては故意・過失要件からの、客観的要件としては過去の権利侵害に基づく損害モメントからの明確な切り離しが主張された。また、懸案であった妨害施設の善意譲受人の費用負担によるネガトリア責任が、暫定的ながらも一応理論的に根拠づけられた（ただし、ヨホウが違法容態に焦点を定めることによって、＜行為不法論＞への歩み寄りをも示していた点は、冷静に吟味されなければならない）。

③　これに対して、その後の民法典編纂過程においては、とりわけ第一委員会によってネガトリア要件の変造がはかられ、基本的に①で示した普通法の支配的学説（プフタ及びヴィントシャイト的見解）に即応したネガトリア請求権へと「偽造」されていった。妨害施設の善意譲受人のネガトリア責任を肯定した点では、ヨホウ草案の見地を正しく継承しつつも、それを＜給付義務＞として位置づけたため、あらためて物権的請求権と債務法上の請求権との不当な混同の余地を与えることになった。したがってそれは、今日、ネガトリア請求権論における混迷の源泉ともなった。[22]

④　しかしながら、そこではネガトリア請求権規定からの営業法的規定の排除がはかられることによって、社会的モメントからの離脱とその意味でのネガトリア規定の＜純粋市民法化＞が追求された。しかし、そのような＜純粋市民法化＞自体になお内在する社会的政治的性格は別途問題にされなければならない。

⑤　そのようなネガトリア規定における＜純粋市民法化＞の埋め合わせに対応するかのように、イミッシオーン規定においてはあからさまな社会的モメントの顧慮、とりわけ《産業育成優先主義》とでも言うべき立法論的配慮が強調された。にもかかわらず、その文言上イミッシオーン原則禁止を踏まえた制度的な規定として結実した。戦後の連邦イミッシオーン保護法の展開と対比しつつ、市民法上のイミッシオーン規定のあり方と共に、さらにネガトリア請求権を精緻化することが、これからの課題となるだろう。[23]

もちろん、このような本稿での考察は、今後さらに補完され、修正されるべき限界性や問題点をもつ。とはいえ、筆者の管見したところ、ヨホウ物権法草案にまで掘り下げられ、しかも近時ドイツで新たに編集された『逐条・審議資料集成』をも加味した基礎的研究は、本格的な意味では、わが国においていまだ不十分であったように思われる。(24) その意味で、本稿が、なにがしかの存在意義を担うことができるとしたなら、幸いと言わなければならない。

(22)　この論点について、一言指摘しておきたいのは、次の点である。たとえば、ピッカーは、妨害費用負担の原理をもって決して不法行為法的なサンクションではないとしつつ、しかし同時に当該費用負担を一種の〈給付義務〉としてとらえているということが、それである。すなわち、ピッカーは、妨害者が自己の費用負担でもって自己の権利領域のズレを矯正することは、もっぱら自分自身のための投資にほかならず、その意味でなお〈給付義務〉である、とするのである。Vgl. Picker（前注(6)）S. 167 und 170. このピッカー説をヨホウの確認訴訟的ネガトリア請求権と理論的に結合する場合、もしかすると「確認の利益」を統合した新たな〈給付の訴え〉の一類型を構想できるかもしれない。したがって、わが国民事訴訟法学上、すでに克服されたとされるものの、いわゆる「確認訴訟原型」説の物権的請求権に呼応した独自の「給付の訴え」展開の途は、なお閉ざされてはいないように思われる。この点、本稿一八九―一九〇頁注（6）及び二九八頁注（146）もみよ。

(23)　一般論にとどまるものの、この点を指摘する文献として、以下のものを参照。Vgl. Kloepfer, Zur Rechtsumbildung durch Umweltschutz, 1989, S. 4ff.; J. W. Gerlach, Privatrecht und Umweltschutz im System des Umweltrechts, 1989, S. 177ff.

(24)　ドイツでは、ごく最近レンナルツ（A. H. Lennartz）が部分的ながらドイツ民法典の立法資料（『逐条・審議資料集成』など）にも踏み込んだ考察を試みている。Vgl. Lennartz, Störungsbeseitigung und Schadensersatz――Rechtachtungsanspruch und Restitutionsanspruch als Grundformen rechtlicher Inanspruchnahme――(Peter Lang) 1998, S. 50ff. bes. S. 81ff. しかし、レンナルツの視点は、もっぱら「行為不法」論の立場からする立法資料の「文法」的解釈に拘束されているし、またイミッシオーン規定との関連性は全く視野の外に置かれている。なお、わが国におけるイミッシオーン規定研究の現況については、本稿前注（20）所掲の諸論文を参照。

第四章 ドイツ民法典制定の前過程における ヴィントシャイト物権的請求権論

——その「光と影」[1]

第一節 序論

一 ひとつの設例から

(1) たとえば、Aが所有する乗用車をBが盗みだし、乗り回したあげく、C所有地に放置した、としよう。この場合、CはAに対して、いかなる法的根拠により、いかなる法的請求が可能か。逆に、Aは、いかなる法的根拠により、いかなる法的責任を、Cに対して負うのだろうか。[2] 言い換えるならば、Cは、善意・無過失のAに対して、Aの費用負担による物権的「妨害排除」請求権を行使しうるか。これに対して、Aは、善意・無過失のCに対して、Cの費用負担による物権的「返還」請求権を行使しうるか。さらに、この両方の請求権が「衝突」する、ということになるのか。そもそも、物権的請求権における費用負担問題につき、「行為請求権説」に立つべきか、それとも「忍容請求権説」に立つべきか。いわゆる「責任説」は、どのように位置づけられるべきか、等々。これら基本的問題に関して、わが国では、次のように見解が分かれる。[3]

(2) 判例・通説は、相手方（妨害者）の費用負担で物権的請求権を行使しうる、とする。いわゆる「行為請求権説」である。そして、その妨害を相手方が惹起した場合のみならず、第三者の行為による場合であっても、相手方が当該妨害を除去しうべき地位にあれば同様に解する。[4] とはいえ、例えば「庭に飛び込んできた物や盗人が置き去りにした自動車」の場合など、「相手方が目的物に対する自分の支配を解き、所有者が自分で目的物を持ち去ることを忍容しただけで、所有者の目的を達する場合（中略）には、相手方は、それ以上の義務を負わないと解すべきものと考える。けだし、かような場合には、所有権者の直接的支配の障害はこれによって完全に除去されたと見るべきだからである」、とする学説もある。[5] この見解では、一応「行為請求権」として筋が通されているようだが、設例でのCの妨害排除請求権に対するAの返還請求権の「衝突」可能性を、必ずしも否定しきってはいない。[6] 行為請求権の「原則」に対する忍容請求権の「例外」でもって処理しようとするからである。[7]

(3) 以上の判例・通説に対して、忍容請求権説（純物権説）ないし責任説が対峙している。すなわち、物権的請求権とは物権の一作用であり、それは物に対する追及権にとどまり、人に対する権利ではない、とする。それゆえ、常に被妨害者（所有権者）自身が回復行為をすべきであり、つまりはそのための費用を負担すべきであって、妨害者に対して請求しうるのは妨害回復の忍容だけだ、という。要するに妨害者は、被妨害者の回復行為を消極的に忍容すれば足りる、とされるのである。[8] この立場からは、例外的に妨害者自身が費用負担義務を負うのは、彼に不法行為責任がある場合に限られることになる。これを受けて、さらに忍容請求権説の「理論化」を図ったと目されるのが、川島武宜教授の「責任説」であった。[9] そこでは、文字通り物権の「支配」的側面と「責任」的側面とが対比され、後者はもっぱら「不法行為責任」とリンクされている。[10] しかも、この責任説において「物権的請求権の訴権法的性質」が強調されていることは、注目されておいてよい。[11] そして、この責任説において、設例における物権的請求権の「衝突」が肯定され、問題とされたわけである。[12]

(4)　現在の有力説では、判例・通説の弱点が補強され、理論的に「行為請求権説」が貫徹されようとする。[13]設例にそくして言えば、こうである。Ｃの妨害排除請求権に対してＡの返還請求権が直ちに成立することは、そもそもない。なぜなら、Ａの返還請求権は、Ｃが、Ａの所有権たる乗用車の占有を開始して、初めて認められるものであるからである（これに関連して、なんらかの理由によりＣがＡの乗用車引取りを拒絶した場合も、Ｃに「占有あり」と認定されよう）。もしＣが、そのような占有を開始したなら、そもそもＣのＡに対する妨害排除請求権は成立しないからである（その場合、Ｃは「妨害」を受けてはいない、と解すべきことになる）。そうでない限り、Ｃの妨害排除請求権だけが成立するのであって、Ａの返還請求権は成立しない。Ａは、Ｃに対して「自分の乗用車を引き取りたいから、あなたの所有地に立ち入らせてほしい」という、いわゆる捜索物引取請求権（Verfolgungsanspruch）を行使しうるにすぎないからである。[14]

二　本稿の目的と構成

(1)　本稿は、上記(4)で示した今日の有力説を、より理論的に深化させることに、その目的が置かれる。その際、本稿の中心的な着眼点は「請求権論の見直し」である。言い換えるならば、物権的請求権の、「請求権」としての独自性を明らかにすることによって「行為請求権」としての基本的性格を、より一層理論的にリファインしていきたいと考える。それは、同時に「物権」そのものの「支配権」としての性格を吟味し直すことでもある。これはすなわち、前注（7）でも指摘したように、物権の「本質」からは、むしろ忍容請求権ないし責任説の方が理論的には適切である、とするわが国通説そのものの「妥協的性格」を根本的に再検討することにつながる。

(2)　そのようなモティーフのもと、さしあたり本稿で考察の対象とされるのは、ヴィントシャイト請求権論の、いわば「光と影」である（第二節）。それを明らかにした上で、「請求権」論に視座を求めつつ、とりわけ物権的妨害排除「請求権」のあり方にそくして、物権的請求権の独自性を解釈学的に解明していきたい（第三節）。最後に、本稿考察のまとめと今後に残された課題を明らかにする（第四節）。

（1）　本稿は、筆者がドイツで公表した Yoshikazu Kawasumi, Von der römischen actio negatoria zum negatorischen Beseitigungsanspruch des BGB, 2001, Nomos Verlagsgesellschaft, S. 127-151 をもとに、それを大幅に補充・修正したものである。

（2）　ここでは、BがAやCに対して負う不法行為責任や不当利得責任は一切度外視して、A―C間の物権的請求権だけを対象に、考察する。

（3）　好美清光「物権的請求権」舟橋諄一＝徳本鎮編『新版注釈民法(6) 物権(1)』（有斐閣、一九九七年）所収一〇三頁以下が、詳しい。最近の著作としては、松岡久和『物権法』（成文堂、二〇一七年）三五頁以下が、手際のよい概観を与えている。筆者も、この点につき考察したことがある。川角「近代的所有権の基本的性格と物権的請求権との関係（二・完）」九大法学五一号（一九八六年）二八頁以下。ここでは主として、好美教授の整理を参考にした。

（4）　リーディングケースとして、大判一九一六年（昭和五年）一〇月三一日民集九巻一〇〇九頁以下参照。この判決で大審院は、原告（建物所有者）Xの賃借人である第三者Aが被告Y所有の機械を当該建物に取り付け、賃貸借契約終了後もその機械を除去しないため、XがYを相手取ってYの費用負担での機械の収去を請求したところ、Xの請求が認容された。

（5）　我妻栄（＝有泉亨・補訂）『新訂物権法』（岩波書店、一九八三年）二六五頁参照。

（6）　我妻・前注（5）二六四頁では、甲の土地に丙が何らかの権限なく建物を所有する場合、「土地が建物を妨害しているのではなく、建物が土地を妨害している」として、甲と丙の「物権的請求権」の「衝突」を一応否定している。ただし「妨害排除請求権」と「返還請求権」との衝突可能性を法理論的に否定しきっているわけではない、と思われる。なお、後注（7）も参照されたい。

（7）　たとえば、我妻・前注（5）二六四頁では、「物権の本質は目的物に対する直接の支配」にとどまるのであり、物権的請求権が「目的物が他人の支配内にある事実によって直接的支配が妨げられる場合に生ずるものである」ことからすれば、忍容請求権説ないしそのメタモルフォーゼとしての責任説も「極めて有力」、とする旨の記述をしている。その上で、物権が侵害され、「他人との関係」を生ずるがゆえに、物権が「その他人の行為を要求する権利に変更すると解することは、決して悖理ではない」（我妻・前注（5）二六五頁）という。そうすると、物権的請求権は、結局のところ、その「他人」たる妨害者の侵害「行為」（作為ないし不作為）を原因として初めて妨害者の積極的な排除行為を請求することができるにとどまる、とする考え方へとつながりかねない（その行き着く先は、結局のところ「責任説」であろう）。

（8）近藤英吉『物権法論』（弘文堂書房、一九三四年）三頁以下、同「隣地崩壊の危険と土地所有者の豫防義務――物権的請求権の効力」法学論叢三〇巻（一九三四年）一三〇頁以下の立場が典型的である。

（9）川島「物権的請求権に於ける「支配」と「責任」の分化（一）（二）（三・完）」法学協会雑誌五五巻六号二五頁以下、九号三四頁以下、一一号六七頁以下（いずれも一九三七年）。この、川島責任説における妨害排除と損害賠償との混同、すなわち「原状回復」概念の曖昧性については、つとに原島重義「わが国における権利論の推移」法の科学四号（一九七六年）五四頁以下、特に八四頁以下（同『市民法の理論』〔創文社、二〇一一年〕四八六頁以下）が、明晰に批判している。

（10）川島『所有権法の理論』（岩波書店、一九四九年）一二七頁参照。そこでは「契約」も「責任」根拠とされているが、重点はあくまで「不法行為責任」に置かれている。

（11）川島・前注（9）「物権的請求権に於ける「支配」と「責任」の分化（三・完）」法学協会雑誌五五巻一一号七五頁以下参照。

（12）川島・前注（10）一二七―一二八頁参照。ただし、そこでは「不可抗力によって建物が隣地へ崩壊した場合」が問題とされている。

（13）好美・前注（3）一六五頁以下参照。これに対して最近、たとえば内田貴『民法Ⅰ（第四版）総則・物権総論』（東京大学出版会、二〇〇八年）三七一頁以下では、改めて「行為請求の衝突」が問題とされ、一般論としては「忍容請求権説」はまことに鋭（い）としつつ、被妨害所有権保護の立場から一定の場合（妨害者の行為によって侵害が生じた場合など）には行為請求権説を承認しながらも、結局のところ「請求の相手方の行為によらずに侵害が発生した場合には、原則として忍容請求権と考えるべきだろう」（三七二頁）という。一種の典型的な「揺れ戻し現象」と言ってよかろう。

（14）　ドイツでは明文で規定されている（ドイツ民法一〇〇五条）。この点、すでに好美・旧版注釈民法（一九六七年）七三頁、原島・前注（9）八三頁に、具体的な指摘がある。なお、好美・前注（3）一六七頁では、ドイツ民法一〇〇五条が占有に関する八六七条を準用していることを踏まえ、捜索物引取請求権は物権的請求権の一類型ではなく、「占有訴権」の実質をもつ、とされている。

第二節　ヴィントシャイト請求権論の「光」

一　問題提起

まず、次のように問題を提起してみよう。すなわち今日、ドイツのみならずわが国でも、請求権論において、ヴィントシャイトの請求権論は決定的な影響力を行使してきた（特に「債権」的請求権について）[15]。これに比べ、こと「物権」的請求権論においてヴィントシャイトの影響が小さいのはなぜであるのか、と。ただし、ここで「小さい」といっても、「無視できる」と言っているわけではない。むしろ、ヴィントシャイトの「請求権論」が一般に大きな影響力をもつこともあって、彼の物権的請求権論も暗黙のうちに無視できない影響力を行使してきたのである。しかし、それにもかかわらず、ドイツと同様にわが国でもヴィントシャイトの物権的請求権論は判例・通説の採用する立場とはなっていない。それはなぜか、と問いかけたいのである。このようなモティーフのもと、請求権論におけるヴィントシャイト理論の「光と影」を、次に浮き彫りにしよう。

二 ヴィントシャイト請求権論の前提

(1) 歴史の大きな展開の中で、請求権論が息づいてきたのは、ほんの一五〇年ばかり前からのことである。それまでは、およそ西洋的法伝統のもとで、訴権（actio）ないし訴権法的思考（das actionenrechtliche Denken）が支配的であった。現在でも、請求権と訴権との関係は、たとえば「実体法と訴訟法との関係」において問題とされるし、たとえば訴訟物論争は実体民法上の請求権競合論と、いわば不可分一体の関係にある。近代法上、市民の権利義務に関する紛争が、最終的には国家の司法権によって、平たく言えば裁判所の判決によって解決されるというシステムを採用していることを踏まえるならば、訴権法的思考（端的に言い換えるなら「裁判官法」= Richterrecht）が優位に立つことも、ある意味ではやむを得ない側面をもつ、とも言える。しかしながら、市民が自主的にみずからの生活関係を法的に形成し（法関係 = Rechtsverhältnisse の自律的形成）、それに対して自己責任を負うという市民法の「実体」（広義の「私的自治」= Privatautonomie）[16] を、法 = ルールとして尊重し、かつそれを法的思考の前提とする限り、「実体法」的思考の独自的存在性は、より必然的なものと言わざるをえない。それを、ヴィントシャイトは、その請求権論形成という課題を通じて明らかにした、と言えよう。[17] まずは、このヴィントシャイト請求権論の「光」の部分に焦点を当ててみよう。ただしそのためには、なにゆえヴィントシャイト請求権論に「光」の部分が認められるべきかについて、ある程度前提論的なことを述べておかなければならない。

(2) 周知のように、ローマ法では、actio = 訴権なくして「権利」を語ることはできなかった。たとえば、設例では、Aが乗用車の所有権をもつといったり、あるいはCが土地の所有権者だということを前提にしている。しかし、ローマ法では、AやCがまずはそのように自己の所有権を「主張」するだけであって、訴権を行使した結果それぞれ所有権者と認識されない限り、法的に所有権を有することにはならない。つまりは、ローマ法上問題となったのは、そのような意味での「相対的」所有権であり、けっして実体法的な所有権ではなかった。訴権、なかでも

rei vindicatio あっての「所有権」であった。そして、その rei vindicatio が常に相手方による contra vindicatio にさらされる以上、ローマ法上の所有権自体「訴訟法的な存在」でしかありえなかった。[18] ローマ法以後、中世法においても、[19] また近世普通法においても、[20] さらには近代の「歴史法学派」のもとでも、[21] 基本的に訴権法的思考が支配的であった。実体法的思考の芽生えがあっても、それはあくまで訴権＝actio の思考形式を媒介にして表現されるにとどまった（前注(20)、(21)参照）。近代市民革命後（ドイツでは一八四八年「市民革命」の後）、あるいはそれと並行して初めて、「請求権」（Anspruch）が法的に観念され、形成された。[22] しかもそれは、もっぱらドイツ法学の思考的・理論的所産として歴史上初めて生み出されたのである。[23] その旗手こそ、ヴィントシャイトであった。

三　ヴィントシャイト請求権論の「光」

(1)　ヴィントシャイトが、その『アクチオ論』[24] によって初めて「請求権」概念を打ち立てたのは、一八四八年のドイツ市民革命後、一八五六年のことであった。むろん、ヴィントシャイトが、一八〇七年以降のシュタイン＝ハルデンベルクの改革や一八四八年のドイツ市民革命を、ひとりの法学者として、主観的にどのように受けとめていたか、これは別途考察を要する法史学的課題といえよう。[25] しかし、いずれにせよヴィントシャイトの「主観」を越えて、ドイツ私法学の「客観的」課題として「訴権から請求権へ」というテーマが存在したことは事実であった。すでに指摘したように、一九世紀初頭のドイツでは、あくまで訴権＝actio の思考形式によって拘束されていたとはいえ、すでに実体法的思考が根強く芽生えていた。すなわち「（ドイツ）普通法は継受ローマ法であることの制約から、実体法規は、常に、ローマ法の個別的アクチオの規定を通してしか認識され得ないものであり、そのため、訴訟法と私法（実体法）との分離は徐々に行われたにすぎず、私法的制度が訴訟法的衣裳でおおわれ、アクチオ的粉飾が施されているのである」。[26]

そのような前提のもとで、ヴィントシャイトは、以下のようにして、みずからの「請求権論」を確立した。

(2)　この時期、まずヴィントシャイトは、法実務（praxis）が当時実際に必要としたことを正当に評価しようした。とりわけヴィントシャイトは、みずから歴史法学派の継承者であることを認めつつも、ローマ法源の歴史的な取り扱い（die geschichtliche Behandlung der römischen Quellen）を敢然と放棄し[27]、もっぱら現在にとって実用化可能なローマ法源の組み入れ方法を探求した[28]。その意味で、ヴィントシャイトはサヴィニーの正統な後継者であった。とりわけヴィントシャイトは、主観的権利論においてサヴィニーの見解を直接的に受け継いだ。すなわち、私法秩序が「市民各自に一定の領域内で自由な活動を保障する」という任務（die Aufgabe, „jedem Bürger innerhalb einer gewissen Sphäre freie Bewegung zu sichern"）をもつ[29]、という認識において、サヴィニーとヴィントシャイトは一致していた。このような見解は、必然的に「実体的私法と国家的訴訟法との分離」（dei Trennung zwischen dem materiellen Privatrecht und dem staatlichen Prozeßrecht）を要求してやまなかった。ヴィントシャイトは――あくまでその主観は別としても――客観的にはドイツ市民革命の息吹を受けとめる形で、サヴィニー私法理論、特にその主観的権利論を前進させた。その、ひとつの、しかし大きな成果が「請求権論」であった。この論点に関して、ヴィントシャイトは、まずはローマ法の特徴を、端的に次のように定式化している。――まずなによりも、ローマの法秩序は「裁判上追求された請求の秩序であって、（実体的な）諸権利の秩序ではなかった[30]」。つまりローマ法では、裁判上の請求の前提として、あくまで実体的権利が法的に観念されることはなかった。その結果、actio は、権利の派生物ではなしに（„nichts Abgeleitetes"）、むしろそれ自体「原生的で独自なもの」（„etwas Ursprüngliches und Selbständiges"）であった[31]。かくして「権利」は、訴訟（なかんずく勝訴判決の確定）を通じて初めて語られた。かつまた、それゆえにこそ、訴権法的思考がそこで支配的だったのである[32]。このような訴権法的思考こそ、一九世紀にいたるまで法制度的に根強く息づいてきた。すでに述べたように、これはある種普遍的な法現象であった。同時に、歴史被規定的に特殊な法現象でもあった。したがって、かかる訴権法的思考に対し、ヴィントシャイトは、一九世紀中頃の時点で次のような見解を示した。すなわち「今日の法意識にとっては、権利こそが第一次的なものであって、訴権はそれに従属するのである。権利は〈生み出すもの〉であるが、それに対して、訴権は〈生み出されたもの〉である」[33]（„Für das heutige Rechtsbewußtsein ist das Recht das Prius, die Klage das Spätere, das Recht das Erzeugende, die Klage das Erzeugte.“）。つまりは、今日の法秩序は「権利の秩序」（„die Ordnung der Rechte“）である、と。[34]

(3) その際、特に注目に値するのは、ヴィントシャイトがローマ法上の訴権法的思考と対決するにあたってサヴィニー流の権利侵害概念（Rechtsverletzungsgedanken）を克服しようとした、ということである。それは、一体どういうことを意味するのだろうか。ヴィントシャイトによれば、サヴィニーがきわめて端的な形で定式化したところの、権利の侵害によって生み出された裁判上の保護を求める権利（das durch die Verletzung eines Rechts erzeugte Recht auf gerichtlichen Schutz）を、もっぱら訴権（Klagsrecht）として理解すること、すなわち訴権をして、権利が侵害されたことによって転化するところの（裁判上の）権利と理解することは当時の支配的見解であった。[35] サヴィニー自身に聞くならば、「権利侵害から生ずる関係」（das „aus der Rechtsverletzung entspringende Verhältniß“）こそが事実上「訴権」を意味した。[36] すなわち「このような一般的立脚点から、あらゆる訴権のもとで前提とされる二つの条件が挙げられることになる。すなわち、権利それ自体とその侵害である。まず、権利そのものが欠けていれば権利侵害は想定不可能である。また、権利侵害が欠けていれば、権利は訴権という特別な形姿をまとうことはできない」[37]。すなわち、サヴィニーにおいては、すでに訴権発生の前提となる「権利」が承認されていたわけであり、これはつまりは権利の実体法的把握にほかならない。[38] ただし、サヴィニーにあっては、なお形式上訴権法的思考が維持されていることに変わりなかった。そこを、ヴィントシャイトは突いた。すなわち、ヴィントシャイトは、当時の支配的見解によって刻印されていた訴権＝actio に、実体法上の形態を与えようとした。ヴィントシャイトによれば、こうである。[39] ローマ法上のアクチオは、今日われわれが「訴権」として理解するもの、つまり侵害された権利の保護手段ではない。そうではなく、権利の独自の表現であり、むしろ「権利の主張」（Rechtsanspruch）である。それゆえ、ローマ法が actio という用語で表現したものを、われわれの法観の用語に置き換えること（in die Sprache unserer Rechtsanschauung zu übertragen）が、必要である。そうして生み出されたのが、実体法と訴訟法との分離貫徹であり、その象徴的存在としての「請求権」（Anspruch）概念であった。これは、本稿の理解によれば、ヴィントシャイトの主観を超えて、彼がドイツ市民革命の「精神」を法的に受けとめた理論的営為の客観的な所産にほかならない。ヴィントシャイト請求権論の「光」が認められるのは、まさしくここである。

四　ヴィントシャイト請求権論と私法的訴権説

(1)　以上のように、ヴィントシャイトが実体法と訴訟法との分離を貫徹し、それに対応して請求権概念を生み出したのだとするならば、論理的には、「訴権」は訴訟法に帰属し、よっていわゆる「公法的訴権論」が採用されるはずであった、とも言えよう。[40] しかし、実はそうはならなかった。ヴィントシャイトが採用したのは従来型の「私法的訴権論」である、とされる。[41] そのズレをめぐって、公法的訴権論に立つムーター[42]との論争が展開された。ここではまず、ヴィントシャイトの私法的訴権論の構造を確認しておこう。そのことを通じて、われわれは、ヴィントシャイト請求権論の「影」をたどることになろう。以下、まず奥田昌道教授による整理を借りた上で、本稿独自の考察をそれに付加するという手法をとりたい。ヴィントシャイト請求権論における私法的訴権論の構造とは、こうである。

(2)　従来の普通法学説が、権利侵害から直ちに「その侵害除去のための裁判上の保護を求める権利（訴権）が生ずるとみた」のに対して、ヴィントシャイトは、「この訴権の前段階として請求権を考え、訴権は、この請求権の侵害（不履行）によってはじめて生ずるものとみる」[43]。これを債権と物権との対比にそくして言い換えるならば、次のようになる。すなわち、対人的請求権としての債権においては、債務者の給付拒絶の場合には、債務者に対する「訴権」が発生する。これに対して物権においては、物権侵害によって「まず侵害の除去を求める権利（請求権）が発生し、この請求権は、その満足が拒絶されたときに訴権となる」[44]。要するに、債権であれ物権であれ、侵害者に対する関係で権利侵害があれば、まずは履行請求ないし侵害除去請求を内容とする「請求権」が発生するところ、それが拒絶された場合には、「侵害者の意思と権利者との意思との衝突」が生じているわけであるから[45]、「裁判上の救済の直接的賦与」、すなわち「訴権」が私法上実体的に承認される、とするのである[46]。これは、一見したところ説得力をもちそうである[47]。ところが、このような形でヴィントシャイトの私法的訴権論の構造を維持する限り、論理的には、当該「訴権」は、あくまで侵害の当事者（＝「侵害者」）に私法的に向けられることになる。なるほど、この「訴権」を、「請求に応じなければ裁判所に提訴する」という、相手方に対する「訴求権」としてとらえるかぎりでは、「訴権」を実体私法上の権利として観念することも、あるいは可能であるかもしれない。しかしながら、この「訴権」を、国家司法機関に対する審判開始請求権として捉えると、おかしなことになる。なぜなら、その意味での「訴権」とは、法的性質上「公法的」なもの、と考えられうるからである。すなわち、実体的な私法上の権利を最終的に国家機関が保護するための手段として、「訴権」が構成されるのであり、その意味での訴権とは「公法的訴権」ということになる[48]。「公法的訴権論」の評価もさらに問題となりうるが、さしあたりここでは、ヴィントシャイト請求権論が、結局は従来型の「私法的訴権論」の立場を維持した点のみ確認するにとどめておく。

(15) なかでもドイツ民法典では、「ヴィントシャイトの絶大な影響のもとに、請求権概念」が「彼の与えた定義そのままに採用された」とされる。さしあたり、奥田昌道『債権総論（上）』（一九八二年）九頁参照。さらに、潮見佳男「前注（§§ 399–724

〔債権〕）」奥田昌道編『新版注釈民法⑽Ⅰ債権⑴』（有斐閣、二〇〇三年）五頁も参照。

（16）私的自治は、一般に「契約自由」とほぼ同義だとされたりする。しかし、私的自治を広義に捉えるならば、それは法的人格の平等をはじめ、所有権自由や契約自由さらには過失責任主義まで包括するところの、古典的市民法の第一次的基本原理と言えよう。たとえば、原島重義「民法理論の古典的体系とその限界」山中康雄先生還暦記念論文集『近代法と現代法』（法律文化社、一九七三年）一二二頁以下（同・前掲書〔前注（9）〕八頁以下）では、「私的自治の原則」が「個人人格の自律的な展開を可能にする自由」の表現として捉えられ、そのもとで主観的権利（das subjektive Recht）やその担い手による法律行為、不法行為、さらには法的人格概念などが「私的自治」そのものの内に包摂されている。ちなみに、契約自由と私的自治とを区別するという点では星野英一教授も同じである。星野「現代における契約」岩波講座『現代法8・現代法と市民』（岩波書店、一九六六年）所収、星野『民法論集第三巻』（有斐閣、一九六八年）五四頁以下参照。なおこの点、原島教授の指摘を参照。原島「契約の拘束力――とくに約款を手がかりに」法学セミナー一九八三年一〇月号三四頁（同・前掲書六二八頁以下）。

（17）以下、本稿におけるヴィントシャイト請求権論の考察は、先行業績として、奥田昌道『請求権概念の生成と展開』（創文社、一九七九年）に負うところが大きい。ただし、筆者独自の評価観点を、できるかぎり加味したつもりである。

（18）たとえば、吉野悟『ローマ所有権法史論』（有斐閣、一九七二年）一〇頁、川角「ローマ法における所有権保護訴権の「形成」とその意義」松井宏興＝岡本詔治・牛尾洋也編『借地借家法の新展開』（信山社、二〇〇四年）二三七頁、二六三頁注26、27（本書第一章一四―一五頁注（26）（27））参照。ちなみに、カウフマンによれば、ローマ法自体が実体法と訴訟法との区別をまったく知らなかったわけではない。ただし、その区別は、ローマにおける法秩序の基底的な区分原理に（zum grundlegenden Einteilungsprinzip）まで高められることは、決してなかった。要するに「（ローマ）古典期の法秩序についての展開史を根拠とするならば、ローマ人の法観念は、全く圧倒的に次の問題、すなわち法務官（Prätor）が審判人（iudex）の名において、侵害者に対する被侵害者への訴え保護（Klagschutz）をactioの付与によって与えるかどうか、という問題に向けられていた」。Vgl. Horst Kaufmann, Zur Geschichte des aktionenrechtlichen Denkens, JZ 1964, S. 482 ff. bes. S. 483 rechte Spalte.

（19）Vgl. Kaufmann (oben Fn. 18), S. 484 ff. ちなみに、中世法では、「地域の慣習に従って」（secundum consuetudines regionis）、社会的実体の訴権法的思考自体への取り込みがなされたのではないかという推測は、一応なされてはいる。しかし、あくまで一般的には「中世ローマ法学は徹頭徹尾訴権的な思考によって刻印」されており、したがって所有（dominium）じたい「物に対する支配を意味せず、そうではなく訴権的な概念であり、実際には rei vindicatio と端的に同一なものである」とされる。守矢健一「書評：Maximiliane KRIECHBAUM, *Actio, ius und dominium in den Rechtslehren des 13. und 14. Jahrhunderts.* (Abhandlungen zur Rechtswissenschaftlichen Grundlagenforschung 77), 1996, 466 S.」国家学会雑誌一一六号一＝二号（二〇〇三年）一九一頁以下、一九四頁以下、一九八頁以下参照。

(20) Vgl. Andreas Kollmann, Begriffs- und Problemgeschichte des Verhältnisses von formellem und materiellem Recht, 1996, S. 146 ff. ただし、「人文主義」(Humanismus) や、その後の「パンデクテンの現代的慣用」(Usus modernus pandectarum) の時期を経て、「自然法」(Naturrecht) の段階にいたると、理念的に「訴訟法と実体法との分離」が進み、actio 自体の中に実体法的内容が取り込まれていく状況が見られる。Vgl. Kollmann, a. a. O., S. 430 ff., S. 457 ff., S. 497 ff. とはいえ、あくまでも actio 的法思考に拘束されていたという事実に、変わりはない。なお、中世以降の商品経済の進展や啓蒙期自然法思想の展開などとの関連でコルマンの業績を独自に分析することを含め、今後に留保すべきことが多い。

(21) Vgl. Kaufmann (oben Fn. 18), S. 487 ff.; Kollmann (oben Fn. 20), S. 500 ff. カウフマンによれば、とりわけサヴィニーにおいて、すでにいわゆる「実体法的」訴権法（ein sogenanntes materiellrechtliches Aktionenrecht）が構想されていた、とされる。Siehe Kaufmann, S. 488 linke Spalte; auch Kollmann, S. 531 ff. なお、サヴィニーの訴権論に関するわが国の業績として、児玉寛「サヴィニーにおける古典的民法理論」法政研究五〇巻三＝四号（一九八四年）六七頁以下、特に七六頁以下を参照。

(22) その典型的な立法例が、ドイツ民法典（ＢＧＢ）である。ただし、ドイツ民法典においても「随所にアクチオ法的構成の残滓がみられるのではないか、もしそうだとすれば、ドイツ民法典における実体法体系確立の不徹底さは何に由来するのか」などと指摘されている点に留意しておきたい。奥田・前注（17）四頁参照。ちなみに、近代市民革命の代表的法典とされるフランス民法典では、むしろアクチオ法的思考が支配的であることは、もっと注目されておいてよい。要するに、ことの核心は、近代市民革命の徹底さとか政治革命の質的差異だけでもって、ただちに法的観念形態のありかたが決定づけられるわけではない、ということである。この観点が、すでに、たとえば原島重義教授の市民法学の出発点をなすことは忘れられてはならない事実である。たとえば、「無因性」概念の研究に際して、原島教授は次のように言っている。——「法は上部構造としてその経済的土台に究極的には規定されるものとはいえ、下部構造から直接には説明できないということ、つまり、法はそれ自身の中にも発展のモメントをもっているということを、できるだけ具体的なかたちで確かめること」が、そこでの基本的課題のひとつであった、と。原島「「無因性」概念の系譜について――「無因性」概念の研究　その一」九州大学法学部創立三〇周年記念『法と政治の研究』（有斐閣、一九五七年）四五三頁参照。

(23) 前注（22）でも指摘したように、「後進的・妥協的」ドイツにおける「請求権論」の生成と「先進的・革命的」フランスにおける「訴権」的法思考による被拘束性との対比は、もしかするとパラドキシカルな意味で「市民階級の政治権力獲得のフランス的・ドイツ的過程の問題等に連なって行く」と考えることもできよう（原島重義「法哲学というもの」原島『民法学における思想の問題』（創文社、二〇一一年）第二部第一章第三節所収参照、初出・九州大学法律研究会「法律学研究」一一号（一九五六年））。これは、とりもなおさず、ハインリッヒ・ハイネが端的に述べたように、「フランスの政治革命」と「ドイツの思想革命」とが「同じ重要性をもつもの」として位置づけられているという事実（ハイネ『ドイツ古典哲学の本質』（伊東勉訳、一九七三年改訳）一五八頁）を想起させる。また、カール・マルクスによる「ドイツ人は、爾余の諸国民がやったことを政治において考えた。ドイツは爾余の諸国民の理論的良心であった」とする指摘（マルクス『ヘーゲル法哲学批判序論（他）』（真下信一訳、一九七〇年国民文庫版）三四一頁）をも想起させる。これら、いずれの点についても、すでに原島重義「なぜ、いまサヴィニーか」原島編『近代私法学の形成と現代法理論』（九州大学出版会、一九八八年）一〇頁、一一頁注15が指摘している（この論文は、原島・前掲書『市民法の理論』（前注（9））第一部第三章に収録）。

(24) Bernhard Windscheid, Die Actio des römischen Civilrechts vom Standpunkte des heutigen Rechts, 1856.

(25) さしあたり、「ヴィントシャイトの法律学」に関する概観として、奥田・前注（17）六頁以下参照。そこでは、初期ヴィントシャイトの革新的方向性と後期ヴィントシャイト、なかでもその「パンデクテン」における法実証主義的・形式的「学理主義」への傾斜が指摘されている。なお、赤松秀岳「ベルンハルト・ヴィントシャイト」勝田有恒・山内進（編）『近世・近代ヨーロッパの法学者たち――グラーティアヌスからカール・シュミットまで』（ミネルヴァ書房、二〇〇八年）三二三頁以下も参照。

(26) 奥田・前注（17）四頁。Vgl. auch Otto Fischer, Recht und Rechtsschutz. Eine Erörterung der Grenzgebiete zwischen

Privatrecht und Civilprozeß in Beziehung auf den Entwurf eines BGB, 1889, S. 7 f. ―― „Die römische Einkleidung der Privatrechtsinstitute in prozessualisches Gewand treibt auch heute noch nicht nur in vielen Pandektenlehrbüchern, sondern auch in der Sprache der Gericht ihr Unwesen. Mit der Trennung von Privatrecht und Prozeß in Gesetz und Lehre wird diesem römischen Aktionenwesen die Grundlage entzogen.“―― 「私法制度がローマ法的な訴訟の衣をもとっているということは、今日もまた、数多くのパンデクテン教科書のみならず、裁判所の判決をみても一目瞭然である。私法と訴訟とが制定法および学説の中で分離をとげていくことによって、このようなローマ法的訴権的性質がその基礎を奪われることになる」。

(27) ただし、ここでいわれる「歴史的取り扱い」の中身自体については、さらに検討の必要があろう。それはなかんずく「歴史と現在との関係」を媒介にした「法史学と法ドグマティークとの関係」にかかわる。さしあたり、エドゥアルト・ピッカー「法解釈学と法史学」(川角訳)龍谷法学三八巻三号(二〇〇五年)一三三頁以下、特に一四二頁以下参照。

(28) Vgl. Kleinheyer = Schröder (Hrsg.), Deutsche und Europäische Juristen aus neuen Jahrhunderten, 4. Aufl., 1996, S. 443 (Schröder). ただし、シュレーダーは、ヴィーアッカーを援用しつつ、ここにおいてすでにヴィントシャイトの「折衷的解決の傾向」(Neigung zu mittleren Lösungen) が看取されるのであり、かつそれが初期ヴィントシャイトにあってはその理論構築にあたって好都合な側面を発揮した、という。ここで問題の「折衷的性格」とは、おそらく実用法学的志向性と概念法学的傾向の論理的貫徹の妥協的産物としての、ヴィントシャイトの「プラグマティズム」を指すのである、と思われる。

(29) Vgl. Windscheid, Die Actio, Abwehr gegen Dr. Theodor Muther, 1857, S. 22.

(30) Vgl. Windscheid, Actio (oben Fn. 24), S. 3; auch ders., Abwehr (oben Fn. 29), S. 8 f. und S. 18.

(31) Vgl. Windscheid, Actio (oben Fn. 24), S. 3; auch ders., Abwehr (oben Fn. 29), S. 7.

(32) フリッツ・シュルツによれば、次のように指摘される。すなわち「ローマの法律学は、民事訴訟法に関しては、広く訴権法的に方向づけられていた (actionenrechtlich orientiert ist)。したがって、訴訟法に対する私法の完全な独立化が達成される余地はなかった」と。Vgl. Fritz Schulz, Prinzipien des römischen Rechts, 1934, S. 21. なお、フリッツ・シュルツ『ローマ法の原理』(眞田芳憲=森光訳、中央大学出版部、二〇〇三年)三五頁も参照。

(33) Vgl. Windscheid, Actio (oben Fn. 24), S. 3.

（34） Vgl. Windscheid, Actio (oben Fn. 24), S. 3.

（35） Vgl. Windscheid, Actio (oben Fn. 24), S. 1.

（36） Vgl. Friedrich Carl von Savigny, System des heutigen römischen Rechts, Bd. 5, 1841, S. 5.

（37） Savigny (oben Fn. 36), S. 6. ちなみに、児玉・前注（21）七七頁によれば、このサヴィニーの記述は、いわゆる「実質的訴権概念＝侵害理論」を指す。これに対して、形式的訴権とは「訴え提起行為であり、書面審理構造の民事訴訟では訴状と同義である」とされる（児玉・前注（5）七八頁）。

（38） たとえばカウフマンによれば、サヴィニーは、actioという名称を維持しながらも実際には「いわゆる請求権」（der sog. *Anspruch*）を承認していた、とされる。Vgl. Kaufmann (oben Fn. 18), S. 488. その意味で、サヴィニーは、訴権と請求権との分離論の開拓者（Wegbreiter）として位置づけられもするのである。Vgl. Wolfgang Zöllner, Materielles Recht und Prozeßrecht, AcP 190 (1990), S. 472.

（39） Vgl. Windscheid, Actio (oben Fn. 24), Vorwort; auch ders., Abwehr (oben Fn. 29), S. 26.

（40） ここでは、さしあたり一般的理解にしたがって、実体法＝私法、訴訟法＝公法という分類を前提としておく。ただし、すでに「私法と公法」との関係自体おおきな問題とされており、民事訴訟法をもって公法に位置づけることは一定の留保が必要であろう。特に「公法概念」の問題性につき、広中俊雄『新版民法綱要第一巻総論』（創文社、二〇〇六年）三四頁以下参照。

（41） 奥田・前注（17）四五頁以下参照。ただし、あくまでも「従来型の」私法的訴権論にとどまるヴィントシャイトの請求権論が、「実体法上の概念としての請求権概念の確立およびそれによる実体法体系の整備」をうながしつつ、同時にそれが「訴権の独立性（公法的訴権論）をうながす契機となった」（奥田・前注（17）六〇頁）ともされる。そのような、ヴィントシャイト請求権論の重層的な性質を無視するわけにはいかない。ただし、本稿ではその「光」と「影」とのコントラストに重点が置かれている。なお、「私法的訴権論」が当時一般的であったことについては、後注（47）も参照。

（42） Vgl. Theodor Muther, Zur Lehre von der römischen Actio, dem heutigen Klagrecht, der Litiskontestation und der Singularsuccession in Obligation, 1857.

（43） 奥田・前注（17）四五頁参照。

(44) 奥田・前注(17)四六頁参照。Vgl. Windscheid, Actio (oben Fn. 24), S. 222 f.
(45) この点で、ヴィントシャイト権利論に独特な「意思説」的傾向がはっきりと示されている。この意思説的権利論と請求権的権利論との関係については、後述本文を参照。
(46) 奥田・前注(17)四五―四六頁参照。Vgl. Windscheid, Actio (oben Fn. 24), S. 222 f.
(47) それゆえか、私法的訴権論は、サヴィニー、プフタ、ヴィントシャイト等によって広く主張されてきた。兼子一『実體法と訴訟法』(有斐閣、一九五七年)一〇三頁参照。
(48) 兼子・前注(47)一〇四―一〇五頁参照。そこで兼子教授は、公法学の発達に伴って「人民の国家に対する公権の観念が認められ」るようになった事実にも、注意を喚起している。なお、近時の民事訴訟法学の立場からのものとして、伊藤眞『民事訴訟法〔補訂第二版〕』(有斐閣、二〇〇三年)一三―一四頁も参照。本文で指摘した理由以外に、確認訴訟において、必ずしも原告の被告に対する権利の確定が求められるわけではないこと。形成訴訟の場合にも形成原因の説明が困難であること、などを挙げて、私法的訴権論から公法的訴権論への移行がうながされた、とされる(伊藤・前掲書一四頁参照)。

第三節　ヴィントシャイト請求権論の「影」

(1) ところで、私見によれば、このようなヴィントシャイト請求権論における「私法的訴権論」は、彼の「権利論」によっても深く規定される側面をもっていた。ヴィントシャイト請求権論が一応実体私法的に練り上げられた特徴をもつことは、すでに本稿でも確認した。しかし、そこで言われる「実体私法」の中味それ自体、さらに問われる必要があるのではないか。もし、ヴィントシャイト請求権論と彼の「権利論」が不可分一体の関係にあるとしたなら、文字通り実体私法的に、ヴィントシャイト「訴権論」(=私法的訴権論)の限界が見えてくるかもしれない。

あらかじめ結論的なことを述べるならば、要するところヴィントシャイトは、一方で訴権＝Klagrecht＝actioを「主観的権利」(das subjektive Recht) と等置せしめた。そして他方、「主観的権利」とは請求権ないし請求権の複合体なのであるから、結局ヴィントシャイトにとって、訴権＝Klagrecht＝actioは、「主観的権利」であり、同時に「請求権」であった。こうして、ヴィントシャイト請求権論は、その基本構造からして、いわば必然的に「私法的訴権論」を採用せざるをえなかったのである。

(2)　要するに、ヴィントシャイト請求権論は、「訴権」＝「主観的権利」＝「請求権」の三位一体型の基本構造をなしていた。それゆえ、必然的に「私法的訴権論」を取らざるをえなかった。これが、本稿の仮説である。以下、それを「論証」してみよう。

まずヴィントシャイトにとって、当時の「実体法的」なアクチオの存在が、その出発点であった。彼が、これをも否定して「実体法と訴訟との分離」を成し遂げたわけではない。すなわち、ヴィントシャイトにとっても、あらゆる権利がその侵害を受けたときに裁判上の保護を享受する機能を体現するものとしてのアクチオは、あらゆる権利の属性として存在するものであった。より厳密に言うならば、そのアクチオは、すでに侵害前から潜在的に存在しており („vorhanden auch vor der Verletzung")、ただ当該侵害によってそれ（アクチオ）が初めて現実化する („realisiert erst durch dieselbe (＝ die Verletzung)")、という区別があるにすぎない[49]。そのような意味で、ヴィントシャイトは、なおサヴィニー訴権論の路線上にある[50]。しかもヴィントシャイトは、サヴィニーを越えてその独自の権利論を徹底させる。すなわち、先ほどの「訴権」＝「主観的権利」＝「請求権」の三位一体型の基本構造がそれである。訴権は権利侵害前に権利に属性的なものであり、しかも訴権は、その前段階として「請求権」の形姿をまとわざるをえないのである。同時にヴィントシャイトにとって「権利」は、請求権そのものであり、あるいは請求権の複合体であった。これを言い換えるなら、ヴィントシャイトにあっては、「二重の」請求権が構想されていた、ともいえる[51]。すなわち、債権にそくして言うならば、本来的な、いわば第一次的な、「債権としての請求権」（請求権としての債権）と、債権侵害による第二次的な請求権（たとえば損害賠償請求権）が、それである。この第二次的な請求権が債務者によって拒まれ、あるいは実現不可能になることによって、請求権が「訴権」に転化するのである。しかもヴィントシャイトは、彼の権利論を首尾一貫させる立場から、物権についても、それを第一次的な請求権（不作為請求権）の集合体とみなすにいたった。これは万人に向けられた物権の支配的効力であるが、それが侵害されれば第二次的な物権的請求権（rei vindicatio, actio negatoria）が生み出される。侵害者がその物権的請求権に応じなければ「訴権」が生ずる（現実化する）、のである。そして当該、第二次的な請求権は、債権的請求権であれ物権的請求権であれ、いずれも同様に「人と人との関係」を規律するのである。したがって、必然的に、「訴権」もまた「人と人との関係」を規律する。以下、この点を論証しておきたい。

(3) ヴィントシャイトにあっても、そのアクチオ観は、伝統的な「オブリガチオとアクチオに関する母娘像」（das sog. Mutter-Tochter-Bild für *obligatio* und *actio*）に置かれた[52]。この意味でのアクチオは、すでにオブリガチオ（債権）に属性的なものであり、アクチオはオブリガチオが侵害される前から存在するものである。この定式をヴィントシャイトは、物権にも応用した。そのことによって、統一的なヴィントシャイト権利論を樹立した。すなわち彼は、所有権（das Eigentumsrecht）を例に、次のように言っている。まず所有権は、万人に対する一般的な請求権たる性質（Charakter eines allgemeinen Anspruchs gegen alle Menschen, d. h. jedermann）をもつものとして、構想されている。そして、この万人に対する一般的請求権が「所有権侵害によって特定人に対する特別な請求権に」（„durch die Verletzung des Eigentums zu einem besonderen Anspruch gegen einen bestimmten Menschen“）転化する、という[53]。なるほど、一方でヴィントシャイトは、請求権は権利を前提とするのであり、かつ所有権のような「物に向けられた権利に基づいて」（aus dem auf die Sache gerichteten Recht）、そこから「請求権が物に向けられて提起される」(„ein Anspruch auf die Sache erhoben" wird) ことを率直に承認している。[54] しかし、問題の「権利」(=所有権) 自体、たとえそれが物に向けられることはあっても、その実質はあくまでも「万人に対する一般的請求権」として説明されるべきものであることに違いはなかった。

(4) このような、ヴィントシャイトによる「請求権的権利論」は、彼の意思説的権利論と不可分一体の側面をもつ。[55] ヴィントシャイトにとって、権利はすべて、最終的に「人の意思に服従するもの」(„die Unterwerfung menschlichen Willens") であった。[56] すなわち、まずは私人の意思に服従するものであり、その行き着く先は「法秩序の意思」(der Wille der Rechtsordnung) に服従するものであった(念のためながら、ここで言われる「法秩序」とは、いわゆる市民法適合的な、あるいは市民法内在的な法秩序ではなく、ヴィントシャイトに独自な「命令説」を構成要素とする「法秩序」のことである)[57]。こうして、絶対的な支配権としての物権そのものに対応する第一次的な請求権は、特定の人=義務者に対するものではなく、万人に対するもの、という位置づけが明確化されていった。[58] 言い換えるならば、物権それじたい、万人を相手方とする無数の請求権によって(„durch eine unbegrenzte Vielheit von Ansprüchen") 形成されたものと観念される。[59] このように物権はあくまで請求権を前提として成り立つ、とされる。権利侵害を要件とすることなしに、すでに第一次的な請求権そのものから物権が構成されるのである。つまりは「請求権的権利論」の確立である。[60] 同時に、これはまた「債権的」請求権論の「物権的」請求権へのアナロギーの所産であった。こうして、「訴権」=「主観的権利」=「請求権」のトリアーデが、ヴィントシャイト理論のなかで自己完結的な構造をもつにいたる。

(5) 最後にヴィントシャイト請求権論の「影」を象徴する問題として、彼のネガトリア請求権論をとりあげておこう。それは、いままで考察した彼の請求権論と権利論とが色濃く影響を与えるものとなっている。まずヴィントシャイトの見解によれば、肝心なことは次の点にあった。すなわち、物権はすべて、その侵害によって初めて特定の対人的関係を内容とする第二次的な請求権を生み出す。つまりは、物権侵害によって侵害者に対する債権（Forderungsrecht）イコール請求権（Anspruch）が形成される。[61] なるほど、ヴィントシャイトが所有権侵害のもとでまずなによりも実体的諸権利を問題とし、訴権そのものを強調しなかったことは[62]、彼の功績である。とはいえ、物権はそれが侵害されることによって債権（Forderungsrecht）ないし請求権を生み出すのであり、そしてその債権や請求権の満足が侵害者によって拒絶される場合に初めて訴権が問題となるにすぎなかった。[63] それにもかかわらず、ヴィントシャイトの請求権論は、なによりもネガトリア妨害排除請求権と不法行為に基づく損害賠償請求権との混同への道を切りひらいてしまった。それは、なぜか。

ヴィントシャイトによれば、所有権の侵害によって生み出される（第二次的な）請求権は、その効果として、常に「侵害の廃棄」（„die Wiederaufhebung der Verletzung"）に向けられるのであり、その結果、所有権侵害に基づく請求権は、本格的に「回復的内容」（der restitutorische Inhalt）をもつ。[64] それゆえ、ヴィントシャイトは一八五七年のアクチオ論（„Abwehr"）において、すでに次のような注目すべき定式化を行っていたのである。すなわち言う。「所有権者は、彼の権利が占有の留置によって（durch Vorenthaltung des Besitzes）全面的に侵害された場合には、占有を回復する請求書（Anspruch auf Restitution im Besitz）をもつ。さらに所有権者は、占有の留置によってではなくて、単に部分的に侵害を受けたに過ぎない場合には、妨害の将来的な不作為、そのための担保、原状回復ならびに損害賠償を求める請求権（Anspruch auf künftige Unterlassung der Störung und Caution deshalb, Wiederherstellung, sowie Schadensersatz）を有する」。[65] こうして、ヴィントシャイトのアクチオ論そのものにおいて、言い換えるならばドイツ請求権論確立のそのただ中において、すでに、ネガトリア請求権の不法行為法的変造がおこなわれた。言い換えるならばこうである。すなわち、「占有を回復する請求権」（すなわち所有権に基づく返還請求権）が、所有権の全面的侵害（所有権客体の占有留置）を要件とするのに対して、ネガトリア的妨害排除請求権は、単に部分的侵害を要件とするのであり、つまりは占有留置以外のその他の侵害という消極的要件規定を受けながら、同時にその効果としては妨害の将来的な不作為のみならず「原状回復ならびに損害賠償を求める請求権」までを包括するもの、とされた。これは、すなわち物権的妨害排除請求権（ないし差止請求権）への不法行為損害賠償請求機能の取り込みであり、変造であった[66]。このような、ヴィントシャイトによるネガトリア請求権への不法行為損害賠償請求機能の取り込み・変造という、ある種の「法原理の歪曲」は、その後彼のパンデクテン教科書でも首尾一貫している。重要と思われるので、引用しておこう。そこで、ヴィントシャイトはこう言っている。「しばしば簡単に、actio negatoria が損害賠償に向けられるといわれることがあるが、それは正確ではない。一般原則に従えばその賠償を求める請求権が根拠づけられないところの損害賠償（Ersatz eines Schadens）は、actio negatoria によっても、したがって所有権そのものを根拠としては請求されえない。他方、損害賠償請求権（Schadensersatzanspruch）が根拠づけられる場合には、損害賠償請求権は特別な訴で（in einer besonderen Klage）主張される必要がないということは、現行法上自明なことである。それは、すでにローマ法によって actio negatoria の actio arbitraria としての性質から、損害賠償を顧慮すべしとする審判人の特別な命令を不必要なものにしたことと同様である」と[67]。まず、ヴィントシャイトが「actio negatoria が損害賠償に向けられるといわれることがあるが、それは正確ではない」といっていることは、きわめて当然の法理を確認したにすぎない。そのあとの文章からも分かるように、故意・過失などを初めとする主観的帰責要件が備わらないことには不法行為に基づく損害賠償請求権が出てこないのは当然のことであり、かつまたそれ（損害賠償請求権）は、単に所有権侵害という「客観的違法」から生ずることもありえない、という自明のことを述べたに過ぎない。むしろ問題であるのは、そのあとの記述である。ここでヴィントシャイトは、「損害賠償請求権が根拠づけられる場合」、すなわち不法行為の要件が充たされる場合には、損害賠償請求権が「特別の訴において」、とりたてて不法行為の主張をすることなく行使されうる、という。要するに、不法行為の要件が充たされていれば、訴訟上ネガトリア請求において損害賠償請求権をも包括的に行使できる、とする。要するに、「ヴィントシャイトは、actio negatoria により、実質的に損害賠償をもカバーできる、と言っている」(68)ということになる。本稿では、以上のような、ヴィントシャイトによるネガトリア請求権への不法行為責任の取り込みを帰結するところの、彼の「請求権的」権利論をもって、さしあたりヴィントシャイト請求権論の「影」と評したい。そしてこのヴィントシャイト請求権論が、特に物権的妨害排除請求権解釈論において、わが国川島武宜教授による「責任説」へと、ほぼそのままつながっていく(69)。

(49) Vgl. Windscheid, Actio (oben Fn. 24), S. 2. ちなみ、ヴィントシャイトはそこで、買主の actio empti（買主訴権）を例に挙げて、次のように言っている。すなわち、買主は、この actio を、彼の債権が侵害される前にすでに有していたのであり、つまりは、売買契約の成立と同時に、この actio を有していたのだ、と。

(50) Vgl. Bruno Rimmelspacher, Materiellrechtlicher Anspruch und Streitgegenstandsprobleme im Zivilprozeß, 1970, S. 17.

(51) この点については、すでに奥田教授の指摘がある。奥田・前注（17）四七頁注1参照。

(52) Vgl. Windscheid, Actio (oben Fn. 24), S. 2; Kaufmann (oben Fn. 18), S. 485. —— obligatio が Mutter であり、actio が Tochter である、とされる。

(53) Vgl. Windscheid, Abwehr (oben Fn. 29), S. 28.

(54) Vgl. Windscheid, Actio (oben Fn. 24), S. 15. ところで、一八五六年の „Actio" と一八五七年の „Abwehr" との間に、周知のヴィントシャイト・ムーター論争があった。それが、ヴィントシャイトの権利論にどのように影響したか、問題となりうる。たとえば、奥田・前注（17）三一頁注5、四七頁、六二頁は、ヴィントシャイトに対するムーター説の影響を肯定する。本稿では、この点については立ち入らない。

(55) リムメルスパッヒャーも、ヴィントシャイトにおける請求権論と彼の意思説との関連性に注目している。Vgl. Rimmelspacher (oben Fn. 50), S. 30. 本稿でも確認したように、ヴィントシャイトの請求権論と権利論とが不可分一体であるならば、権利論と意思説との関連性も明らかだろう。

(56) Vgl. Windscheid, Lehrbuch des Pandektenrechts, 1 Bd. 3. Aufl., 1873, S. 95.

(57) Vgl. Windscheid, Lehrbuch des Pandektenrechts, 1 Bd. 9. Aufl., 1906, S. 157. その際、ヴィントシャイトは、一定の留保を示しながらも、自己の意思的権利論とトーン流のいわゆる「命令説」(Imperativentheorie) との繋がりを認めている。なお、トーンの命令説については、vgl. August Tohn, Rechtsnorm und subjektives Recht, Untersuchungen zur allgemeinen Rechtslehre, 1878. わが国の文献として、たとえば末川博『権利侵害論』(日本評論社、一九四四年版) 二四五頁以下、来栖三郎「民法における財産法と身分法(二)」(初出一九四三年) 来栖三郎著作集I『法律家・法の解釈・財産法』(信山社、二〇〇四年) 三〇五頁以下、特に三一一頁以下参照。

(58) Vgl. Windscheid, Pandektenrecht, 1. Bd. 3. Aufl. (oben Fn. 56), S. 96.

(59) Vgl. Windscheid, Pandektenrecht, 1. Bd. 9. Aufl. (oben Fn. 57), S. 184.

(60) しかも、それは——すでに見たように——ヴィントシャイト的な意思説的権利論と密接にリンクされていた。この、ヴィントシャイト的な意思説的権利論と「訴権」との関係は、すでに指摘したように、「侵害者の意思と権利者の意思との衝突」という要件を介して、第二次的請求権が訴権へと転化する局面で問題となった。

(61) Vgl. Windscheid, Actio (oben Fn. 24), S. 223.

(62) Vgl. Windscheid, Actio (oben Fn. 24), S. 222.

(63) Vgl. Windscheid, Actio (oben Fn. 24), S. 222. なお、前注(44)に対応する本文も参照。

(64) Vgl. Windscheid, Actio (oben Fn. 24), S. 222 f.

(65) Windscheid, Abwehr (oben Fn. 29), S. 27. あとで本文でも指摘するように、これはプフタ理論のとり込みでもあった。

(66) わが国の場合には、特に公害受忍原則論という形での違法段階説において不法行為の効果への差止請求権の取り込みが顕著であるのに対して、ヴィントシャイト請求権論では、差止請求権(actio negatoria)の中に不法行為の効果が取り込まれていくのである。ただし、そのいずれも、結果的には民事違法における原則論と例外論とを混同しているか、あるいは取り違えている。この点、すでに原島重義教授による的確な指摘がある。原島「わが国における権利論の推移」法の科学四号(一九七六

年）八三―八四頁〔同・前掲書『市民法の理論』〔前注（9）〕四九三頁〕。

(67) Vgl. Windscheid, Pandektenrecht, 1. Bd. 9. Aufl. (oben Fn. 57), S. 109 f. Anm. 5. この点に早くから注目していたのが、原島重義教授の権利論である。前注（66）八三頁〔同・前掲書〔前注（9）〕四九二頁〕参照。

(68) 原島・前注（66）八三頁〔同・前掲書『市民法の理論』〔前注（9）〕四九三頁〕。

(69) ヴィントシャイトのネガトリア請求権論と川島「責任説」との関連性については、つとに原島重義教授によって指摘がなされてきた。原島・前注（66）七九―八六頁〔同・前掲書〔前注（9）〕四九〇頁以下〕参照。筆者は、この原島教授の見解に示唆を受け、ヴィントシャイトの「権利論」と川島「所有権論」との関連性・共通性を踏まえ、両者の妨害排除請求権論の同質的な問題性を指摘したことがある。川角「近代的所有権の基本的性格と物権的請求権との関係（一）（二・完）」九大法学五〇号（一九八五年）八九頁以下、一一五頁、一一八頁以下、九大法学五一号（一九八六年）二八頁以下、特に三九頁参照。本稿は、さらに「請求権論」（ないし「訴権論」）をも視野に入れて、その考察を一歩前進させようとするものである。

第四節　物権的妨害排除「請求権」の独自性

一　権利論との関係

(1) すでに、本稿で考察したように、物権的請求権論において重要な視点を提供してきたのは「主観的権利と請求権との関係」であった。そこで以下では、上記の考察を受けて、物権的請求権の本質を検討し、その上で物権的妨害排除請求権の独自性を指摘したい。ただ、そのためには、まずその前提として「権利」（=主観的権利）に関する基礎理論を簡潔に確認しておく必要がある。

(2) これまで一般に、わが国では、権利論が正面から、しかも法解釈学の土俵上で直接問題とされることは、それほど多くはなかった。この点、すでに「わが国における権利論の推移」が、原島重義教授によって的確に描かれているので、詳細はそれに譲る。[70]

さしあたり本稿が指摘したいのは、ヴィントシャイト流の権利論が、物権的請求権において、なにゆえ忍容請求権として結実せざるをえなかったか、ということである。それと同時に、ヴィントシャイト権利論に対抗するイェーリング権利論がいかなる意義を有するか、さらに「有しうるか」を試論的に模索すること、である。

(3)　ヴィントシャイトの権利論が、なにゆえ忍容請求権として結実せざるをえなかったか。それは、すでに本稿で考察したことと密接な関係をもつ。すなわち、ヴィントシャイトにとって、権利＝物権とは、万人に対する一般的請求権（不作為請求権）の言い換えであって、その際に問題となる物権者の「意思」も「消極的なもの（ein negativer）」でしかなかった。すなわち、侵害者が、その容態によって物権者の所有に干渉する限りで物権者の意思支配が妨げられるわけだから、侵害者は「権利者のその物への関与を妨げてはならない」という意味で禁止的責任を負うに過ぎないのである。[71]したがって、侵害者＝妨害者は、みずから侵害状態（妨害状態）を停止するだけの義務を負うにすぎない。それを越えて、侵害状態（妨害状態）を最終的に排除するため「費用負担」が必要な場合であっても、不法行為責任などの主観的帰責要件（Verschulden）がない限り、被侵害者＝被妨害者がその「費用負担」をなすべきである、とされる。[72]要するに、侵害者が無責ならば「無責侵害」に対するリアクションとして「忍容請求権」のみが生ずるのであり、侵害者が有責（故意・過失）ならば「有害侵害」に対するサンクションとして不法行為責任の実体を併有する「行為請求権」が、ネガトリア除去請求権として生ずる、とされる。これは、いわば「請求権的権利論」の論理必然的な結果であった。

(4)　それに対して、イェーリングの権利論によればどうであろうか。イェーリングの権利論が、端的に「行為請求権説」を意味すると確認されているわけではない。ただし、彼の権利論を辿っていけば、「行為請求権説」に行き着かざるをえない、と思われる。しかも、その法的意味を、「財貨帰属秩序論」の立場から、さらにリファインしてみたい。周知のように、イェーリングのいわゆる利益説的権利論とは次のようなものである。引用してみよう。

「権利の概念を構成する二つのモメントがある。ひとつは実質的モメント（ein *substatielles* Moment）であり、もうひとつは形式的モメント（ein *formales* Moment）である。一方で、権利の実質的モメントは、その権利によって保障されるべき利便、利益、収得に、その実際上の目的を置いている。他方、権利の形式的モメントは単に手段として前者の（実質的モメントの）目的のために機能する。すなわち権利保護（Rechtsschutz）、訴え（die Klage）がそれである。前者は権利の核心（Kern）であり、後者はその核心を保障する権利の外皮（Schale）である。（中略）権利の概念は享受（Genuss）の法的安定性に依拠する。すなわち、権利とは法的に保護された利益である（Rechte sind rechtlich geschützte Interessen）[73]」。

ここに、主観的権利と物権的請求権との関係を解明するための重要な手掛かりが示されている。特に、引用文中でイェーリングが「訴え」と表現した„die Klage"を実体法上の請求権とみなしうるとするならば、そうであろう。すなわち、権利は第一次的には、あらかじめ一定の法的に保護された実体的な利益からなるものであって、請求権とは無関係である[74]。権利の侵害があって初めて請求権、すなわち権利保護請求権としての物権的請求権が生ずる。イェーリングが「訴え」としたのは、物権的請求権の裁判上の行使、と解することができよう。しかも、ここでイェーリングによって把握された権利、なかでも近代法上の所有権は――ローマ法における「感覚的・物質的」な所有権と違って――「法理論としての所有権」、つまりは、そのような意味で「抽象的かつ理念的な所有権」を意味する[75]。したがって、近代市民法秩序が、財貨帰属秩序をその内に含み、しかも主観的権利＝物権＝所有権がその典型的機能を果たすと考えた場合、このようなイェーリング流の権利論からは、次のような仮説が引き出されるに違いない。すなわち、近代市民法上の主観的権利＝物権＝所有権は、法的に財貨帰属秩序に資する典型的な構成要素として、みずから客観的に自己の「支配」領域の保全に関する「物的責任」を内在している。すなわち、ここで主観的権利＝物権＝所有権には「物的支配」と「物的責任」とが法的に統合されている。それゆえ主観的権利＝物権＝所有権の事実上の状態が、別の権利の事実上の状態によってズレをきたした場合には、いわば「権利そのもの（いわば「物的」な）意思」として、そのズレをもとに戻すバネが生ずる。そのバネこそ、法的に、リアクションとしての「物権的請求権」としての形姿をまとうのである。しかし、ものを言わず、自ら動けない物は、それが帰属するところの所有権の主体たる権利者をして、いわば物の「代理人」として、物権的請求権を行使せしめざるをえない[76]。したがって、そもそも、物権的請求権は、いわば物と物との関係を規律するものであり、人と人との関係を規律する債権的請求権とは全く無関係である。したがって、物権的請求権の行使に当たって債権的請求権の規定を適用・類推適用することも原則としては排除されるべきである。また、物権的請求権は、あくまで物的支配状態のズレを矯正するために機能するだけであり、相手方もそれによって自己の権利状態の保全という「利益」を得るわけであるから、仮にそのために「費用負担」が生ずるとしても、それは相手方になんら財産上の不利益（犠牲）をあたえるものではなく、よって相手方の有責性の有無にかかわらず彼の費用負担での妨害排除が認められなければならない（行為請求権説[77]）。要するに、ここで相手方の「責任」とは、以上の意味での「権利状態のズレ」を矯正する「責任」（＝客観的・物的責任）に尽きる。相手方の「責任」履行（より正確には「物的責任」の「遵守」）は、同時に相手方自身の「支配領域」保全を意味するのである（いわゆる権利の「複眼的思考」[78]）。次に、それをさらに論証するための作業を試みよう。

二　物権的請求権の本質

(1)　物権的請求権を考えるにあたって、まずなにより、その重点は、そもそも実体権たる「物権」にそれ自体にあるのか、それとも「請求権」にあるのか。そのような視点から物権的請求権の本質を検討してみよう。なぜなら物権的請求権のうち、その「請求権」的ファクターの方に「物権」的ファクターよりも重点がおかれるのだとしたなら、必然的に物権的請求権も債権的請求権と同様に「人と人との関係」を規律するものであり、物権的請求権に債権的請求権規定を適用してもなんら問題ない、という「一般法理」が通用してしまうからである。挙げ句の果ては、債権的請求権の一つの典型としての不法行為要件における行為の「違法性」判断につき「相関関係論」[79]が主張されるのとパラレルに、物権的請求権においても同様な形で「相関関係論」が幅をきかすことにもなりかねない[80]。そこで、次に「請求権」ファクターか「物権」ファクターか、という問題を簡潔に考察してみよう。

(2) 先ほどのイェーリング権利論の考察においても明らかなように、権利＝物権の核心は法的に保護された利益であった。今日的表現を用いれば、それを財貨帰属秩序における「割当て内容」(„Zuweisungsgehalt“ in der Güterzuordnung)と言い換えてもよい。これが権利の第一次的モメント＝実質的モメントである(いわゆる「実質権」〔Substanzrecht〕としてのモメント)。これを「物権」ファクターと呼ぶ。これに対して、「請求権」ファクターとは、その権利の核心の外皮として、権利侵害(権利状態の不適法なズレ)があった場合に発動される物的リアクションとして機能する。いわば権利の第二次的モメント＝形式的モメントである(いわゆる「保護権」〔Schutzrecht〕としてのモメント)。以上の意味での「物権的請求権」は、あくまでも客観的な権利状態のズレ＝不適法なズレを矯正するために、機能する。当該権利状態のズレが人の行為(作為・不作為)によって生じた場合には、物権的請求権に質的に対応するところの「行為の客観的違法」が問題となる。しかし、それだけでは、不法行為責任とはなんら関係をもちえない。権利状態のズレを引き起こす人の行為が「損害」をもたらし、かつ「有責性」＝主観的帰責性(Verschulden)を伴う場合にのみ、その行為が有責的非難の対象となり、よって初めて不法行為に基づく損害賠償請求権が成立するのである。この損害賠償請求権は「人と人との関係」を規律するが、物権的請求権はそうではない。物権的請求権は、本質的には「物と物との関係」ないし「権利と権利との関係」を規律するのであり、その法的機能媒体（「代理人」）として権利主体（人）が問題となるに過ぎない、とすら言いうるのである[81]。

三　物権的請求権の本質に関する近時のドイツ学説

(1)　以上、本稿で示したようなイェーリング的権利論の展開という観点に対して、近時リムメルシュパッヒャーによる批判がある[82]。次にそれに対する再批判的考察を試み、よって本稿の立場を補強しておきたく思う。まず、リムメルシュパッヒャーの基本的見解を確認しておこう。彼は、およそヴィントシャイト請求権論に影響を受けつつ、次のように言う。すなわち、請求権の二元論（Dualismus）が問題とされるべきであって、その際「権利保護手段としての請求権」（Anspruch als Mittel des Rechtsschutzes）と「法的地位としての請求権」（Anspruch als Rechtsposition）が肝心な意味をもつ、という[83]。このうち「法的地位としての請求権」は、債権の場合には典型的には契約関係が、対するに物権の場合には「請求権」自体が法的地位を意味する、と解される[84]。むろん、リムメルシュパッヒャーが物権的請求権と債権的請求権との区別を自覚的に曖昧にしているというわけではない。特に彼は、物権の帰属機能（Zuordnungsfunktion）を承認する[85]。にもかかわらず、リムメルシュパッヒャーによれば、物権そのものの前提として、すでに「法的地位としての請求権」が問題となるわけであるから、物権的請求権が物権を包み込み、よって物権の帰属機能も物権的請求権によって引き受けられることになる。かくして、リムメルシュパッヒャーは「その限りにおいて、物権的請求権も債権的請求権も同じ構造をもつのであり、ヴィントシャイトがその両方の請求権に与えた同じ取り扱い（die gleichmäßige Behandlung, die Windscheid ihnen (dinglichem Anspruch und obligatorischem Anspruch) angedeihen läßt）が、正当化されている[86]」とする。

(2)　ところで、すでにペーターズ[87]は、以上のリムメルシュパッヒャー説を先取りし、一層極端化しようとしていた。ペータースによれば、所有権の基本的概念規定であるドイツ民法九〇三条（日本民法二〇六条に相当）も、それだけでは「無内容」(inhaltlos) であり[88]、九八五条の返還請求権や一〇〇四条の妨害排除請求権・妨害予防請求権によって初めて所有権としての実体をもつ、という[89]。こうして、所有権も、それが侵害を受けたり妨害を受けたりすることによって生ずるところの「無数の請求可能性の集合体」(Summe der unendlich vielen Anspruchmöglichkeiten) にほかならない、とされる[90]。しかも、ペータースは、リムメルシュパッヒャーと同様に、物権法上の請求権も無条件に (vorbehaltlos) 一般債務法に組み込まれるべきであって、よって物権的請求権に基づく「給付義務」(Leistungspflicht) も一般債務法に服することになる、という[91]。

(3) 以上、リムメルシュパッヒャー及びペータースの見解は、およそイェーリング権利論の「理論的展開可能性」に対して批判的かつ消極的な立場を示すものであった。彼らの見解の前提にあるのは、もっぱらヴィントシャイトの請求権論であった。ところが、近時ドイツでは、これらヴィントシャイト請求権論「亜流」の見解に対抗して、実質的にイェーリング権利論を新たに「展開」させる学説も登場した。以下、それら新たな「展開」の様相とそのエッセンスを紹介しておきたい。

すでに幾度か指摘したように、イェーリング的な権利論に従うなら、権利＝物権の「消極的」側面がもつ機能（「保護権」としての機能）とは、まさしく権利＝物権の実質的な内容（「実質権」としての内容）を保護するという点におかれるべきものであった。このような保護機能は、権利＝物権が侵害されて初めて「請求権」として現実化する。したがって、「請求権」そのものは、あくまで単なる保護手段 (Schutzmittel) にすぎないのであって、決して法的地位 (Rechtsposition) を意味するのではない。これに対して、権利＝物権、なかんずく所有権こそは、財貨帰属秩序における「割当て内容」をともなう「法的地位」を意味するもの、にほかならない[92]。また、権利＝物権の排他的側面も「法的地位」の属性（権利＝物権の実体的基体）である限り、そのような排他的側面をもって「請求権」

と等置する見解もまた不当である、とされる。[93] 権利＝物権の核心（Kern）とは、まさしくこのような実体法的基体（materiellrechtlches Substrat）を承認することによって初めて、正当に把握されうるのである。権利＝物権の基体をもって「請求権」と直接的にリンクする見解は、ヴィントシャイト請求権論（特にその私法的訴権論）によって典型的に示されていたように、実体私法の中にアクチオ法的思考を残存せしめるものにほかならない。これに対して、実体私法においては、文字通り実体法的思考（das materiellrechtliche Denken）が貫徹しなければならない。[94] もし、かのアクチオ法的思考に従うならば、単に権利侵害のエレメントが正当に考慮されないというだけでない。そればかりか、実体法的基体のエレメントまでもが抜け落ちてしまう。[95] なぜなら、特にヴィントシャイト的なアクチオ法的思考においては、まず「請求権的権利」があって、その上で権利侵害によっていわば第二次的な「物権的請求権」が発生するのであるが、それは要するに「請求権を保護するための請求権」を意味するのであり、結局のところ「権利」侵害の実体を直視しえないから、である。そうではなく、物権的請求権とは、財貨帰属秩序における「割当て内容」を有する権利＝物権の客観的な不適法状態（権利状態のズレ）に対するリアクションとして発動される。かつまた物権的請求権は、それに尽きるのである。[96] その際、物権的請求権の相手方がいつも客観的な侵害状態＝妨害状態の存在を知っているとは限らない。その場合、相手方の所有権領域も客観的にズレをきたし、それ自体その矯正を物的に要求しているところ、その担い手が該当状態を知らないでいることがありうる。そこで登場する被妨害者の物権的請求権とは、相手方が自発的に（spontan）客観的な権利の不適法状態を排除するための「きっかけ」を与えるため機能する。ヘンケルは、それを物権的請求権の「警告機能」（Warnfunktion）と呼んだ。[97] そして、その警告機能によって保護されるのは、あくまでも権利＝物権、なかんずく所有権によって根拠づけられた利益から生ずる権能（Befugnis）そのものであった。こうして、物権的請求権とは、文字通り「帰属適合的状態の客観的実現に資する権利の保護手段」（ein "Schutzmittel des Rechts„ zur objektiven Verwirklichung des zuordnungsgemäßen Zustands）として性格づけられる。すなわち、物権的請求権とは、そのような意味での実体的で第一次的な「法的地位」（Rechtsposition）を保全するための、いわば第二次的な「保護請求権」（Schutzanspruch）にほかならない。[98]

要するに、物権的請求権においては、請求権ファクターは物権ファクターないし財貨帰属ファクターに従属するのである。その意味で——繰り返しになるが——物権的請求権は、たしかに「法律関係＝権利関係」を意味するものでありながら、しかしそれは「人と人との関係」を対象とするのではなく、あくまで窮極的には「物と物との関係」ないし「権利と権利との関係」を、その対象とする。[99] ここに、物権的請求権の「本質」があり、また「独自性」がある。つまりは、物権的請求権の行使主体は、自己の法的保全を要求する物そのものの「代理人」たる物権者＝権利者にほかならない、と言いうる。

四　物権的妨害排除請求権論への示唆

(1)　以上の考察を前提とするならば、物権的妨害排除請求権のあり方についても、一定の方向性が与えられるだろう。それは、アクチオ・ネガトリアから物権的妨害排除請求権への展開過程における「所有権自由」の問題性を確認する作業と同時に、ヴィントシャイト請求権論を基軸とする訴権＝主観的権利＝請求権のトリアーデを批判的に検証する作業を意味する。前者につき、筆者は、すでに別稿で、ある程度問題を解明したことがある。[100] 後者については、それは直接的に本稿独自の考察対象である。

まず前者の到達点を要約的に述べるならば、こうである。一九世紀初頭のドイツにおいて、学説上、いわゆる近代的な所有権自由のための「請求権」としてのネガトリア訴権は、訴訟法上の問題（「所有権の訴」か「役権の訴」かという問題）と一体不可分な形で議論され、その理論上の紆余曲折を経て、初めて法制度的に形成された。その到達点は一八二七年のプフタ論文であった。[101] プフタは、ネガトリア訴権を「所有権の訴」として定式化した。それは、プフタの大きな功績であった。しかし同時にプフタは、次のように述べることによって、ネガトリア訴権の消極的な把握におちいった。すなわち、プフタによれば、所有権の「全面的侵害」(eine totale Verletzung) の場合には rei vindicatio が問題となるのに対し、所有権の「部分的侵害」(eine partielle Verletzung) の場合には actio negatoria が補完的に問題となる、とした。しかもプフタは、所有権の訴の対象を一般的な「所有権侵害」に求めたため、actio negatoria において問題となる「部分的侵害」とは、所有権の留置以外のあらゆる侵害を包括することとなった。つまりは「妨害」要件の外延的開放性へと導いた。言い換えれば、不法行為法に基づく損害賠償請求をも包括する「所有権侵害」概念を作出した。かくしてプフタは、一八四五年のパンデクテン教科書で、ネガトリア訴権の射程を「原状回復、損害賠償、妨害の将来的不作為、そのための担保」にまで及ぼしたのである。[102] そして、すでに本稿でも指摘したように、ヴィントシャイトはその請求権論形成の過程で、このプフタ理論を踏襲した。すなわち、ここに至って、ついにヴィントシャイトは、彼の「請求権論」＝「権利論」とネガトリア請求権論とを内在的に結合せしめ、よって結果的に忍容請求権説的ネガトリア請求権論を確立したのである。そしてこれは——すでに指摘したように——同時にネガトリア請求権の中への不法行為請求権の取り込みであり、つまりはネガトリア請求権の不法行為法的な変造を意味した。

(2)　すでにわれわれは、本章においてこのようなヴィントシャイト請求権論の、「影」の部分を確認した。その上で、それと対抗関係に立つイェーリング権利論をさらにモディファイする観点から、「物権的請求権の独自性」を提唱した。そこで得られた到達点を、改めてネガトリア請求権＝物権的妨害排除請求権論にリンクさせるならば、次のようになるだろう。まず、物権的妨害排除請求権は、物権的返還請求権ともども、典型的には「所有権に基づく請求権」(Eigentumsanspruch) を意味するのであって、けっして「所有権侵害に基づく請求権」(Eigentums*verlet-*

zungsanspruch）を意味するのではない。なぜなら、後者の観点に立てば、すでに指摘したようなプフタ＝ヴィントシャイト流の「要件的開放性」を許容し、不法行為の効果をも物権的請求権に取り込むことになるからである。かてて加えて、物権的妨害排除請求権は、「妨害排除」という効果論的に広汎な帰結をもたらしうる文言規定にもかかわらず、あくまで客観的権利状態の不適法なズレ＝踰越（ないし「権利重畳」化）を矯正するための物的リアクション効果しか有しえない。そのような本稿の立場[103]からするならば、広義の「侵害」モメントは不法行為法的サンクションとの混同をもたらすという点で、すでに不適切である。したがって「所有権に基づく請求権」（Eigentumsanspruch）という性質決定がよりふさわしい。念のためながら、ここでEigentumsanspruchという表現をあえて採用したのは、Anspruch aus dem Eigentumと区別するためでもある。日本語として同じく「所有権に基づく請求権」と表現されうるとしても、その意味内容は質的に異なる。Eigentumsanspruchの場合は、文字通り所有権の客観的状態のズレに対する法秩序に基づく物的リアクションを意味しうるが、これに対してAnspruch aus dem Eigentumの場合には、より広く所有権侵害に基づくサンクション的な請求権をも含意することになるからである[104]。

(3)　このようなEigentumsanspruchとしての観点を一貫させるならば、いかなる法効果が導き出されるであろうか。ここでは、ドイツでの議論状況を簡潔に紹介してみよう。まず、物権的請求権は、損害賠償という形態での債務の対象とされた給付の履行には向けられていないのだから、ドイツ民法二四一条一項（「債務関係に基づき、債権者は債務者に対して給付を請求する権限を有する」）の意味での給付義務概念は、物権的請求権には適用されない[105]。物権的請求権は財貨帰属秩序に反する物と物、ないし権利と権利との客観的な重なり合い（一方のズレによる重なり合い）を矯正するために機能する。だから物権的請求権とは、本来「あるべき権利状態に復帰させよ」とする物ないし権利の「意思の表明」を前提とする。権利者は、いわばその「代理人」として登場するのである（あたかも自己増殖を欲する「資本」の代理人として「資本家」が行為するかのように、そうするのである[106]。したがって、物権的請求権の相手方は、妨害物の「代理人」として、彼の計算でかつまた彼自身のリスクでもって（auf seine Rechnung und auf sein eigenes Risiko）、彼（妨害者）自身に割り当てられた権利領域に引き下がる義務を負う。その際、相手方（「妨害者」）は、妨害排除義務を「履行」（erfüllen）するのではなく、妨害排除義務を「遵守」（nachkommen）する[107]。

（4）ところで、この妨害排除義務の「履行」と「遵守」とでは、どこがどのように違うのであろうか。「履行」とは、物権的妨害排除請求権も債務法上の請求権として組み入れられることによって、生《ナマ》の「給付義務」を、その対象とするものへと立ち至る。したがって、物権的妨害排除請求権の効果を「履行」として構成する見解は、理論上不法行為に基づく損害賠償請求権と妨害排除請求権とを共通のライン上に立たしめうるものであり、物権的妨害排除請求権によって損害賠償も請求しうるとするプフタ＝ヴィントシャイト路線を肯定する立場へとつながる。これに対し、「遵守」の場合には、物権的妨害排除請求権は、相手方が物的権利状態の客観的ズレを自発的に矯正するという事態を、まずはノーマルな法効果として承認する。相手方が妨害排除義務を「遵守する」場合には、不測のケースで必要となる妨害排除のための「費用負担」も、もっぱら相手方自身の権利領域の矯正とオーバーラップする範囲で問題となるに過ぎない。したがって、それは相手方の不法行為的モメントないし「犯罪者的モメント」（ein täterschaftliches Moment）とは全く無関係である[108]。要するに、物権的妨害排除請求における「費用負担」は、サンクションとしての損害賠償とはいかなる関わりも有しない。かつまた、妨害排除請求権が「認容」された場合に下される「給付判決」における「給付」の特殊性にも留意すべきこと当然、と言わなければならない（本稿前注（105）参照）。

(70) 原島・前注（66）五四頁以下、特に六七頁以下（同・前掲書〔前注（9）〕四四五頁以下、特に四六七頁以下）参照。原島論文においては、その権利論が広く民事違法論全体を視野に収めることによって、不法行為責任のみならず物権的請求権（差止請求権）のあり方にも及んでいること、しかも「占有訴権」（占有秩序保護）をはじめとして、環境利用秩序保護や経済的競争秩序保護などに関し、いわゆる「権利論の限界」が解釈学的課題として具体的に追求されていることに、大きな特色がある。「権利保護」と「秩序保護」ないし「制度保護」との〈法的保護の二重構造〉が承認されるとともに、その前提として「客観的違法状態排除」の一般的法理論が構想されている。むろん、その一般的法理論は、たんなる「概念」の所産ではない。われわれが市民社会の構成員として共有すべき基本的価値基準の理論的な確認（権利侵害イコール差止の法理）と、同時に市民社会における基本的価値基準じたいの創造的な探求（環境利用秩序や経済的競争秩序の市民法論的射程の画定など）を承認することからなる、「開かれた体系」をもつ。

(71) Vgl. Windscheid, Pandektenrecht. 1. Bd. 9. Aufl. (oben Fn. 57), S. 167. その注3で、ヴィントシャイトは、トーンの「命令説」に依拠しながら、こうも言っている。すなわち、「物権が内包しているのは、ただ禁止のみ」であり、物権者の許容（Dürfen）は「禁止されていないこと」(ein Nichtverbotensein) を意味するにすぎない。法の命令によれば、ただ所有権者だけがその禁止から免れているのだ、と。Vgl. Windscheid, Pandektenrecht (oben Fn. 57), S. 167. Anm. 3; Tohn (oben Fn. 57), S. 197. f.

(72) Vgl. Windscheid, Pandektenrecht. 1. Bd. 9. Aufl. (oben Fn. 57), S. 1010. 川島武宜「物権的請求権に於ける「支配権」と「責任」の分化（二）」法学協会雑誌五五巻九号（一九三七年）三八頁、原島・前注（66）八五頁（同・前掲書〔前注（9）〕四九二頁以下）参照。

(73) Rudolf von Jhering, Geist des römischen Rechts auf den verschiedenen Stufen seiner Entwicklung, Teil 3, 4. Aufl., 1888, S. 339; 1. Aufl., 1852-1865. なお、訳文には筆者による若干の意訳部分がある。

(74) 来栖三郎教授によれば「イエー《ママ》リングが斯くの如く権利の核心として意思の代わりに利益をおいたことは、社会学的な考え方への傾向を示すもので、これは哲学的素養のないイエー《ママ》リングが正に哲学的素養のない故に為し得たのであり、これによって実質的要素と形式的要素と呼ばれた権利の二つの構成部分をはっきり区別し、その概念を一面的な意思の強調によって陥った影像から肉と血をもつ生々とした形態にしたという大きな功績をもっている」と言われている」（傍点・川角）とされる。

来栖・前注（57）著作集Ⅰ三一〇頁。仮にイェーリングに哲学的素養がなく、すでに早くから社会学的傾向を示していたこと確かだとしても、このイェーリングの定式には現在もなおわれわれが受け継ぎ、発展させていくべき重要なモメントが隠されている、と思われる。この点、改めて本文でも触れる。

（75）Jhering, Ist der ehemalige gutgläubige Besitzer einer fremden Sache verpflichtet, nach deren Untergang dem Eigentümer derselben den gelösten Kaufpreis herauszugeben? Ein Beitrag zur Lehre von Grenzen des Eigentumsschutzes, Jherings Jahrb, Bd. 16, 1878, S. 230 ff.

（76）Vgl. Eduard Picker, Der negatorische Beseitigungsanspruch, 1972, S. 98

（77）Vgl. Picker (oben Fn. 76), S. 167, S. 170; auch Winfried Pinger, Funktion und dogmatische Einordnung des Eigentümer-Besitzer-Verhältnisses, Die §§ 987-1003 als wechselseitig haftungverschärfendes Schuldverhältnis, 1973, S. 191.

（78）まさしく、この点において、川島武宜教授のいう「責任」説との決定的な相違点が看取されるべきである。

（79）周知のように、わが国での不法行為における相関関係理論の典型的な提唱者は、我妻栄教授であった。我妻『事務管理・不当利得・不法行為』（日本評論社、一九三七年）一〇一頁、一二五頁参照。なお、原島・前注（66）七四頁以下（同・前掲書〔前注（9）〕四七七頁以下）参照。

（80）たとえば、舟橋諄一教授による、いわゆる「相関関係的物権的請求権論」の提唱がそうである（いわゆる「違法侵害説」）。舟橋『物権法』（有斐閣、一九七六年）三六―三七頁、および同「いわゆる物権的請求権について」私法二九号（一九六七年）三七九―三八一頁参照。なお、原島・前注（66）五八頁以下（同・前掲書〔前注（9）〕四五一頁）もみよ。

（81）したがって、その意味では物権的請求権は「法関係＝権利関係」（Rechtsverhältnis）を規律するが、権利＝物権、なかでも所有権そのものは「法関係＝権利関係」ではない。Vgl. dazu Jan Schapp, Das Zivilrecht als Anspruchssystem, JuS 1992, S. 537 ff., bes. S.544.

（82）Vgl. Rimmelspacher (oben Fn. 50), S. 30.

（83）Vgl. Rimmelspacher (oben Fn. 50), S. 22.

（84）Vgl. Rimmelspacher (oben Fn. 50), S. 24. リムメルシュパッヒャーは、債権それ自体においても「請求権が法的地位」を形成するという考えのようであるが、その前提に契約関係がすでに実体的に存在することを考えれば、それをことさら強調する意味はそれほどあるまい。むしろ「請求権が法的地位」を形成するという観点は、それ自体として物権＝所有権について批判的に問題となるべきことであろう。

(85) Vgl. Rimmelspacher (oben Fn. 50), S. 25.

(86) Vgl. Rimmelspacher (oben Fn. 50), S. 26.

(87) Casjen Peters, Die Ansprüche aus dem Eigentum, Acp 153, 1954, S. 454 ff.

(88) Vgl. Peters (oben Fn. 87), S. 457.

(89) Vgl. Peters (oben Fn. 87), S. 458.

(90) Vgl. Peters (oben Fn. 87), S. 460. それゆえペータースによれば、物権的請求権が消滅時効にかかるのは当然、とされる（S. 465）。

(91) Vgl. Peters (oben Fn. 87), S. 461. 最近、マーガーも、ペータースほど徹底的ではないにせよ、物権的請求権の「請求権」的性質を強調することによって、物権的請求権にも債務法上の一般規定が適用されるべきである、とする。Heinrich Mager, Besonderheiten des dinglichen Anspruchs, AcP 193, 1993, S. 68 ff., bes. S. 81 und S. 84 f. ちなみに、わが国でも「物権的性質から生じる特別の事情がないかぎり、債権法的規定の適用は肯定されるべきである」（好美・前注（3）一一三頁）、とされるのが一般的である（ただし、好美教授は、結果的に債権法規定の適用にはかなり抑制的である）。

(92) これをはっきり指摘しているのはヘンケルである。Val. Wolfram Henkel, Vorbeugende Rechtsschutz im Zivilrecht, AcP 174, 1974, S. 134.

(93) Vgl. Jürgen Schmidt, „Actio“, „Anspruch“, „Forderung“, Festschrift für Günther Jahr zum 70. Geburtstag, 1993, S. 406, S. 410.

(94) Vgl. Schmidt (oben Fn. 93), S. 409 f., Henkel (oben Fn. 92), Acp 174, S. 134.

(95) Vgl. Schmidt (oben Fn. 93), S. 408, S. 416; Henkel (oben Fn. 92), S. 112, S. 142; such Thomas Kahl, Regelanwendung und Einzelfallgerechtigkeit bei den sogenannten rein prozessualen Rechtsbehelfen, in: Summum ius, summa iniuria, Zivilrecht zwi-

schen Rechtssicherheit und Einzelgerechtigkeit, 1994, S. 205 ff.

(96) すでにサヴィニーが、この点に関する示唆深い指摘を行っていた。要するに、物権者、特に所有権者は、確かに排他的支配領域＝自由を割り当てられてはいるが、それは常に他の所有権者のそれと接触しうるという点で「不自由な性質」(unfreye Natur) をもつ。所有権の排他的支配領域＝自由とは、孤立したものではなく、絶えず複数の所有権者による相互的承認 (gegenseitige Anerkennung) を前提とする。個々の所有権者が空間的に接触し、衝突すれば、まずなによりも不明確な権利重畳的な〈ズレ〉として現象する法状態が調整される必要が出てくるのだ、と。Vgl. Savigny (oben Fn. 36), Bd. 1, S. 367 f.

(97) Vgl. Henkel (oben Fn. 92), S. 110 ff.

(98) Vgl. Henkel (oben Fn. 92), S. 134.

(99) これに対して、たとえばヴィントシャイトが「物権的請求権のために (…) オブリガチオという表現すら用いられる」(Für den dinglichen Anspruch〔...〕wird selbst der Ausdruck *obligatio* gebraucht) と述べていたことに注目しておきたい。Vgl. Windscheid, Pandektenrecht, 1. Bd. 9. Aufl. (oben Fn. 57), S. 188 Anm 7.

(100) 拙稿・川角「ドイツ民法典におけるネガトリア請求権（一〇〇四条ＢＧＢ）形成史の基礎研究――ヨホウ草案前史ならびにその基本構造を中心に」龍谷法学三〇巻一号（一九九七年）一頁以下（本書第二章）参照。

(101) Georg Friedrich Puchta, Ueber Negatorienklage, 1827, in : ders., Kleine civilrechtliche Schriften, 1851, S. 148 ff. 川角・前注 (100) 六頁以下、特に九―一〇頁参照。

(102) Puchta, Lehrbuch der Pandekten, 1845, S. 242 f. 川角・前注 (100) 一二―一三頁（本書第二章五七頁以下）参照。

(103) Vgl. Picker (oben Fn. 76), S. 51, S. 84, S. 91 f., S. 102 f. 本稿は、このピッカー理論とモディファイされたイェーリング権利論との結合の産物である。

(104) この点については、さしあたり前注87ペータース論文の「表題」(„Die Ansprüche aus dem Eigentum“) を想起されたい。

(105) ヘンケルは、物権的返還請求権についても、次のように述べて、給付モメントとの切断を指摘している。「物を所有者に返還する占有者は、返還請求権を履行 (erfüllen) するのではない。そうではなくて、彼は彼の返還義務を遵守 (nachkommen) するのである。(略) そこから引き出されうるところの、返還 (Herausgabe) はなんら給付ではない (keine Leistung)。このような想定は、給付概念が物権的返還請求権との関連では制定法上なんら浮かび上がってこない、ということによって補強されている」。Vgl. Henkel (oben Fn. 92), S. 129. したがって物権的請求権の「認容判決」が、いわゆる「給付判決」として下される場合であっても、その「給付」の特殊性に留意する必要があろう。この点、本書第三章一四七頁注(22)も参照。

(106) ちなみにカール・マルクスは、「資本家」を「人格化された資本」と呼び、「彼の魂は資本の魂である」と規定した。マルクス『資本論・第一巻』(一八六七年)全集二三巻第一分冊三〇二頁参照。

(107) 前注(105)のヘンケルの見解を参照されたい。なお、ヘンケルは、請求権を付与されていることによって自己の実体的な利益保持のために請求可能性を割り当てられている「権利の担い手の人格」(Person eines Rechtsträgers)と「義務」との結合として、本文で述べたことを言い換えている。Vgl. Henkel (oben Fn. 92), S. 127. さらにピッカーは、端的に「所有権者」を「物の代理人」(Repräsentant seiner Sache)と定式化する。Vgl. Picker (oben Fn. 76), S. 107.

(108) Vgl. Picker (oben Fn. 76), S. 57.

第五節　結　語

一　論点の理論的整理

(1) 今日、いわゆる物権的請求権が承認されることは、歴史的観点に照らして言えば、あくまで近代市民法上の特殊な現象と言うべきであって、「自明のこととみるべきではない」[109]。むしろ今日、物権的請求権が承認されるのは、究極的には「今日の「財貨秩序」がそのような請求権による所有権の保護を要求していると考えることによってである」[110]。——以上の見解は、とりわけ不当利得「類型論」の展開によって財貨帰属秩序に奉仕する機能を営む「侵害不当利得類型」が、財貨運動秩序に奉仕する機能を営む「給付不当利得類型」との対比を媒介に、かなり明確な法的形象を与えられてきたことを受けて、すでにわが国でも有力な見解となった、と言ってよい。しかしながら、侵害不当利得類型においても実はそうなのであるが、「財貨帰属秩序」の法的機能自体、それほど明確に理論化されてきたとは言い難いように思われる。むろん本稿でも、それを十分に掘り下げえたという確信はない。にもかかわらず、ドイツ学説の動向を受け、特にヴィントシャイト請求権論を批判的に検討することによって、物権的「請求権」の独自性が、ある程度明らかになりえたのではないか。それは、こうである。

(2)　物権的請求権は、財貨帰属秩序において権利＝物権＝所有権の客観的な帰属状態にズレが生じた場合に、そのズレた側の権利＝物権＝所有権の主体（権利者）を相手方（「妨害者」）として、ズレを被った側の主体（権利者）が、相手方の故意・過失などとは全く無関係に、もっぱら客観的な不適法状態（権利のズレ）を矯正すべく請求するため、機能する。こうして、財貨帰属秩序を平和的に維持するという機能を、物権的請求権は、営む。言い換えるならば、物権的請求権とは、財貨帰属秩序そのものの法的リアクションにほかならない[111]。したがって、「請求権」論の成立過程では、なるほどヴィントシャイト請求権論による大きな影響を受けて、物権的請求権と債権的請求権との混同が生じたし、現在でもそれがかなり有力であるところ、今、その「常識」を根底から覆す必要がある。物権的「請求権」における請求権ファクターは、財貨帰属秩序における実体的な物権ファクターに従属すべきものである。また、物権的請求権の内容は、相手方の給付義務の履行を求めるものではない。なすわち「妨害者」と「被妨害者」との間で、客観的な、しかも双方的な権利状態のズレを矯正するために、妨害除去義務が遵守されるべきであるにすぎない。場合によっては必要となる「費用負担」も、いわば妨害者自身の権利領域保全のために資するものであり、基本的にいかなる意味においても「財産上の犠牲」（ないし「サンクション」）をもたらしうるものではない[112]。

以上の理論的整理を受けて、解釈論レヴェルでの具体的な検証を最後に試みよう。

二　解釈学上の提言と今後の課題

(1)　まず、冒頭の設例にそくして一定の方向性を与えておきたい。物権的請求権において問題となるのは、あくまでも現在の客観的な権利状態そのものである。それを誰が惹起したか、その惹起行為が有責であったか無責であったかは、全く無関係である。したがって、Aの乗用車をCが占有しない限り、客観的な権利状態のズレをきたし「妨害」を生み出している主体は、あくまでもAであってCではない。ここに「物権的請求権の衝突」は生じない。Aは、故意・過失がまったくない場合であっても、またA自身の行為による場合でなくても、それとは無関係に乗用車を除去する義務を負う。場合によってレッカー車で移動させる必要があるときに、その費用をAが負担するとしても、それは、自己の所有権領域を回復させるための費用でしかない。なお、その際にAがCに対して「捜索物引取請求権」を行使し、Cの所有地への立ち入りを求めることがあっても、これは法的性質として物権的返還請求権とは無関係である。

(2)　Cが乗用車の占有を開始すれば、Aに物権的返還請求権が生ずるが、通常そのような場合、CはAの返還請求に応じることであろう。まれに、Cが返還を拒み、Aが提訴したときには、Cはたとえ「善意」であっても、敗訴すれば訴訟継続時から悪意の占有者とみなされ、「果実返還義務」（乗用車の「使用利益」の賠償など）を負う（日本民法一八九条二項）。

(3)　Aが乗用車の所有権を放棄した場合はどうか。Aが所有権を放棄した後は、問題の乗用車は「無主物」となるから、基本的には無主物先占（民法二三九条）によってCが新たな所有権者となることがある。Cは乗用車について利益を得るだけで、もし仮に損害が生じた場合であっても（たとえば、Cの所有地が当該乗用車の存在により、一時的・部分的に使用不可能になったことに基づく損害など）、それはCが、もっぱら窃盗をはたらいた不法行為者Bに対して請求すべきこととなる。ところが、Bが乗り回し、ポンコツにして廃車同然だからという理由で、Aが所有権放棄した、とすればどうだろう。この場合、車が「廃車」同然ならばCが無主物先占して新たな所有権者となる利益も存在しない。理論的には、所有権放棄をすれば、一応Aに物権的妨害排除義務はない、ということになる。しかしAが、その「廃車」の存在によってCが不利益を受けることが明々白々であるにもかかわらず「廃車同然だからもういらない」と放棄したのであれば、それはCの不利益を顧みない、きわめて自己本位の行為ということになろう。Cが「廃車」を除去するために費用負担＝損害を被ることは通常認識可能＝予見可能であるから、少なくともこの点で過失に基づく不法行為責任がAに課せられるべきこととなろう。また、所有権放棄が所有権の一権能であるとするならば、このような相手方の不利益を顧みない自己本位の身勝手な「所有権放棄」は、一種の「権利濫用」として、そもそも認められない、と解することもできるかもしれない[113]。

(4)　以上、物権的「請求権」の独自性を浮き彫りにすることによって、一定の解釈論的提言を行った。それによって明らかとなったのは、物権的請求権とは、「財貨帰属秩序」における権利＝物権＝所有権の客観的な物的リアクションである、ということであった。その際、「物的」というのは卑俗な意味での「物」を言うのでない。現在の市民社会システムにおいてその経済的土台に存在理由をもち、そこから流出する、いわば市民社会の「血液」に相当するものとして、ここでは位置づけられている。したがって、ここでの「物的」概念は、あくまで抽象的でかつ理念型的なものである。また、財貨帰属秩序を問題とする以上、広く市民法「秩序」のあり方をトータルに捉え直す必要性も出てくる。これら理論的な諸問題の考察は、依然として残された課題である。加えてさらに、今後一層深く検討すべきことを二点ほど挙げるならば、次のようになろう。

①財貨帰属秩序に反する客観的不適法状態（権利のズレ）の存在が物権的請求権を根拠づけるのだとしたならば、それ以外の人格秩序、競争秩序、環境秩序などに反する不適法状態（その際に、同時的に成立するところの秩序違反行為の客観的違法）についてはどうか。人格秩序、競争秩序、環境秩序などに反する不適法状態（秩序違反行為の客

観的違法[114]が生ずれば、少なくとも違法性阻却事由が存在しない限り、物権的請求権に対応するところの妨害排除請求権ないし「差止請求権」が成立する、と考えることができるのではないか[115]。そして不法行為に基づく損害賠償請求権は、それとは別に、行為結果の客観的違法性プラス「行為の有責任」（主観的帰責性）及び「損害」の発生が認定されて初めて問題となる、と考えるべきではないか[116]。

②以上の意味において、権利保護の体系と制度保護（秩序保護）の体系における請求権発生のメカニズム（特に差止請求権発生のメカニズム）は、客観的秩序違反状態の「不適法性」を前提にした「秩序違反行為の客観的違法」を要件とする点で共通する。ただし、「権利保護」の場合には、請求者は自己の権利を前提に「権利状態のズレ」を立証すれば足りるのに対して、『制度保護（秩序保護）』の場合には、「権利保護」と比べて保護客体の一義性に、なお問題が生じうる[117]。したがって、制定法上の差止要件規定がない場合には、その都度、紛争類型ごとに「制度保護（秩序保護）」の法的実体を請求者が立証すべき局面が生じえよう。そして、その場合には、いわゆる「保護法規」違反の差止請求権も積極的に考慮されえよう。それが積み重なることによって初めて、「制度保護（秩序保護）」に関する行為規範と裁判規範が実体化しうる、という特殊性をもつだろう。しかし、その「実体化」の前提としては、「権利保護」の場面での差止請求権論の原則的な確立が最低限要求されるべきことになる。以上のことを確認して本稿を閉じたい。

(109) 広中俊雄『物権法（第二版増補）』（青林書院、一九八七年）二三六頁。なお、ローマ法段階でのアクチオ・ネガトリアの法的性質の変遷については、拙稿・川角「ローマ法における所有権保護請求権の「形成」とその意義」『借地借家法の新展開』（信山社、二〇〇四年）二三二頁以下（本書第一章）を参照。

(110) 広中・前注（109）二三七頁。

(111) たとえば侵害不当利得類型において、無権限者の客観的利用行為により、権利者側に損失がなくとも、また権利者がその利用行為をなす予定がなかった場合であっても、「適正使用料相当額の価値賠償請求権」が承認される場合、それはまさしく財貨帰属秩序の法的リアクションによるものと言えよう。ただし、この場合、少なくとも相手方の「客観的利用行為」の存在が要件となるし、また、相手方に「押しつけられたる利得」の抗弁が存在しないことも必要である。以上の点につき、拙著・川角『不当利得とはなにか』（日本評論社、二〇〇四年）「第二章　侵害不当利得論」所収の諸論稿を参照。

(112) これに対して、無責の妨害者に「費用負担」を義務づけるのは「財産上の犠牲」を強いるものであるとして批判するのが、フォン・トゥールの見解である。Vgl. Andreas von Tuhr, Der Allgemeine Teil des deutschen bürgerlichen Rechts, Bd. 1, 1910, S. 250–251. なお、物権的請求権と「給付判決」との関わり方につき、本稿前注(105)を参照。

(113) 権利濫用と信義則違反との関係については、なお検討すべき問題がある。とりあえずここでは、ローマ法以来の特定悪意の抗弁（exceptio doli specialis）に基づく「容赦のない利益追求」（inciviliter agere）のひとつの場面として把握しておく。原島重義「民法における「公共の福祉」概念」法社会学二〇号（一九六八年）一頁以下、特に一二頁注8参照。なお、この論文は、原島『市民法の理論』（前注(9)）第二部信義則・権利濫用論に収録されている。

(114) ここで「秩序違反行為の客観的違法」とは、あくまでその前提として権利帰属秩序・人格秩序・競争秩序・環境秩序に反する「客観的な不適法状態」の発生を基本とする。これが、「差止請求権」（ネガトリア請求権）の発生根拠となる。ただし、それは同時に広義の民事違法を充足するのであり、よって一定の付加的要件（たとえば故意・過失及び損害など）のもとで不法行為責任要件としての行為の「違法性」も併わせて問題となる場合がある、という意味で、ここでは用いられている。

(115) たとえば、ヘンケルも、予防的「権利」保護は「権利領域」が絶対権を意味するのか、それとも不正競争防止法（UWG）やドイツ民法八二三条二項の意味での保護法規を意味するのかにかかわらず、統一的に構想されるべき旨、指摘している。Vgl. Henkel (oben Fn. 92), S. 104.

(116) ところで、これまでネガトリア請求権の成立要件として「違法性」（＝客観的違法性）が必要である、とされることが一般的であった。しかし、厳密に言えば、それはやや不正確であるように思われる（ネガトリア請求権においては、人の「行為」そのものが「妨害」を意味する場合にだけ、「行為」の「客観的違法性」が問題となるにすぎない）。なぜなら、物権的請求権ないしネガトリア請求権の成立根拠は、ザッハリッヒでかつ客観的な権利状態＝物的帰属状態の現在的ズレであり、その意味での「不適法性」（Unrechtsmäßigkeit）を最低限の要件とするから、である。そのような「ズレ」が人の「行為」によって客観的に存在し、しかもそれが物権的請求権の法的発動を根拠づける場合に、「行為」の法的性質決定に関するところの「客観的違法性」が問題となる。Vgl. Picker (oben Fn. 76), S. 173 ff., bes. S. 175.

(117) 生命・身体への侵害等、いわゆる人格侵害の場合にはその一義性は比較的明らかであるが、それでもプライヴァシー保護の類型などでは微妙な問題が生じよう。この点、さしあたり五十嵐清『人格権法概説』（有斐閣、二〇〇三年）二七八頁以下を参照。

第五章　ドイツ民法典における所有権保護請求権としてのネガトリア責任と金銭賠償責任との関係

――判例分析を兼ねて

第一節　序論

(1)　ここで「ネガトリア責任」とは、ドイツ民法一〇〇四条にいう「物権的妨害排除請求権」に対応する「妨害者」側の除去責任を指す。ドイツ民法一〇〇四条がローマ法上の「役権否認訴権」(actio negatoria)に歴史的な生成基盤をもつことを特に考慮して、本稿では原則としてこの呼称を用いる。ところで、ドイツ民法学において、このネガトリア責任が不法行為法上の損害賠償責任と法制度上厳格に区別されてきたし、今なおその通りであることは、すでに繰り返し強調されてきたことである。[1] すなわち、ネガトリア責任が妨害者の故意・過失の有無とは全く無関係に、もっぱら所有権の自由な状態への妨害を排除するために機能するものであるのに対して、不法行為法上の損害賠償責任は加害者の故意・過失にもとづく財産上のマイナス＝損害を補填するために機能する。

(2)　ドイツ民法上の「損害賠償」(Schadensersatz)とは、原則として「原状回復」(Naturalrestitution)をその内容とする（ドイツ民法二四九条）。したがって、ネガトリア責任で問題となる「妨害排除」と不法行為責任で問題となる「原状回復」とを、一体どのような基準でもって区別するべきであるのか、が争点となる[2]。それとの関連において妨害排除のための「費用負担」を妨害者が負担するのか（行為請求権説）、それとも被妨害者が負担するのか（忍容請求権説）、さらには「妨害者」とはだれのことをいうのかという問題も議論されている[3]。同時に、他方で争われているのは――本稿ではこれが肝心なのであるが――ネガトリア責任における「妨害排除」にあたって高額の費用がかかる場合に妨害排除に代わる「金銭賠償」（Geldersatz）を認めるべきか否か、ということである。

(3)　ドイツ民法二五一条二項は次のように規定する。「損害賠償義務者は、（損害賠償の内容としての）原状回復が、不つりあいに大きな費用支出によってのみ（nur mit unverhältnismäßigen Aufwendungen）可能である場合には、損害賠償債権者に対して金銭での賠償をなしうる（in Geld entschädigen kann）[4]」。したがって問題は、一〇〇四条のネガトリア責任に対して、この二五一条二項の適用ないしは類推適用がありうるのか、ということである。言うまでもなく、この二五一条二項は――先に示したように――損害賠償の効果が原則「原状回復」であることを、当然の前提としている。原状回復が「事実上不可能」であるか、あるいは原状回復だけでは損害賠償として不十分である場合に、その限りで「金銭賠償」を許容するドイツ民法二五一条一項と並んで、同条二項は「原状回復」原則に対する《例外規制》を形成するものである（なおドイツ民法二五〇条、二五三条にも注意[5]）。ところで、この二五一条二項は、あくまでも損害賠償の効果に関する法規制をつかさどるのであるから、損害賠償の要件としての債務者の「故意・過失」ならびに債権者の「財産に対する不利益変更」（いわゆる「損害」）、さらにはそのことの「違法性」が問われざるをえない。当然のことながら、これは文字どおり損害賠償法上の要件である。かりに損害賠償責任もネガトリア責任も法制度上全く同一線上にあるのだとしたなら、一〇〇四条に二五一条二項を適用ないし類推適用することも、いわば当然ということになる。そしてこのことは、物権法上の要件・効果も債務法上の要件・効果も基本的に区別する必要はない、ということを意味するだろう。そしてわが国で一般化しているように、民事違法論を、いわば「不法行為法一元的」に考察してゆけば足りる、とする法傾向を一層促進することになるだろう。[6]この論点をめぐって、ドイツ民法学は、われわれに一体何を物語ってくれるのであろうか。

(4)　ところで、仮にこのような「法的判断」（ネガトリア責任の金銭賠償による置き換え）が肯定されるとするならば、費用が「高額」なのかどうかは、それ自体、妨害者の資力状態や妨害物と被妨害物との経済的効用の優劣など、文字どおり《相対的な判断》が要求されてくることになる。しかも民事訴訟における最終的な判断主体が「裁判官」である以上、その《相対的な判断》が「裁判官の自由裁量」に組み込まれてしまうことにもなりかねない。そうであるとするならば――場合によっては――かつてわが国でも見られた「公益による私益優先」の名による「土地収用類似の所有権制限」[7]が、ドイツでも現にありうる、ということになる。はたして、ドイツの法状況はこのような疑念を払拭しうるのであろうか。その問題を正しく提起するためには、まずは「ドイツの法状況」の内実をリアルに抉り出す必要があるだろう。本稿で私は、可能な限りドイツにおける判例の状況に力点を置いて、そのための一応の足場を築いてみたい、と考える。

(1)　わが国では、たとえば好美清光「物権的請求権」『注釈民法⑹』（有斐閣、一九六七年）四八―五〇頁、好美・前掲論文『新版注釈民法⑹〔補訂版〕』（有斐閣、二〇〇九年）一一三頁以下、原島重義「わが国における権利論の推移」法の科学六号（一九七六年）五四頁以下、特に五七―五八頁（原島『市民法の理論』（創文社、二〇一一年）四五一頁以下）が、その旨を指摘する。

(2)　この点は、ドイツにおいても今なお争われている一個の重要論点と言わなければならない。具体的な問題点については本稿において、のちほど必要な範囲で指摘する。ドイツにおける議論の状況については、さしあたり小川保弘「所有物妨害除去請求権について――ドイツにおける請求権内容解釈論の考察」同『物権法研究』（法律文化社、一九八五年）（初出は一九七四年）三頁以下、玉樹智文「妨害除去請求権の機能に関する一考察――ドイツにおける議論を巡って」林良平先生還暦記念論文集『現代私法学の課題と展望（中）』（有斐閣、一九八二年）一二七頁以下、特に一四〇頁以下、田中康博「所有権に基づく物権的請求権の請求権内容について」京都学園大学法学創刊号（一九九〇年）五三頁以下を参照。

（3）ドイツでは物権的請求権の法効果論レベルでの理解につき、行為請求権説が支配的見解であって、忍容請求権説はごく少数にとどまっている。したがってこの点、すでに理論レベルないし学説レベルでの優劣については一応決着を見ていると言ってよい。これは、なにはともあれ物権的請求権と不法行為に基づく損害賠償請求権とを法制度上明確に区別しようとするドイツ法体系からの当然の帰結である、と言えよう。これに対して、とりわけ本稿で肝心なネガトリア責任に関して、それを不法行為法上の損害賠償責任との連続線上で把握しようとする傾向が根強いわが国では、行為請求権説と忍容請求権説とがあい拮抗している状況にある。この「傾向」につき主導的な役割を果たしたのが、川島武宜「物権的請求権に於ける「支配権」と「責任」の分化（一）（二）（三・完）」法学協会雑誌五五巻六号二五頁以下・九号三四頁以下・一一号六七頁以下（いずれも一九三七年）であった。それを正面から批判したものが、原島・前掲論文（前注（2））である。なお、石田喜久夫「物権的請求権について」（一九八四年）同『物権法拾遺』（成文堂、一九八六年）所収一頁以下、特に九頁以下も参照されたい。ちなみに、ドイツにおける「忍容請求権説」の批判的検討と「行為請求権説の新たな基礎づけ」を重点的に論じる、鷹巣信孝「所有権に基づく妨害排除請求権――財産法における権利の構造（二）」佐賀大学経済論集二一巻三号（一九八八年）一〇五頁以下（同『所有権と占有権』（成文堂、二〇〇三年）五七頁以下）、ならびに拙稿・川角「近代的所有権の基本的性格と物権的請求権との関係（二）――その序論的考察」九大法学五一号（一九八五年）二七頁以下、特に四六頁以下、好美・前掲論文（『新版注民』（前注（1）））一六六頁以下、松岡久和『物権法』（成文堂、二〇一七年）三五頁以下参照。

（4）なお、ドイツ民法二五一条二項そのものについての本格的な研究は今後に期すほかはない。ただし、のちほど本稿が指摘するように物権法上のドイツ民法一〇〇四条に債務法上の二五一条二項が（類推）適用されるということは、ドイツではすでに支配的な見解となっている。Vgl. Palandt, BGB-Kommentar, 47. Aufl. 1988, S. 274 (Heinrichs) : Münchener Kommentar zum BGB, 2. Aufl. 1986, S. 418 (Grunsky) ちなみに、いかなる基準で「不つりあい」か否かが判断されるのかという点については、目的物によって差異が設けられている。たとえば乗用車に対する損害の場合には、一般に損害を受けた乗用車の客観的な価格を原状回復のための費用価格が三〇パーセント上回るかどうかが基準とされている。愛玩動物の場合には「愛着利益」が顧慮されることもあって三〇〇パーセントを上回る場合でもなお原状回復が命じられる。ただし樹木の毀損の場合には通常、回復費用の方が高くつく結果、樹木そのものの金銭賠償のみが認められる傾向にある、とされる。Vgl. Palandt=Heinrichs, a. a. O., S. 275. なお、この論点に関するわが国の文献として、和田真一「費用の過大さを理由とする妨害排除請求の制限――ＢＧＢ二五一条二項の適用範囲論をめぐって」立命館法学二二五＝二二六号（一九九二年）二七頁以下がある。

（5）　ちなみにドイツ民法二五〇条は、まず損害賠償債権者が一定期間経過後は原状回復を拒絶する意思表示を相手方になすことができる、と規定し、その上でその要件（一定期間内に原状回復がなされないこと）が充足された場合には、債権者は金銭での賠償（Ersatz in Geld）を請求することができる、と規定している。この場合には、原状回復請求は排除されるわけである。他方、ドイツ民法二五三条は、財産損害以外の、いわゆる無体的損害（Immaterieller Schaden）については、制定法による規定がある場合に限って金銭での賠償（Entschädigung in Geld）が請求されうる、と規定する。

（6）　原島・前掲論文（前注（2））五六頁以下、九三頁以下（同・前掲書（前注（1））五〇九頁以下）参照。

（7）　広中俊雄『民法綱要　第一巻　総論上』（創文社、一九八九年）一一七―一一八頁、一一九頁注（2）、ならびに同書一四三頁注（8）、なおこの点については、すでに原島「民法における「公共の福祉」概念」法社会学二〇号（一九六八年）一頁以下、特に二六頁（同・前掲書（前注（1））二六〇頁）、同「事実上の土地収用・妨害排除請求権の濫用」伊藤正己・甲斐道太郎編『現代における権利とはなにか』（有斐閣、一九七二年）七八頁以下、特に八一頁、同「所有権の濫用」『新版・判例演習民法Ｉ（総則）』（一九八一年）一頁以下、特に一一頁以下（同・前掲書（前注（1））三五六頁）参照。

第二節　ドイツ判例（ＲＧ）の状況(1)

――ネガトリア責任と損害賠償（原状回復）との関係をめぐって

まずここでは、ドイツ判例の状況を、いきなり「ネガアトリア責任と金銭賠償」の関係としてではなく、とりあえず「ネガトリア責任と損害賠償責任（原状回復）との関係」に絞って、この論点につき争われたライヒスゲリヒト（以下ＲＧと記す）の態度表明に即し、やや詳細な分析を試みたい。それは、本稿の主要テーマを追求するための不可欠の前提を提供してくれよう。一八七九年一〇月一日に設立されたＲＧの発足直後の状況からみていくことにする。

①　一八八二年三月二九日ＲＧ判決（RGZ 6, 217）

《事実関係》　被告Ｙは、フランクフルト市内に土地建物を所有しており、その建物の一角に蒸気によって稼働する印刷所を設けた。その隣地所有者が原告Ｘであった。原審の確認したところによれば、Ｙの印刷所営業によって、特に夜間、騒音と振動が耐え難いまでにＸに対して加えられ、Ｘの家屋の通常の居住利用を本質的に妨害した（wesentlich beeinträchtigt）。原審は第一審とともに当該騒音と振動を緩和するための設備を設置すること、Ｘが当該騒音・振動によって被ったあらゆる損害を賠償することをＹに命じた。Ｙ上告。上告棄却（一部変更）。

《判決理由から》　ＲＧは、まず原審によって確認された事実関係に照らし、ＸがＹに対して物権的妨害排除訴権（die Negatoria）を行使しうることを宣言する。その上で「ＹがＸの所有権を侵害している印刷設備が除去されるべしと判示した原審判決は正当であって、Ｙの上告は棄却されなければならない」という。重要なのは、損害賠償責任との関係について論じられた次の文脈である。――「一般に或る者が、その者の行為によって（durch seine

Handlung）他人の権利を客観的に侵害するという事態は、たしかにこの客観的な違法容態の継続を排除する請求権を根拠づける。しかし、だからといってそれは、その（客観的な）侵害の惹起者に損害賠償義務を根拠づけるには十分ではない。むしろ、損害賠償義務が根拠づけられるためには、さらなる法的根拠（ein weiterer Rechtsgrund）が付加されなければならない。すなわち、損害惹起者の主観的過責（eine subjektive Verschudung des Schadensstifters）、あるいは損害惹起者がその損害の危険をみずから負担するという内容の契約の存在、が必要である」。こうして本件では、Yに過責なしとの判断のもと、ネガトリア責任としての騒音・振動を抑止するための設備の設置義務だけがYに課せられた。

《コメント》　このRG判決は、一八八二年のものであるが、あとでも指摘するように、ちょうどこの時期はドイツ民法のための前草案（Vorentwurf）が起草された時期に相当する。そして、物権法を担当したヨホウ（R. Johow）によってネガトリア責任と不法行為法上の損害賠償責任との違いが特に強調され、この区別を曖昧にしようとするヴィントシャイト（B. Windsceid）の見解などが批判されていた[8]。この状況に即して言うならば、本判決は一応はネガトリア責任と損害賠償責任とを明確に区別しようとした、と評価されなければならない。しかし、ここで私が「一応は」と抑制的であるのには、それなりの理由がある。なぜなら、なるほど本判決において、RGがネガトリア責任と損害賠償責任との区別に際し、客観的な権利侵害によって「客観的違法」を認め、よって直ちにネガトリア責任を承認しつつ、他方で損害賠償責任を認めるためにはそれ以外のさらなる要件としての主観的過責（故意・過失）が必要であると述べたのは、確かにヨホウ草案の原則的な立場に即したものと言わなければならない。しかしながら、本判決は、たとえばピッカー（E. Picker）によって損害賠償法的思考形態の産物として批判された「行為責任説」の立場に立つ[9]。たとえば、ネガトリア責任の要件としての「妨害」概念として「違法容態の継続」をあげ、しかも「妨害者」として「その者の行為によって」他人の権利を侵害する者、という定式化を与えている。

要するに、今日なお、はげしく争われている「結果除去請求権」[10]（Folgenbeseitigungsanspruch）の是非に関して、RGがその出発点からこれを肯定しうる立場を準備していた、とも言える。これが、その後、本稿のテーマに関するリーディングケースとされる⑦判決（RGZ 51, 408）にも影響を与えることになる。

② 一八八二年九月二〇日RG判決（RGZ 7, 265）

《事実関係》 Yの鉄道営業に際して、XはY所有蒸気機関車から出る火花によるイミッシオーンを受けた。Xは、それによって自己所有の建物が危険にさらされ、その結果Xの所有地全体の評価額が九〇〇〇マルク分下落してしまったし、さらにYの鉄道営業による振動によって建物が毀損された、と主張した。原審は、火花のイミッシオーンによっていまだいかなる具体的な損害も生じていないとしてXの損害賠償請求を棄却し、安全確保設備の設置義務のみをYに課した。X上告。破棄自判。

《判決理由から》 これは、鉄道営業という公共的事業にともなうイミッシオーンと、ネガトリア責任・損害賠償責任とに関連して打ちだされたRG初期の判決である。まずRGは、次のように言う。「所有権概念から流出する原則にしたがえば、いかなる土地所有者も、その土地にイミッシオーンを与える隣人の土地利用を受忍する必要はない。たとえば本件のごとき鉄道による火花のイミッシオーンもそうである。このようなケースでは、原告に対して不利益を与える利用行為に対して、むしろ原告にはさらなる妨害の停止を内容とするネガトリア訴権ならびに損害賠償を求めるネガトリア訴権（die negatorische Klage auf ferner Unterlassung und auf Schadensersatz）が帰属する。しかし、国家権力が鉄道経営者に対し、公共の利益において（im öffentlichen Interesse）鉄道施設とその営業に対して許可を与えている場合は、事情は別である。この場合には、鉄道営業によって不利益を被ったとしても、土地所有者はネガトリア訴権を行使してイミッシオーンとか振動とかの停止を求めるいかなる権限ももたない。また、原審の言うような安全確保施設の設置請求権限もない。むしろ、鉄道営業の許可付与にあたっては、国家権力の一般的な命令（die allgemeine Anordnung der Staatsgewalt）が、すなわち土地所有者が不利益を受けても鉄道営業によるイミッシオーンは、これを受忍せよという命令が、考慮されるのである」。そして、この点に関してＲＧは、このような国家的命令によって「私的所有権への侵害」（Eingriff in das Privateigentum）が許容されうるのであって「かくして所有権に対して本質的な制約が課せられる」と述べつつ、その根拠を繰り返し「公共の利益」に求めている。こうしてＲＧによれば、このような場合には鉄道営業によって不利益ないし威嚇を受けている土地所有者がイミッシオーンや振動の停止を求めたり、それに代わる安全確保施設の設置を要求することはできない、とされる。結局、Ｘに認められうるのは「それ（鉄道営業）によって彼（原告）の土地が被った価値下落分の賠償」だけである、と言う。そしてこれは、一八七四年六月一五日の土地収用法（Enteignungsgesetz）によって公共的事業体に過失があったか否か、ならびに当該価値下落が企業体の営業活動によって直接的に惹起されたか否か、を問題にすることなしに認められるべきものである、とする。

《コメント》　本件においてＸが請求したのは、損害賠償請求だけであって、Ｙのネガトリア責任を追及したわけではない。したがって原審がＸの損害賠償請求をしりぞける一方で、ネガトリア責任に対応する安全確保施設の設置義務のみを認めたことに対して、Ｘはこれを不服として上告に及んだのである。ところで、判決理由にみられるところのネガトリア責任と損害賠償責任との関係に関するＲＧの判断には、これを容易に理解することを妨げる論旨の混乱がある、と思われる。まずなによりもネガトリア請求権が妨害の停止のみならず、損害賠償にも向けられる、としている点である。ＲＧは、ここでの「損害賠償」（Schadensersatz）の内容を――ＢＧＢ制定前ながら――おそらくはすでに「原状回復」と同一内容として理解していたように思われる。それゆえ、すくなくともネガトリア的な金銭賠償請求権なるものを肯定したわけではないであろう。しかしながら、いずれにせよＲＧは民法上の所有権に基づく請求権を「公共の利益」を盾にしりぞけ、それに代わる金銭での損害賠償を、土地収用法の規定に基づいて認めている。ちなみに、一八六九年にはすでに「営業法」(Gewerbeordnung, GewO.) が制定されている。それによれば本件のような官庁の許可をもって設立され稼働している営業施設によるイミシオーンに対しては営業停止を請求しえず、ただ金銭賠償だけが認められる (§ 26 GewO.) とされる。本件において、なにゆえにRGが「土地収用法」にのみ依拠したのか、判然とはしない。おそらく、Yの鉄道営業にともなう火花のイミシオーンによってXが彼の所有地での建築制限を被った事実に対して、これを鉄道営業の公共性に基づく「事実上の土地収用」と同一視したのではないか、と思われる (vgl. RGZ 7, 269-270)。

③ 一八八三年一二月一三日RG判決 (RGZ 11, 341)

《事実関係》 Yは、一八八一年にXの住宅の切妻面の壁 (Giebelmauer) に接するかたちで自己の建物をたてた。ところが、このY所有の建物から原告の切妻壁に水が侵入し、その湿った箇所にカビがはえるなどしてXにかなりの損害が生じた。Xは損害賠償のみを請求した。第一審、原審ともどもXの損害賠償請求を認めた (ただし損害賠償の範囲について意見が異なる)。Y上告。破棄差戻。

《判決理由から》 相隣関係におけるイミッシオーンの位置づけ、ならびにネガトリア責任と損害賠償責任との関係につき論じられた部分に限定して、RGの見解を示す。すなわち言う。「まさに土地所有権者のすべてが、相互にそれぞれの所有権を利用するための絶対的権利をもつのであるから、相隣地所有者は相互にお互いのことを顧慮しなければならない。すなわち、一方はその耐えうることは受忍し、他方はみずからの土地において不適法なやり方で他人の所有権に干渉するような行為を思いとどまることによって、相互にお互いのことを顧慮すべきなのである (gegenseitig Rücksicht tragen müssen)」。こうしてRGによれば、いずれにせよ「不適法なやり方での他人の所有権に対する干渉」は、それ自体まずもって抑止されるべきなのであって、相隣関係にあるからといって直ちに「受忍」の対象とはならない。かくてRGは、次のようにも言うのであった。「ところで、このような水のイミッシオーンについては、隣人は相隣関係にあるからといって、それを受忍する義務を負わない。そして、その隣人はネガトリア訴権でもって（mit der negatorischen Klage）相手方に対して水のイミッシオーンを停止し、排除することを請求しうるのである。それはまさに、イミッシオーンというものが客観的に違法である（die Immission objektiv widerrechtlich ist）がゆえに、そうなのである」。したがって、このことの必然的な帰結として、RGは客観的な違法根拠としてのイミッシオーンがネガトリア責任の対象となることにつき「被告の過責を問う必要はない」という。ただし、すでに指摘したように、本件において原告は、もっぱら損害賠償のみを請求している。だとするなら、論理必然的に「主観的な過責モメントが不可欠」だということになる。ところが、原審が肯定したところのYの過責を認定するための要件としての予見可能性については疑義があるとして、RGは原審判決を破棄差戻した。

《コメント》　本件では相隣関係におけるイミッシオーンとネガトリア責任・損害賠償責任との関係について、原則的な観点が示された。まず相隣関係における相互顧慮義務の内容として、直接的で無内容な「単なるお互い様」という観点を排斥している。たしかに「お互いに耐えうることは受忍すべき」なのであるが、その論理的前提として「不適法なやり方で他人の所有権に干渉してはならない」ということが承認されるべきなのである。なるほど、なにをもって「不適法」であると判断するかについては解釈の余地を残している。しかしながら、RGの言うように、そもそもイミッシオーンというもの、それ自体が「客観的に違法」なのである。したがってイミッシオーンは原則的にネガトリア請求権によって排除されなければならない。イミッシオーン原則有効ということには決してならない。イミッシオーンを受ける側の土地所有権の利用が、それによってそもそも妨害されていないか、あるいは妨害を受けてはいても「本質的でない」（unwesentlich）場合にのみ、「例外的に」ネガトリア請求権によるイミッシオーンの排除が制限されるだけである（ドイツ民法九〇六条一項参照[11]）。わが国のように、受忍限度をこえて初めて、しかも不法行為に基づく金銭賠償の場合よりも高い受忍限度をこえて初めて、ネガトリア請求権（差止請求

権）が、いわば「例外的に」認められうるとする法構造とは、かなり様相を異にする。(12)

④ 一八八六年一二月七日RG判決（RGZ 17, 103）

《事実関係》 詳細は明らかではないが、原審の確定したところによれば、Y鉄道会社の蒸気機関車からの火花の放散によって、X所有の建物（倉庫）が焼けた、とされる。原審判決によって、Yには法技術的な意味での過失（culpa）はない、とされた。にもかかわらず、結局のところYによって惹起された損害に対して責任あり、と判断された。Y上告。上告棄却。争点は actio negatoria によって損害賠償を請求しうるか、という点にあった。

《判決理由から》 RGは原審の判断を「正当」（mit Recht）という。問題は、その理由づけにある。RGは、争点のネガトリア責任と損害賠償責任との関係について「一応の」区別をしながらも、実質的に一定の要件のもとでネガトリア責任のうちに損害賠償責任を包摂しようとする。すなわち、こうである。「actio negatoria が、訴えの提起前に生じた（過去の）損害の賠償に向けられる限りにおいて、actio negatoria は、ただ単に他人の権利への客観的な侵害だけによっては根拠づけられず、それ以外の更なる法的根拠、すなわち行為者によって惹起された損害の賠償を正当化するだけの法的根拠が付加されなければならない。したがってその場合には、なるほど行為者の過失（culpa）もまさにそのひとつであるが、すでにRGZ 6, 217（221）〔①判決〕によって強調されたように、損害危険引受け契約などの別の理由からも正当化されうるように思われる」。このようにRGは、正面から actio negatoria の要件としての「他人の権利への客観的違法侵害要件」に加え、さらに損害惹起者の過失や危険引受け契約の存在を要件として、actio negatoria の内に損害賠償責任が取り込まれうるとする。そして、さらに次のような新たな観点を示す。すなわち「しかしながら（過失や損害危険引受け契約以外の）その他の法的根拠として、その性質上当該所有権が第三者に対して危険を及ぼしているのだが、しかし当該所有権（設備）が官庁の許可をえて稼働していることによって、その停止を訴求しえない場合には、そのような営業活動自体、（actio negatoria によって損害賠償を請求するための）ひとつの法的根拠として妥当する」。

《コメント》　本判決によってＲＧは、ネガトリア責任と損害賠償責任との「一応の」区別をなしつつも、actio negatoria による「無過失損害賠償（原状回復）責任」を実質的に肯定した。いわばこれは、①判決の立場からの、ひとつの必然的な帰結であったとも言いうる。

⑤　一八九二年一〇月一一日ＲＧ判決（RGZ 30, 114）

《事実関係》　これも鉄道会社が被告となった事件である。もともとＸは、ライン川河畔に工場を所有していたところ、Ｙによって X所有工場に隣接するかたちで鉄道築堤が造成された。その後、Ｙは高地から鉄道施設への流水の侵入を防ぐために、盛り土に着手し、X所有工場との境界地点で四・五メートルの高さに仕上げ、そこに三つの排水口を設けた。これに対しＸは、次の二つの危険性を主張して、Ｙに対し、将来発生すべき損害賠償のための担保の提供を要求した。第一に、ライン川水域の地形的・地質的特性に基づき、流水の圧力によってＹの鉄道築堤が圧迫され、かえってX所有地に水が流れ込むおそれがあること。第二に、突然の大雨や土砂降りの場合には、Ｙが設けた三つの排水口を通じてX所有地に激流が流れ込むこともありうること、がそれである。第一審・原審ともども、Ｘの請求を棄却。その理由は、Ｘによって訴求せられたのは、いわゆる「未発生損害担保問答契約」(cautio damni infecti) の設定請求であるところ、将来的に損害が発生したとするならば actio negatoria が成立するのであるから、Ｘの請求はそれによって意味を失い、排斥されるからだ、とする。Ｘ上告。破棄自判。

《判決理由から》　要するにＲＧは、ネガトリア請求権が包括するのは「過去の損害賠償」のみであって「将来の損害賠償」には及ばないから、ネガトリア訴権によって「未発生損害担保問答契約」が排斥されるいわれはない、という。その理由づけを次にみよう。争点のネガトリア訴権の在り方について、ＲＧは次のように言っている。「今日支配的な学説・判例にしたがうならば、actio negatoria は訴え提起前に生じた（過去の）損害の賠償についても認められるのであるが、しかしそのためには、通常の法的根拠としての他人の権利への客観的な違法侵害要件に加えて、さらに特別な、損害賠償義務を根拠づける状況、たとえば被告の主観的過責が必要である」。

ところで本件において、この被告の主観的過責を論じるとするならば、Yによって着手された鉄道築堤の盛り土行為にあたって、当該水害の危険性につき、Yに予見可能性があったか否か、が焦点とならなければならない。まさしくこの予見可能性こそ、ネガトリア訴権が過去の損害賠償をも包括するための「本質的な条件」なのである。ところがXによって、この点の主張も立証もなされていないし、事実関係に照らして肯定されるということもないのであるから、結局のところ本件においてネガトリア訴権は成立しえず、したがってネガトリア訴権によって「未発生損害担保契約」が排斥されることにはならない、としてXの請求を認めたのである。

《コメント》　原審判決の詳細は不明であるが、Yに主観的過責がなくてもネガトリア責任としての損害賠償が認められうるとする立場をとっていたとすると、ネガトリア訴権による「無過失損害賠償（原状回復）責任」を肯定した④判決の影響を看取することができるのかもしれない。ともあれRGが、ネガトリア訴権そのものによって一定の要件を備えた場合には「過去の損害賠償」をも包括しうるとするのが「今日支配的な学説・判例」（die jetzige herrschende Theorie und Praxis）であると述べたことは、まさに驚きに値する。リーディングケースとしての、①判決の影響力の大きさを思わずにはいられない（現に本判決も①判決を引用している。Vgl., RGZ 30, 116）。

⑥　一九〇〇年二月二八日RG判決（RGZ 45, 297）

《事実関係》　Y_1の所有する建物を、Y_2が賃借し、そこで洗濯工場を営んでいたところ、その営業行為によって隣地所有者たるXが過度の騒音被害をこうむった、として訴えにおよんだ。請求内容は、Y_1、Y_2双方に対して、第一に一定限度にまで騒音を緩和するための防音設備の設置、ならびに第二に将来にわたって生ずべき損害の賠償、であった。第一審ではXによる損害賠償請求について請求棄却。対するに防音設備の設置請求については、これを認めた。これに対し、XならびにY_1、Y_2がともに控訴。原審は、Xの控訴を認容してY_1、Y_2の双方に対して防音設備の設置義務ないし洗濯機械の移動義務と将来的に生ずべき損害の賠償義務を課した。これを不服としてY_1、Y_2が上告。破棄自判。

《判決理由から》　Y_2の上告理由は、洗濯営業が「営業法」(GewO.)の適用対象であるがゆえに、防音設備の設置義務ないし洗濯機械の移動義務に関する原審の判断は不当、ということにあった。これに対してRGは、「営業法」の適用のある「営業」とは、「行政当局による特別な許可を必要とするものをいう」とする立場から洗濯業には「営業法」の適用なし、としてY_2の上告についてはこれを棄却した。しかしながら、Y_1の上告理由は正当であるとして、次のように言う。すなわち「妨害による他人の所有権への侵害を理由とする訴え、つまりactio negatoriaは、まずなによりも妨害者(Störer)に対して向けられるものである。したがってY_2が妨害者としてネガトリア責任を負うことは当然であるとしても、単に建物の所有者であるにとどまるY_1までがネガトリア責任を負担するということは正当ではない。ただし、もしY_1に過責(Verschulden)があれば例外的にY_1もネガトリア責任としての防音設備の設置義務ないし洗濯機械の移動義務を負う。ところがXは、Y_1の過責について十分な主張・立証をなしていない。したがって、原審判決がY_1の過責の有無について確認もしないで、しかもY_1の費用負担によって妨害源としての洗濯機械の移動を命じたことは正当ではない。RGは、このように述べつつ、特にヴィントシャイトのパンデクテンを引用して、「(妨害施設の)所有者は、そもそも妨害源の除去について(除去責任を負うとしても原告の除去行為に関する)忍容義務を負うにすぎない」と判示した。

《コメント》　本判決に至って、RG段階において初めてヴィントシャイトの見解(いわゆる「忍容請求権説」)への依拠があからさまに語られた。これはまさしく、ネガトリア責任の不法行為法的再編成にほかならない(実質的には、すでに③判決をのぞくほとんどすべてのRG判決において、ネガトリア責任の不法行為責任への変造が内在化されていた）。いずれにせよ、ＲＧによれば妨害源の所有者（ＸにとってはY_1所有の建物そのものが妨害源であると言えよう）としてのY_1がネガトリア責任を負うのは、Y_1に過責（Verschulden）がある場合に限られることになる。なるほどY_2によって、すでに妨害源の除去が実行されていれば、Y_1の除去義務についてはＸに訴えの利益なし、ということになろう。しかしながら、仮にY_2が除去義務を履行（「遵守」）していないとするならば、その限りにおいてY_1が妨害源を除去する義務を負うのは当然のことである。

以上、ＲＧ創設後ほぼ二〇年にわたるＲＧ判決のながれを見てきた。なるほどＲＧは、他人の権利への客観的な違法侵害に基づくネガトリア訴権と、それに加えて主観的な過責モメントを要件とする不法行為法上の損害賠償責任とを一応は区別してきた、と言える。しかしながら、ＲＧ判決の当初から「過責」要件の充足によってネガトリア責任のうちに損害賠償責任を取り込むことが正当化されてきた。こうして物権法上のネガトリア責任と債務法上の損害賠償責任とが、その要件面において、いわば無媒介的な連続性において承認されることになった。だとするならば、債務法上のドイツ民法二五一条二項が物権法上の一〇〇四条に（類推）適用されるに至ることも、いわば当然のなりゆきということになる。私見によれば、これは法制度上の「背理」にほかならない。次に、そのような「背理」に抵抗しようとしながら、同時にその「背理」のうちにもがき苦しむＲＧ判決の姿を確認しておこう。

（8） Vgl. E. Picker, Der negatorische Beseitigungsanspruch, 1972, S. 79.

（9） 川角・前掲（注（3）末尾）五四頁以下参照。

（10） 「結果除去請求権」に関するドイツ民法学の動向については、玉樹・前掲論文（注（2））参照。

（11） 原島・前掲（注（1））六三頁（同・前掲書（前注（1））四五九頁）参照。なお、立法過程の議論につき、中山充「ドイツ民法におけるイミシオーン規定の成立（二・完）――ドイツ・イミシオーン法の形成・発展および機能 その一」民商法雑誌

七一巻二号（一九七四年）七八頁以下参照。

(12) 原島・前掲（注（1））五七―五八頁（同・前掲書〔前注（1）〕四四九頁以下）参照。

第三節　ドイツ判例（RG）の状況(2)
——ネガトリア責任と金銭賠償との関係をめぐって

⑦　一九〇二年六月四日RG判決（RGZ 51, 408）

《事実関係》　Yは、ロートリンゲン地方において鉄鉱の露天掘りを営んでいる。ところで、Xは一九〇〇年三月五日、一二メートル幅の帯状地を第三者から購入したが、その土地はYが鉄鉱廃棄物堆積場として利用していた傾斜地と境界を接していた。その当時、すでに境界付近ではY所有傾斜地から岩石や鉱物のかたまりが落下していたところ、その後次第にXの土地を覆うようになっていった。そこでXは、Yに対して陥落廃棄物の除去と土地の原状回復、ならびに更なる盛り土行為の停止を訴求した。これに対してYは、廃棄物の陥落は土地の自然的形状に基づくものであって、Y自身には過責がなく、しかも仮にYが責めを負うとしても、それは陥落廃棄物の除去責任や原状回復責任ではなしにエルザス＝ロートリンゲン鉱山法（一八七三年一二月一六日施行）に基づく金銭賠償責任だけであるはずであり、それは一般法としてのドイツ民法二五一条二項を適用することによっても同じ結論になる、と抗弁した。第一審ではX敗訴。原審では逆にX勝訴。Y上告。上告棄却。

《判決理由から》　まずRGは、Yによる鉄鉱の露天掘り営業は鉱山法の適用外であることを確認しつつ、問題の核心は一般法としてのドイツ民法の解釈に還元される、とする。かくしてRGによれば、本件においてXが所有権に基づく妨害排除請求権をもつことから出発すべきである、とされる。その上でRGは、次のように言っている。「ところでYは、その上告理由において、妨害排除も原状回復と同じことなのであるから、ドイツ民法一〇〇四条のネガトリア請求権についてもドイツ民法二五一条二項の適用があるのであって、原状回復としての妨害排除のために不つりあいに多額の費用が必要である場合には金銭賠償だけが認められるにすぎない、と主張する。しかしながら、このYの主張が誤っているということは、すでに原審判決によって正当に指摘されたところである。なるほどドイツ民法は二四九条において損害賠償義務を負う者に原状回復義務を課している。しかし、原状回復といわれるものが、すべて損害賠償としてのそれと同じであるわけではない。とりわけ一〇〇四条が問題になるケースでは特にそのことが強調されなければならない。たとえば、一〇〇四条では過責要件が不要であるのに対して、二四九条でそれは必須の要件となっている。また一〇〇四条に基づくネガトリア請求権は、所有権侵害（Eigentumsverletzung）という事実から直接的に引きだされるものであって、そのことはすでにドイツ民法典の「理由書」（Motive）によって確認されたことである。さらに原審判決によって正当にも指摘されたように、Yの主張する二五一条二項の適用によるネガトリア責任の金銭賠償責任への転化は、間接的ながら所有権の没収（Enteignung des Eigentums）を意味する。しかしこれは、ドイツ民法典（BGB）のとる立場ではない。かくしてYは、ドイツ民法二五一条二項に依拠することはできないのであって、Yの上告は棄却されなければならない」。

《コメント》　本判決でRGは、ネガトリア責任と損害賠償責任との違いをかなり的確に把握している。そして本判決は、本稿で肝心なテーマである「ネガトリア責任と金銭賠償責任との関係」を正面から論じた初めてのRG判決であり、そのもつ意味は大きい。なかでも、所有権保護請求権としての一〇〇四条に債務法上の二五一条二項が適用されることによって「所有権の没収」が帰結されると判示したことは、画期的な意義をもつ。しかしながら、このRG判決にも問題がないわけではない。まず第一に、損害賠償としての原状回復とそれ以外の、たとえば妨害排除としての原状回復がありうることを指摘した点はよいとしても、さらに一歩踏み込んでその間の具体的な区別まではなしえなかったことが指摘されよう。なるほどこの問題は、いまなお学説上の一大争点として一個の難問を形成しているのであるから、当時のＲＧの裁判官にそこまで要求することは「ないものねだり」であるのかもしれない。しかしながら現に本件に関して、ＲＧは、「更なる盛り土行為の停止」のみならず「陥落廃棄物の除去」及び「土地の原状回復」をも「妨害排除としての原状回復」と認定しているのである。したがって、Ｙに過責はないわけであるから、先の④判決と同様に一種の「無過失損害賠償（原状回復）義務」としてのネガトリア的結果除去義務まで肯定した、とも言える。もしこの指摘が正しいとするならば、ＲＧは、ネガトリア責任と損害賠償責任とを明確に区別しようとしながら、同時にそれらを混同してしまった、と言えよう。

⑧　一九一八年六月一日ＲＧ判決（RGZ 93, 100）

《事実関係》　錯綜している。本稿のテーマに関連する限りで示すならば、こうである。Ｙは電力会社であってダムを建設した。ところが、その水位が高く設定されたため、隣地所有者であるＸの水利用が妨害をうけ、さらにあふれ出た水によってＸの所有地が利用不能となった。そこでＸは、Ｙに対して一定水位まで集水量を減らすようにもとめ、訴えにおよんだ。第一審・原審ともどもＸ勝訴。破棄自判。

《判決理由から》　本件においてＲＧは、その結論としてＸのネガトリア請求を棄却し、それに代わる「金銭賠償」だけを認めている。その立論の核心は、所有権保護の訴えに対する特別法上の制約根拠として「営業法二六条」を前面に押し出し、ドイツ民法二五一条二項の適用についてはこれを債務法上の規定として否定することにある。その論旨を次にたどってみよう。ＲＧは、およそ次のように言っている。「Ｙ所有ダムの水位が一定限度を越えてしまった場合には、Ｘはその土地所有権ならびに水利権に対する妨害ありとして、もっぱらその絶対権侵害を理由として訴えを提起しうる。要するにここで肝心であるのは、Ｘに絶対的権利があるかどうか、ということである。それが肯定されることによって初めて、行政当局の許可を取得したYのダム施設に対して営業法二六条が適用されることになる。かくして（営業法の適用がある限り）一定水位にまでダムの貯水量を下げるべしとするXの請求は、営業法二六条の適用によって排斥されなければならない。そして、このような貯水量の減量が《公益性》に基づき実行不可能であるか、あるいは営業の然るべき稼働と合致しない場合には、金銭による補償請求（Schadloshaltungsanspruch）だけが認められる。ちなみにYは、Xの請求どおりに水位を低下させれば、それによって莫大な損害が生ずることになるからドイツ民法二四二条、二五一条二項が適用されるべきである、と主張する。しかし、ここでは純然たる所有権に基づく請求権ないし水利権、ならびにその法的効果としての妨害排除請求権が問題になっており、かつまたその妨害排除請求に代わる営業法二六条の適用だけが問題となっているのであるから、Yの抗弁が認められるにしても、それはドイツ民法二四二条、二五一条二項によってではなく、営業法二六条によってであるにすぎない」。

《コメント》本件では、いずれにせよXによるネガトリア請求は棄却され、それに代わる「金銭賠償」だけが認められている。ただし、所有権保護請求権としてのネガトリア請求権と債務法上の損害賠償請求権とを一応明確に区別し、その上で営業法二六条を適用している。

以上、RG段階のドイツ判例の状況をみるならば、他人の権利への客観的違法侵害要件と過責（Verschulden）を中心とする主観的要件との区別という点ではネガトリア責任と損害賠償責任との区別が原則的に行われているものの、損害賠償の効果としての原状回復とネガトリア責任の効果としての「妨害排除」との関係については（実質的に損害賠償請求権に組み込まれるべきところの）結果除去請求権へのネガトリア請求権の変造が肯定されていった、と言ってよい。したがって、仮に本来債務法上の効果としての損害賠償（原状回復）までをネガトリア責任が包括するとしたなら、その必然的な帰結として、あらためてドイツ民法二五一条二項の適用問題が提起されてくるのも当然のなりゆきとなろう。次に、それに関するＢＧＨの主要判例をみる。

第四節　ドイツ判例（ＢＧＨ）の状況
――ネガトリア責任と金銭賠償との関係をめぐって

ここでは、一〇〇四条のネガトリア責任と二五一条二項の金銭賠償との関係が直接争点となったＢＧＨ判決に限定して分析するにとどめる。すべて相隣地所有者間での違法建築が問題になった事例である。

⑨　一九七〇年四月二四日ＢＧＨ判決（BGH, NJW 1970, 1180）

《事実関係》　Ｘ、Ｙ相互に相隣地所有者である。Ｙは、結局行政当局の許可を取得できなかったにもかかわらず、Ｘ所有地との境界上にある自己所有住宅を増築した。その後Ｙは、その増築部分をさらに拡張し、あわせてコンクリート造りの壁を建造した。これに対してＸは、Ｙの増築部分、及びコンクリート壁がＸ所有地との境界から三メートル以内にある部分に限って、それを建築許可なき建造物として、その除去を請求した。さらにＸは、Ｙの増築等の行為によって自己所有地の価値が下落したとして、その損害の賠償も請求した。第一審では、損害賠償についてのみＸの請求が認容され、それ以外の請求についてはすべて棄却された。Ｙが控訴。Ｘも付帯控訴した。原審はＹの控訴棄却。Ｘの付帯控訴については、第一審判決を変更してＸ所有地との境界から二メートル五〇センチ以内の部分にかぎって増築箇所とコンクリート壁の撤去をＹに命じた。Ｙ上告。上告棄却。

《判決理由から》　本件においてＢＧＨはまず、相隣地の境界間隔を規制しているヘッセン州の建築条例二五条（§ 25 Hessen Bauordnung）を、ドイツ民法八二三条二項の意味での保護法規（Schutzgesetz）である、とする。その上で、保護法規違反は八二三条二項に基づく損害賠償請求権成立のための一つの要件であると同時に、「被告によって違法に惹起された状態の除去を求める請求権、すなわち保持されるべき境界間隔の範囲を越えて違法に建築された建造物の除去請求権を根拠づける」という。ただしＢＧＨは、この除去請求権の根拠条文について、それをドイツ民法二四九条（§ 249 BGB）である、としている。ところで本稿の主要テーマに直接かかわる論点についてＢＧＨに聞くならば、こうであった。すなわち、なるほどＹの上告理由によれば、回復のための費用が不つりあいに高額である場合には原状回復に代えて「金銭賠償」ですませることができると規定するドイツ民法二五一条二項が適用されるべきである、とされることがある。しかし、それは不当である。なぜなら、この規定は「信義則の流出物」なのであるから「不つりあいの問題」は、当事者双方の期待可能性の問題にほかならず、本件でＹは、「故意に」（vorsätzlich）違法な建築をなしたわけであるから、ＸがＹに対して違法建築物の除去請求権を行使しても、それは「信義則」に違反したことにはならないからである、とする。

《コメント》　一般に本件ＢＧＨ判決は、ＲＧ段階の⑦⑧判決を受け、戦後もドイツ判例が原則的な立場を示した重要判例である、とされる。しかしながら、私見によれば、本件判決はその後「逆流」と評されている近時のＢＧＨ判決のさきがけ的な意味をもつ。なぜなら、まずＢＧＨは、すでに指摘したように違法建築物の除去請求権の根拠をドイツ民法二四九条に求めているからである。要するにＢＧＨは、損害賠償としての原状回復と「妨害排除」とを混同している、と言える。その上で、二五一条二項を「信義則の発現」として把握し、しかもそれを「当事者双方の期待可能性の問題」とすることによって、いわゆる相関的な利益衡量の問題にすりかえてしまった、という側面をもつ。ここで改めて、本件ＢＧＨの基本的立場を確認しておくならば、次のように言えよう。すなわち、本件においても、ＸがＹに対して「除去請求権」を行使することは原則として「信義則違反」なのであるが、Ｙに「故意」などの重大な過責がある場合に限って、例外的に信義則違反にはならないのだ、と。しかし私見によれば

（あとで示すピッカーの見解ともども）、保護法規としての建築条例に違反する違法建築物は、Ｙの故意・過失の有無とは無関係に、原則として排除されるべきである。なぜなら「保護法規」に反する物的状態の客観的存在は、それ自体として不法行為責任の手前ですでに不適法性（Unrechtsmäßigkeit）を充足するのであるから、妨害排除請求権（ネガトリア請求権）の発動が根拠づけられて当然であるからである。

⑩　一九七三年一二月二一日ＢＧＨ判決（BGH, WM 1974, 572）

《事実関係》　ここでも当事者は相隣地の土地所有者である。しかも、その一帯は都市の住宅指定地域であった。州建築条例（Landesbauordnung）によれば、建築物は一階と二階については隣地境界と三メートルの間隔を保持していなければならず、三階以降のものについては更に一メートル五〇センチ（合計四メートル五〇センチ）の間隔をあけておかなければならなかった。ところがＹは、その建築条例に違反して建築物を建造し、しかもＸ所有地に隣接して自動車駐車場用の土地に盛り土をしたことによって、Ｘ所有地に排気ガスや煤煙、騒音が侵入するにいたった。そこでＸは、Ｙに対して違法建築部分を取り壊し撤去するか、あるいは境界間隔を六メートルにするか、いずれかを選択すること、さらに侵入する排気ガスの排除装置の設置を要求するとともに、Ｘ所有地の価値下落分の金銭賠償を請求した。第一審ではＹに対して相当の予防措置の設置義務と損害の賠償が課せられた。Ｙ控訴。Ｘも付帯控訴。原審では相当の予防設備の設置義務につきＹの控訴棄却。しかし損害賠償としての原状回復についてドイツ民法二五一条二項を適用することによって金銭賠償としてのみ認容。Ｙ上告。Ｘも付帯上告。ＢＧＨは、Ｘの付帯上告を棄却する一方、もっぱらＹの上告を容れるかたちで破棄差戻。

《判決理由から》　ドイツ民法二五一条二項の解釈に関する部分に重点を置いて、それを次に示す。ＢＧＨは、こう言っている。「二五一条二項の法観念は、たとえば物権法上の九一二条二項（越境建築の場合の原則的忍容義務規定）の基礎にある価値判断と同様に考察されなければならない。したがって、通常他人の建築物の侵害によって生ずる通風や採光についての妨害を停止せよという隣人の請求は、その原状回復がもっぱら不つりあいに高額な出費によってのみ可能である場合には、その請求は権利の濫用とみなされる。それゆえ、このように考えるならば、侵害者側の過責の態様や程度（Art und Grad des Verschuldens）が重要な意味をもつ」。そしてＢＧＨは、先の⑨判決を、ここで特に引用している。

《コメント》　先に筆者は、⑨判決に関して、それが経済的モメントと当事者の主観的要素に関する「利益衡量」論のさきがけ的な役割を果たしたことを指摘した。本判決は、それを文字どおり裏づける役割を演じている。建築法規に違反する建築をなしていながら、それについて過責があろうとなかろうと、違法建築の除去に高額な費用がかかるがゆえに、除去請求権を行使する方が「権利濫用」であるとするならば、違法建築をしたほうが勝ち、ということになるだろう。「金銭賠償」でカヴァーされるのであるから良いではないか、という判断もありえようが、しかし私見によれば、これは金銭の力による文字どおり公共的な都市住宅計画ないし建築法規のなし崩し的簒奪（「事実上の私的没収」）にほかならない。建築条例も「保護法規」であるから、それに反する不適法状態の排除責任は、あくまで同時に被告の権利領域の自己保全に資する。そのための「費用負担」は――被告の過責の有無にかかわらず――被告の法的リスクとして理解される必要があるからである。

⑪　一九七四年六月二一日ＢＧＨ判決（BGHZ 62, 388）

《事実関係》　Ｙは、その所有地に五つの大きな居住用建物を建てる計画をたてた。そのうち中央部の三つについては住居所有権（Wohnungseigentum）のために利用し、みずからも住居所有権者（Wohnungseigentümer）となるつもりでいた。そして、その両側の土地については、これをＹ自身がなお所有し、他人に賃貸する計画であった。その後、ＹはＸに対し、その中央部の土地について持ち分を売却した（その持分権にはその上に独立して建てられる居住用建物の特別所有権が結合していた）。ところでＹは、自己の所有する側面の土地に地下ガレージを建造しようとしたのだが、結果としてそのガレージは、ほぼ二〇メートルにわたってXの所有地に越境してしまった。さらにXの土地持分権ならびに住居所有権者としての資格が土地登記簿に登記されたあと、Yは無断でX所有地上に一定数の駐車場を設置し、自己の賃借人に利用させた。そこでXは、Yを相手どって地下ガレージの越境部分の除去と駐車場の明け渡しとを求めて提訴。第一審ではXの駐車場の明け渡しに関する訴えのみ認容されたが、原審ではXが全面敗訴。X上告。ＢＧＨは、駐車場の明け渡し請求についてのみ認容し、破棄差戻。その余の訴えにつきXの上告棄却。

《判決理由から》　まずＢＧＨは、本件が居住所有権法（Wohnungseigentumsgesetz, WEG）に基づく特別な訴訟手続ではなく、通常の民事訴訟手続によるべきことを確認したのち、次のように述べている。「Xが制定法上、地下ガレージの越境部分の忍容義務を負わない場合であっても、いずれにせよ本件でXはその除去を請求することはできない。なぜなら、越境建築部分の除去は、Yにとって不つりあいに大きく、公正なやり方では彼に期待不可能な費用の支出を帰結するからである」。このように述べたあと、ＢＧＨはそのための一般的な法観念がドイツ民法二五一条二項に表現されているとして、次のように言う。「それ（二五一条二項）によれば、原状回復を求める請求者が、債務者に対して不つりあいで理性的に考えれば期待不可能な費用支出を要求することによってのみ、その原状回復が可能である場合には、当該原状回復請求は、むしろ「権利濫用的」ですらある。確定されたＢＧＨの判決（BGH, WM 1974, 572〔⑩判決〕）をみても、この原則はドイツ民法一〇〇四条に基づく妨害排除請求権についても妥当する」。

ちなみに、ＢＧＨは駐車場の明渡請求について破棄差戻の判断を下しているが、これも要するに、当該明渡請求が二五一条二項によって金銭賠償に転化すべきことを原審判決が検討していないから、というにあった。

《コメント》　本件ＢＧＨ判決は、ドイツ民法一〇〇四条のネガトリア請求権に対して直接的に二五一条二項の適用あり、とした。実質的には、本件でＢＧＨも引用しているように、先の⑩判決において同様のことが指摘されていたのであるが、本判決はそれを一層明確化した、と言える。なるほど土地相隣関係の特殊性も当然考慮されるべきではあるが、だからといって、あからさまにネガトリア責任を金銭賠償責任で置き換えることができることにはならない。なぜなら、地下ガレージの越境部分の除去や駐車場の明け渡しは、あくまでネガトリア責任としての「妨害排除」の対象であるからである。いずれも被告自身の権利領域の保全につながるところの「自己責任」にほかならない。ただし、特に越境部分の除去については、越境による原告所有地の地盤の安定が確保されるための保持設備の設置が図られれば十分、と考える余地は残されている（ドイツ民法九〇九条但書の趣旨を参照）。

⑫　一九七九年三月二三日ＢＧＨ判決（BGH, WM 1979, 783）

《事実関係》　Ｘ、Ｙともどもデュッセルドルフ市内の相隣地所有者である。Ｙは自己所有地の隣地との境界に垣根を建造した。ところが、その垣根は六センチほどＸの所有地に越境していた。そこでＸは、Ｙを相手どって、この垣根の除去、またはそれに代わる共通の越境線上での金網による囲いの設置を訴求した。第一審ではＸの請求棄却。Ｘ控訴。原審では、Ｙ所有の垣根がＸの所有地に越境している部分に限ってＸの除去請求を認容。Ｙ上告。上告棄却。

《判決理由から》　まずＢＧＨは、ニーダーヴェストファーレン州相隣法（Nachbargesetz NW）の解釈として、一般法たるドイツ民法一〇〇四条が適用されることにより、Ｙに越境垣根の除去義務が生ずることを確認する。その上で、なお検討されるべき問題として、ドイツ民法一〇〇四条のネガトリア請求権につき、二五一条二項の適用があるか、という点を指摘する。結論としてＢＧＨは、Ｘの除去請求権を認めたのであるが、本稿で重要な二五一条二項の適用問題については、次のように述べて、それを肯定する先の⑩⑪判決の立場を踏襲している。すなわち言う。「ドイツ民法一〇〇四条に基づく妨害排除請求権は、不つりあいに大きく期待不可能な出費によってのみその請求権が実行されうる場合には適用されない。このことはドイツ民法二五一条二項ならびに六三三条二項二文において表現されている一般的法観念に合致するのであって、その法観念こそは、まさしくかの一〇〇四条にも適用されるものにほかならない（BGH WM 1974, 572（⑩判決）; BGHZ 62, 388（⑪判決））」。このように述べつつ、ＢＧＨは原審判決を支持して、本件では当該垣根の除去にさしたる費用がかかるわけではない、と判旨し、Ｙの上告を棄却したのである。

《コメント》　本判決も先の⑨判決によって準備され、⑩⑪判決によって具体化された路線を再確認している。すなわちドイツ民法一〇〇四条のネガトリア責任に対して二五一条二項の適用があるとする立場は、こうして戦後ドイツＢＧＨ判例の確たる立場となったのである。

第五節　結　語

(1)　以上のドイツ判例の状況を端的に整理するならば、次のように言えるだろう。すなわち、まず第一に、ネガトリア要件と損害賠償要件との原則的な相違については一応の理解が示されている。しかし第二に、両者がもっぱらその連続面において理解されているため、主観的な過責要件の付加によってネガトリア責任が損害賠償法上の原状回復まで包括しうる、とされた（特に①⑤⑥判決がそうである。さらに②判決によって「損害賠償を求めるネガトリア訴権」があからさまに語られている点にも注意を要しよう）[13]。そして第三に、妨害源が公共的施設である場合には、その妨害排除としての原状回復がネガトリア請求権の名による「無過失損害賠償（原状回復）請求権」として構成されている（④⑦判決）。さらに、営業法二六条に基づく金銭賠償だけが認められてもいる（⑧判決、なお②判決は土地収用法による金銭賠償を承認する)。それら判例の推移を受けて、戦後ＢＧＨ判決は、特に土地相隣関係上の違法建築に関する事例において、直接的な形でドイツ民法二五一条二項の適用によるネガトリア責任の金銭賠償責任への転化を肯定した(⑨⑩⑪⑫判決、ただし、すでに示したように⑨判決はやや抑制的であり、⑫判決は結論として否定した)。それでは、このような判例の状況に対して、ドイツ学説はどのような対応を示したであろうか。ここではその要点のみ摘記するにとどめたい。

(2) ＢＧＢ制定直後、この問題にはじめて正面から言及したのは一九〇四年のフォン・トゥール論文であった。[14] トゥールは、もっぱら理論的な考察に終始しており、ＲＧ段階の判例には言及していない。しかしヴィントシャイトと並んで、むしろそれ以上強固に、ネガトリア請求権と不法行為に基づく損害賠償(原状回復)請求権とを同一平面で論じようとするトゥールの面目が、ここでもあからさまに示されている。すなわち、なるほどネガトリア責任の場合と異なって損害賠償責任にとっては「過責」要件が特に必要であることは、トゥールとしても無視できはしない(Tuhr, S. 54)。しかしながらトゥールによれば、その法効果が原状回復(Herstellung od. Wiederherstellung)であるという点では、損害賠償もネガトリアも同じだ、とされる(Tuhr, S. 55)。そしてトゥールは、特に越境建築(Überbau)のケースを念頭において、物権法上のドイツ民法九一二条以下の法観念と債務法上の二五一条二項のそれとを同一視しようとするのである(Tuhr, S. 42)。この立場は、その後シュミット、フィッシャー、オフターマット、ホルストマン、ホーロッホさらにはヘック、ヴェスターマン、ランゲなどにも影響を与えていった。[15] その際に注意すべき点は、ピッカーも指摘するように、これらの学説が損害賠償法上の規定をネガトリア責任にそのまま無媒介的に適用しようとするのか、それとも具体的なケースにおいてはあらゆる権利に濫用禁止の制限が付されているという一般的観念の展開であるのか、それほど自明のことではない、ということである。[16]

(3) 戦後、このような動向に対して特に批判的な立場を示したのが一九六九年のメディクス論文であった。[17] この論文は、戦後ＢＧＨ判決として先に紹介した⑨以下の諸判決が登場する直前のものである。したがって当時のメディクスの評価によれば、ＲＧもＢＧＨもドイツ民法一〇〇四条に二五一条二項を適用することは一貫して否定されていた、と解されている。なかでもメディクスは、特に⑦判決を素材にして、次のように論じている。このケースでＹは、自身の過責に基づいて廃棄物の陥落を惹起したのであるから、Ｘはまずは一〇〇四条に基づいて当該過責とは無関係に陥落した廃棄物の除去を請求しうるのであるし、さらに当該過責を要件として八二三条一項に基づく損害賠償請求権を行使しうる。この場合の損害賠償の対象としては、たとえばＸ所有地上に存在した植物や建物などの滅失・毀損が考えられよう。こうして二五一条二項が損害賠償請求権についてのみ適用されるべきことが具体的に明らかとなる。一〇〇四条のネガトリア請求権にその適用はないのである。すなわち、たとえいかに不つりあいな費用がかかろうと、Ｙは落下廃棄物を除去する義務を負う。これに対して、もし毀損したＸ所有の植物や建物の回復（損害賠償）が不つりあいに高額な費用支出によってのみ可能である場合に限って、二五一条二項の適用が肯定され、金銭賠償だけが認められることがあるにすぎない。メディクスによれば、緊急避難（Notstand）を規律する九〇四条一文そして越境建築（Überbau）に関する九一二条以下、さらに営業法二六条（現在の連邦イミシオーン保護法一四条）など特定の目的をもって定められた特別規定の場合をのぞいて、それ以外の場面で二五一条二項をネガトリア請求権に適用することは、事実上の「際限なき《違法な私的没収》の導入」（die Einführung einer grenzlosen „rechtswidrigen privaten Enteignung"）を意味する。私見によれば、このメディクスの見解はきわめて説得的であると思われる。しかしながら、このメディクスの見解のうちには、やはり「妨害」と「損害」との区別は厳密には困難であるとの一種の諦観がひそんでいる。たとえばメディクスは、ドイツ民法二二七条の「正当防衛」（Notwehr）を予防的な不作為請求権の要件・効果と同じであるとしつつ、この正当防衛との比較において一〇〇四条の妨害排除請求権は、むしろ損害賠償請求権に近い、と言う。それを受ける形で、ネガトリア請求権への二五一条二項の適用が誤っているのは――法制度的ないし法理論的にではなく――法政策的に（rechtspolitisch）そうなのだ、とするのである（上記メディクスの見解につき、前注（17）所掲箇所を参照）。このようなメディクスの動揺をピッカーがさらに批判して独自の見解を対置する。

（4）　一九九二年にヘルマン・ランゲに捧げられたピッカーの論文[18]は本稿のテーマに直接かかわる重要な論稿である。ここでは、その全面的な紹介も分析・検討もなしえないが、その核心部分だけを示しておくなら、こうである。まずピッカーによれば、ドイツの学説も判例もおよそ「妨害」と「損害」との混同、ひいては物権的請求権と債務法上の請求権との混同によって支配されようとしている（Picker, S. 635f, 655）。そのひとつの象徴的なできごとが近時BGH判決によるネガトリア請求権へのドイツ民法二五一条二項の適用肯定論の展開であった。これは、それまでのドイツ判例の原則的な立場をかなぐり捨てることによって判例の「急転回」（Umschwung）を指し示したものである（Picker, S. 631）。そして、このようなBGHの態度は、妨害の規模が大きくなればなるほど、ますますネガトリア責任を金銭賠償機能でもって置き換えようとするものにほかならない（Picker, S. 636）。ピッカーは、このようなBGH判決の立場を評して、それを「費用と効用」とを相互に比較衡量するところの「衡平判決」（Billigkeitsurteil）と規定している（Picker, S. 634）。その意味において、とりわけ「権利濫用」を根拠にしてネガトリア責任の金銭賠償への転化を肯定しようとする立場は、裁判官の「法感情」（Rechtsempfinden des Richters）に基づく裁判との不可分一体の関係を示すのである（Picker, S. 645）。それが帰結するところは、結局は妨害者によって事実上簒奪された権利者の法的地位を妨害者が金銭賠償によって「被妨害者から強制的に買い取る地位」（die Lage, dem Gestörten zwangsweise abzukaufen）を法的に容認することにゆきつくだろう（Picker, S. 664）。そこで改めてピッカーによって重視されたのは、やはり「妨害」と「損害」との厳密な区別の必要性であった。そしてピッカーは、先の⑦判決をとりあげて、陥落した廃棄物は（Xの所有地と附合していたり、Yがその所有権を放棄したりすることによって）通常すでにYの所有権領域からは離脱しており、したがって、そこに存在するのはXの所有権に対する事実上の制限であるにすぎず、もはや「法的な制限」（die rechtliche Beschränkung）ではないがゆえに、ネガトリア責任は問題とならない、とする（Picker, S. 649）。すなわちそこで問題となりうるのは、Yの過責を要件とするところの損害賠償責任だけである（Picker, S. 650）。したがって、特にこの点でメディクスによる「損害」と「妨害」との混同が鋭く指摘されなければならない（Picker, S. 666）。かくてピッカーによれば、「損害」とは「被侵害者側での権利領域における不利益（Nachteil）」を指すのに対して、「妨害」とは「妨害者側の利益（Vorteil）」を指す。すなわちここでは、「現行法上の財貨配分にしたがえば他人の権利を事実上わがものとすることによって本来その者に帰属していないプラス分を除去すること」が肝心なのである（Picker, S. 658-659）。他方、不許容的イミシオーンについては、妨害者によってそれが停止された場合には、すでに「妨害」は存在しない（Picker, S. 659）。さらに保護法規としての建築法規に違反する状態は、それ自体独自にネガトリア責任の対象となりうる。これに対して保護法規違反を、もっぱら不法行為法（ドイツ民法八二三条二項）においてだけ機能化せしめようとする支配的見解は、「不法行為法独占主義（Deliktsrechtmonopolismus）」に陥っている、と言うべきである（Picker, S. 672, 675）。要するに、公法上の保護法規もまた、等しく権利割当て規範として機能する（Picker, S. 680）。そしてここで問題の建築法規は、個人的な権利割当てを通じて、同時に利害関係者の個人的な利益を越えた「建築法規の公共関連的な規制目的」（die gemeinwohlbezogenen Regelungsziele der Baugesetze）を実現するのである（Picker, S. 687）。

(5)　最後に、右のピッカーの見解を敷衍しつつ、さしあたり⑨⑩⑪⑫判決の問題点を指摘して、本稿をしめくくろう。すなわち⑨判決については、Yの故意・過失の有無にかかわらず建築法規に違反する部分につき当該建造物は除去されてしかるべきであろう。また⑩判決についても、排気ガスの排除装置の設置義務のみならず、建築法規に違反する建造物の撤去義務も認められるべきであったと思われる。⑪判決に関して言えば、X所有地に越境した地下ガレージも地上の駐車場も、それをYが自己の所有物として主張しようとするかぎり、やはり原則ネガトリア責任の対象となるだろう（それと異なる法的対応の可能性については、すでに本文で示した通りである）。最後に⑫については、垣根の除去のための費用の大きさを問題とすることなしに越境部分の垣根の除去義務が肯定されるべきであったろう。(19)

（13）　さらに、たとえば一九二九年一二月一九日RG判決（RGZ 127, 29）もまた、原告所有の鉄道築堤に対して被告所有ボタ山から火災が延焼したケースに関し、鉄道築堤の原状回復をネガトリア責任要件としての「妨害」と認定し、もってネガトリア請求権によって損害賠償を請求しうる、とする。なお、この判決について、玉樹・前掲論文（注（2））一五二―一五三頁も参照。

（14）　A. v. Tuhr, Naturalherstellung und Geldersatz, in : Jherings Jahrbücher, Bd. 10, 1904, S. 39 ff. bes., S. 42 f. und 54 f. なお、この論文の参照箇所は本文中に洋数字のみによって示す。

（15）　E. Picker, Negatorische Haftung und Geldabfindung Ein Beitrag zur Differenzierung der bürgerlichrechtlichen Haftungssysteme, in : Festschrift für Hermann Lange, 1992, S. 630. なお、本テーマに関するドイツ学説の状況につき、和田・前掲論文（前注（4）末尾）三〇頁以下も参照。

（16）　Picker, a. a. O.（前注（15）同箇所）。なお、ピッカー説のトータルな考察については、本書第六章を参照。

（17）　D. Medicus, Naturalrestitution und Geldersatz, Juristische Schulung 1969, S. 449 ff.

（18）　前注（15）参照。なお、この論文についても参照箇所は洋数字によって本文中に示す。

（19）　これらの点を含め、本稿では暫定的な見解を述べるにとどめざるをえなかった。今後を期したい。なお、本稿の考察にとっては、特に「信義則論」の一層の解明が必要である。この点、「利益の著しい不均衡（除去費用の過大）のごとき客観的視角からのみする妨害排除請求権の制限は、〔ドイツの〕判例・多数説の考えから遠い（二五一条二項の適用を排除する判例理論をみよ）」と指摘する、礎村哲「シカーネ禁止より客観的利益衡量への発展――ドイツにおける「二二六条・八二六条から二四二条への展開」の意義」末川先生古稀記念『権利の濫用（上）』（有斐閣、一九六二年）六〇頁以下、特に九三頁の指摘は、今なおきわめて教訓的である（亀甲括弧内のみ、引用者）。この指摘を踏まえた上で「原則を再確認させている内的構造の究明が重要」とする、和田・前掲論文（前注（4）末尾）五三頁も参照。

第六章　ドイツ民法学における物権的妨害排除請求権の到達点

——エドゥアルト・ピッカー「権利重畳」説の意義

第一節　序　論

一　はじめに

筆者はこれまで、「物権的妨害排除請求権」に関する基礎的考察として、いくつかの論考を発表してきた。①一九八五年から八六年にかけての「近代的所有権の基本的性格と物権的請求権との関係——その序論的考察（一）（二・完）」[(1)]、②一九九六年の「ネガトリア責任と金銭賠償責任との関係について——ドイツにおける判例分析を中心に」[(2)]、③一九九七年の「ドイツ民法典におけるネガトリア請求権（一〇〇四条BGB）形成史の基礎研究」[(3)]、④一九九九年の「ヨホウ物権法草案におけるネガトリア請求権規定（一〇〇四条）形成史の探求」[(4)]、⑤二〇〇一年の„Von der römischen actio negatoria zum negatorischen Beseitigungsanspruch des BGB“[(5)]、⑥二〇〇四年の「ローマ法における所有権保護訴権の「形成」とその意義——actio negatoria を中心とした「覚書」的考察」[(6)]、⑦二〇〇六年の「物権的請求権の独自性――ヴィントシャイト請求権論の「光と影」」(7)、がそれである。

それらの論稿では、わが国の物権的妨害排除請求権に関する解釈論を念頭に置きつつ、特にローマ法からドイツ民法にいたる actio negatoria の形成と展開に関する歴史的・比較法的考察が、その中心的課題として設定された。ここでは、その成果を踏まえ、ドイツにおける物権的妨害排除請求権の到達点を確認してみたい。その際の分析基軸は「権利重畳説の意義」である。

二　本稿の前提

それでは、ドイツにおける物権的妨害排除請求権の到達点を確認するため、その分析基軸として「権利重畳説の意義」が設定されるのはなぜか。この「問い」こそ、本稿考察の前提をなす。それは、そもそも物権的請求権とは何かという「問い」とオーバーラップする。そしてこの「問い」は、筆者が一九八五年以来、一貫して抱いてきたライトモティーフそのものでもある。以下、上記諸論稿の一応の成果を踏まえ、その「問い」の内実を簡潔に整理しておきたい。

(1)　物権的妨害排除請求権ないし物権的請求権それ自体、歴史的所産であって、解釈論上必ずしも「自明のことみるべきではない」(8)。むしろ、今日の近代的法秩序が個々人に財貨の帰属を承認していること、すなわち「財貨帰属秩序」が客観的に成立していることによって初めて、その法的な存在根拠が与えられる（特に上記拙稿⑥）。

(2)　そのような基本的観点のもと、「ローマ法上のアクチオ」体系から「近代法上の請求権」体系への変容と転換を促したものは何であったか。さらに近代法上の物権的請求権、なかでも所有権に基づく請求権の固有な法的性質が何によって規定されているか。これらを明らかにしていく作業が要求される（特に上記拙稿⑥⑦）。

(3)　その帰結として、次の点が確認される。すなわち、物権的妨害排除請求権について言えば、それは、所有権を典型とする物権の客観的な帰属秩序が現に攪乱されている場合に、攪乱者＝妨害者の故意・過失等の主観的帰責事由および財産的マイナスとしての損害の発生を問題とすることなく、すぐれて客観的な秩序回復（財貨帰属状態のズレの矯正）を、その法制度的・機能的目的とする（特に上記拙稿①②③および⑦）。

(4)　したがって、少なくとも行為者の故意・過失等の主観的帰責事由ならびに損害の発生（その間の成立上の因果関係）を要件とする不法行為請求権と――客観的な財貨帰属矯正請求権としての――物権的妨害排除請求権とは、厳格かつ厳密に区別されなければならない（特に上記拙稿①②③および⑦）。

(5)　たとえば、Aが所有する乗用車甲をBが盗み出してCの所有地に放置した場合、Cに甲の占有（法的に保護される事実的支配）がない限り、客観的な財貨帰属秩序を攪乱しているのはAであってCではない（Bの不法行為責任等はここでは度外視する）。よってCは、Aに対して物権的妨害排除請求権を行使しうる。逆にAは、Cに対して捜索物引取請求権[9]を行使しうるにとどまり、物権的返還請求権を行使することはできない。したがってAの返還請求権とCの妨害排除請求権とが「衝突する」こともない（特に上記拙稿①と⑦）。ここで要求されているのは、A自身の権利領域の客観的でかつ自己責任的な矯正であり、その限りでA自身の積極的な妨害排除行為が要求される（行為請求権説の貫徹）。

(6)　以上を踏まえるならば、妨害者（上記A）の積極的な妨害排除義務を理論的に「排除」する見解（「費用負担」の根拠をもっぱら不法行為責任に求めようとする忍容請求権説ならびにそのメタモルフォーゼとしての「責任説」[10]）は、明確に否定されなければならない。むしろ、行為請求権説の「貫徹」ないしその「純化」こそが求められている。言い換えるならば、「請求権論」そのものにおける「物権的請求権の独自性」を実証的に確認するための基礎作業がなお必要なのである（特に上記拙稿⑦）。

三　本稿の射程

上記の筆者なりの「到達点」は、物権的妨害排除請求権に関するドイツ学説の歴史的考察の所産であった。なかでも決定的な影響を与えたのが一九七二年に公表されたエドゥアルト・ピッカーのモノグラフィー『物権的妨害排除請求権』[11]であった。この論考は、所有権を典型（「母型」＝Mutterfigur）とする主観的帰属割当ての法的機能に着目し、客観的な財貨帰属矯正請求権の根拠を「権利重畳」（Rechtsüberlagerung）[12]に求める画期的なものであった。現在のドイツ学説ではこのピッカー説を基軸に、それを支持する有力説と、それを批判し拒絶しようとする支配的見解との間で厳しい論争が続いている。[13]本稿は、ドイツにおける物権的妨害排除請求権論の「到達点」をピッカーの学説に求め、その実相と意義をより具体的に探求しようとするものである。そのことによってわが国の解釈論になにがしか寄与することができれば、と願っている。以下の素描は、そのための試みである。[14]

（1）九大法学五〇号（一九八五年）六三頁以下、九大法学五一号（一九八六年）二七頁以下。
（2）広中俊雄先生古稀祝賀論集『民事法秩序の生成と展開』（創文社、一九九六年）五三七頁以下（本書第五章）。
（3）龍谷法学三〇巻一号（一九九七年）一頁以下（本書第二章）。
（4）石部雅亮（編）『ドイツ民法典の編纂と法学』（九州大学出版会、一九九九年）四一九頁以下（本書第三章）。
（5）Nomos Verlagsgesellschaft, 2001, S. 1-197.
（6）松井宏興＝岡本詔治（他編）『借地借家法の新展開』（信山社、二〇〇四年）二三一頁以下（本書第一章）。
（7）河内宏＝大久保憲章（他編）原島重義先生傘寿『市民法学の歴史的・思想的展開』（信山社、二〇〇六年）三九七頁以下（本書第四章）。
（8）この点は、つとに広中俊雄教授によって強調されてきたことでもある。たとえば広中『物権法（第二版増補）』（青林書院、一九八七年）二三六―二三七頁。なお、広中『新版民法綱要　第一巻　総論』（創文社、二〇〇六年）三頁以下の「財貨秩序」

に関する一般的定義、ならびに「財貨帰属秩序」に関する記述も参照。この広中「秩序論」については、あとでも触れる。

(9) これを「引取忍容請求権」、あるいは単に「引取請求権」と言い換えることもできよう。ドイツでは明文の規定が置かれている(§ 1005BGB)。ところで、この(本文でいえばAの)「引取請求権」と、相手方(本文でいえばC)の「妨害排除請求権」との関係については、微妙な問題が残されている。たとえば、山田晟「物権的請求権としての「引取請求権」について」法学協会雑誌百周年記念論文集第三巻(有斐閣、一九八三年)七頁以下は、このケースでAに「返還」請求権を認めるべきではないことを前提として(言い換えるならば「返還請求権」と「妨害排除請求権」との衝突はありえないことを前提として)、「引取請求権」のみを承認し、この場合にCは妨害排除請求権を有せずAの引取請求権を「忍容」しなければならない、とする。その理由はもっぱら「相隣関係規制の法律の規定の精神に基づく信義の原則によるもの」(前掲論文一一頁)、とされる。なるほど、これを本文にそくして言えば、Aが自分の乗用車甲を盗まれ、かつそれがCの土地上にあることを知って、先にCに「引取請求権」を行使してきた場合には、これに加えてCがAに対し「妨害排除請求権」を行使する実質的意義はない、と言えるかもしれない。その場合に限って言えば、山田晟教授の所説が結果的に妥当性をもちえよう。しかしながら、一般論としてCの妨害排除請求権を否定する趣旨であるとしたなら、やや行き過ぎではないだろうか。むしろ「朝起きて雨戸をあけてみて」他人の乗用車甲の存在に気づいたCが(山田前掲論文六頁参照)、ナンバープレートを手がかりに調査してA所有と知り、先にAに対し「あなたの乗用車が私のところにあるから何とかしてほしい」と請求することもおおいに考えられる。これは法的に言えば、CのAに対する「妨害排除請求権」の行使にほかなるまい。そして、それによって初めてAが盗難の事実に気づくことすらあり得よう。このような場合には、Cの「妨害排除請求権」にAが応じた結果、ことさら「引取請求権」を行使する必要がなくなったにすぎない、と考える方が合理的である。さらに加えて、AとCとが近所に住んでいるとも限らない(札幌在住のAの乗用車がBから盗まれ、乗り回されたあげく東京のC所有地に放置される場合もありうる)。この場合には特に「相隣関係規制の法律の規定の精神」を持ち出す必要もなかろう。原則として、CのAに対する「妨害排除請求権」を認めることになんの差し障りもない、と考える。仮に「相隣関係」の問題として捉えるなら、むしろAの「引取請求権」をCが「忍容」しなければならないとすると、その限りでCは、Aが「Cの敷地に立ち入ることの忍容」すらしなければならない、という結果をもたらしうる。しかしそれでは、かえって〈相隣関係〉を混乱させかねない。CのAに対する「妨害排除請求権」を原則承認し、その内容としてCの敷地立ち入りまで認めるか否かをCの自己決定に委ねる余地を法的に確保しておく必要があるのではないか（たとえば、乗用車甲にキーが差し込まれたままの状況である場合、CがAの承認を得た上で敷地入り口前まで甲を移動させ、もって実質上Aの敷地立ち入りなしに妨害を排除する〔＝Aの引取りに応じる〕こともありえよう）。その上で、すでに指摘したように、先にAがCに対して「引取請求権」を行使することがありうる、という例外的枠組みの可能性を承認すれば足りよう。

(10) 川島武宜教授の「責任説」は、一九三七年の法学協会雑誌論文（「物権的請求権に於ける「支配」と「責任」の分化（一）（二）（三・完）」）から始まり、一九四九年の『所有権法の理論』一二七頁以下でも再確認されている。その後、この「責任」に関して原島重義教授による詳細な批判的検討がなされた（原島「わが国における権利論の推移」法の科学四号〔一九七六年〕五四頁以下、特に八四―八五頁〔同『市民法の理論』〔二〇一一年〕四八八頁以下〕参照）。その趣旨は、川島説いうところの「責任」が、もっぱら不法行為責任と同質であって、物権的請求権固有の責任とは異質である、という点にある。にもかかわらず、最近、あらためて川島「責任説」の継承を謳う加藤雅信教授の見解が示されている（『新民法大系Ⅱ物権法（第二版）』〔有斐閣、二〇〇五年〕三八―三九頁）。だがこれは、「日本民法学説百年史」の歴史的展開を逆流させることを意味するのではないか。その他、今なお川島「責任説」をそのまま肯定する教科書などが目につくところ、今はこれを論外としておく。

(11) Eduard Picker, Der negatorische Beseitigungsanspruch, Bonner Rechtswissenschaftliche Abhandlungen 92, Ludwig Röhrscheid Verlag Bonn, 1972, S. 18-184. これはピッカー教授の博士論文（Dissertationsschrift）でもある。最近このピッカーの学説を、その博士論文を含め、近時の論考まで詳細に考察する文献として、根本尚徳『差止請求権の理論』（有斐閣、二〇一一年）一七七頁以下がある。

(12) この「権利重畳説」は、「権利簒奪説」（Rechtsusurpationstheorie）とも呼ばれる。いずれも同じことを意味するのであるが、後者が「権利簒奪」という語感から若干主観的で行為責任的なニュアンスをもつのに対して、前者の「権利重畳」の方がより客観的な状態責任になじむ。そこで本稿では「権利重畳説」で統一することにした。

(13) その点に関する比較的新しい文献として、Marc Wolf, Negatorische Beseitigungsanspruch und Schadensersatz, Grundlagen, Anspruchsziele und Abgrenzung, Peter Lang GmbH, Europäischer Verlag der Wissenschaften, 2006, S. 17-452 がある。こ

れはピッカーの「権利重畳説」を批判して、物権的妨害排除請求権がその効果として広く原状回復（Naturalrestitution）を包含することを論証しようとするものである。本稿は、それに対する反批判をも目的とする。

（14）　その主要な内容はすでに上記⑤の、Kawasumi, Von der römischen actio negatoria zum negatorischen Beseitigungsanspruch des BGB, 2001, S. 152 ff. に示されている。本稿はそれを大幅に加筆し、修正を施したものである。

第二節　「権利重畳」説の登場

一　ドイツの判例・通説

ドイツでは、侵害者の故意・過失（主観的帰責事由）の有無によって不法行為に基づく損害賠償請求権と物権的妨害排除請求権とが区別されるべきであるとされている点で、争いはない。言うまでもなく、前者の場合には侵害者の故意・過失を要件とするのに対して、後者ではそれが不要とされるのである。しかしながら、次の二つの点では激しい争いが展開されてきた[15]。第一に、物権的妨害排除請求権の要件として、妨害者（Störer）が当該妨害について惹起行為（不作為を含む）をしたという意味で「因果責任」要件（Voraussetzung der „Kausalhaftung"）を必要とするのではないか、あるいは少なくとも「妨害状態の保持意思」という責任根拠（Haftungsgrund des „aufrechterhaltenden Willens"）を要するのではないか（要するに妨害者の主観的・人格的責任関与の必要性）。第二に、物権的妨害排除請求権が所有権を典型とする物権侵害に基づく「原状回復」（Wiederherstellung）をその対象とするという場合、広く「あるべき現在の状態への回復」がその成果として承認されるべきであり、したがってドイツ民法が規定する不法行為責任の効果としての「原状回復」（Naturalherstellung）と区別する必要はないのではないか。むしろ、積極的に「結果除去請求権」として物権的妨害排除請求権による「原状回復」機能を承認すべきではないか（要するに物権的妨害排除請求権効果の不法行為責任効果＝原状回復への流し込み）。そしてドイツ学説は、一九世紀後半以降今日にいたるまで、上記二つの争点に関し、第一点については、故意・過失を不要としつつも、なんらかの形で妨害者の主観的・人格的責任関与の必要性ありとし（惹起責任性の承認）、第二点については物権的妨害排除請求権の不法行為責任効果＝原状回復への流し込み（同質化）を有形無形に承認してきた、と言える。その最大の要因は、「妨害排除」を「損害賠償」と同様に妨害者の妨害行為ないし妨害者による妨害状態の作出という観点からみる「考察方法の一面性」（Einseitigkeit der Betrachtungsweise）にあった。その際、物権的妨害排除請求権の権利保護効を謳う場合であっても、もっぱら被妨害者の権利状態の回復だけが視野に入れられてきた。同時に妨害者の権利状態を問題とするという複眼的思考はそこにはなかった。その場合、被妨害者の権利状態の回復の射程は、より広く彼の「財産」ないし「物」の不利益変更回復にも及ぶ、とされた。だからこそ、善意・無過失の妨害者に妨害排除の費用まで負担させるべきではない、という主張[16]がかなりの影響力をもってきたのである。なるほど、ドイツの支配的見解がこのような被妨害者原則費用負担説（忍容請求権説）を採用するわけではない。しかしながらドイツの判例・通説は、妨害者に費用を負担させて妨害排除義務を負わせるためには、あくまで妨害者について惹起的関与（不作為を含む）ないし意思的関与（妨害状態の保持意思を含む）を内容とするなんらかの主観的帰責根拠を要する、という。それは、憲法ないし基本法上の所有権論あるいは「所有権の義務づけ効力」（„die verpflichtende Kraft des Eigentums"）に着目する見解であっても、およそ同様であった[17]。そのような学説状況の中で、権利帰属秩序のあり方を徹底的に考え抜くという観点から物権的妨害排除請求権の解釈論に鋭く迫ろうとしたのが、一九七二年のピッカー論文（前注（11））であった。このピッカー論文の登場によって、初めて権利帰属秩序に関する複眼的思考が示されるにいたった。まず、その複眼的思考の内実に迫ろう。

二 「権利重畳」説の複眼的思考

すでに指摘したところから明らかなように、ここで「複眼的思考」というのは、「妨害」概念を解釈論的に解明するために客観的で現在的な権利帰属状態を被妨害者のみならず妨害者についても同時的に措定する、という思考方法を指す。その前提となるのは、まずは権利帰属状態の「絶対的保護」の意味画定である。すなわち、個人的で「絶対的」な権利保護と言われる場合の、その「市民法」的内容画定が肝心な意味をもつ。その意味で――ピッカー論文によって直接引用されているわけではないが――次のサヴィニーの基本的見解は、ピッカー説の前提をなすと言ってよい。

「人は外的世界の内部に存在する。人にとって、その環境の中で最も重要なエレメントは、その自然的性質と定義を通じて彼と同じであるところの人々との接触（die Berührung, mit denen ihm gleich sind durch ihre Natur und Bestimmung）である。ところで、このような接触において、自由な存在者（freye Wesen）がそれぞれお互いに生きていき、相互に生を促し、その発展を阻害しないようにするためには、その内部で個々人の存在と現実性とが確固たる自由な空間を獲得する不可視的な限界（eine unsichtbare Gränze, innerhalb welcher das Daseyn, und Wirklichkeit des Einzelnen einen sichern, freyen Raum gewinne）を承認することが最低限必要である。そして、その限界を定める規則（Regel）こそ「法＝権利」（das Recht）であり、かつまたその限界を通じてかの自由な空間を定める規則こそ「法＝権利」である[18]。」

ここには、「自由な存在者」としての諸個人の生活領域が私的に確保されるべきこと、そして単に相隣的関係にとどまらず広く社会的関係において「人々の接触」が必然的であるがゆえに、個々人の人格的成長と発展を保障するため、「法」が特に個人的な自由空間の線引き（不可視的なそれ）をおこなったこと、その帰結が「権利」（das subjektive Recht）であること、が述べられている。権利の典型としての所有権（das Eigentumsrecht）についても、むろん同様のことがあてはまる。すなわち、一方でそれが無権限干渉を受けた場合には、「絶対的」に（原則として「無条件」で）保護されるべきであるとともに、他方、その個別的な「絶対性」が承認される前提として、同様に保護されるべき無数の所有権が法的に等質に存在することを当然に予定している。このように、所有権の「絶対的保護」[19]は、そのゲネシス（生成的必然）において諸々の所有権の「個別的・等質的存在」と相互の「接触」とを、その必然的な前提とする。それゆえにこそ、その原因を問わず、権利帰属状態が客観的に攪乱される場合、すなわち権利帰属領域の境界線にズレが生じている場合には、法秩序の要請として、その攪乱＝ズレを矯正するバネが働くのである。その典型的な法形態が「物権的請求権」であり、「妨害排除請求権」である。妨害者が相手方の排除請求権に応じて「攪乱＝ズレ」を矯正することは、同時に妨害者自身の権利領域を保全することになる。それゆえ、妨害排除義務に応ずることは妨害者のためにも法的な利益をもたらす。このように、物権的妨害排除請求権は、被妨害者のみならず妨害者にとっても、相互的に権利領域を保全するという基本的な秩序機能をもつ。ここに、「複眼的思考」が要求されるべきゆえんがある。

三　「権利重畳」説の基本的内容

以上のような基本的秩序機能に着目するならば、物権的妨害排除請求権は「損害賠償請求権」とその法制度的性格を全く異にする、と言わなければならない。すなわち、侵害者がその行為によって被害者に対し財産上の不利益を与えた場合に、いわば自分の財産から出捐してその不利益を填補する「損害賠償請求権」と、現在の権利状態の客観的なズレを矯正する物権的妨害排除請求権とは、その基本的性質において全面的に異質である[20]。損害賠償の場合、賠償義務者は、当該加害行為が自己に利益をもたらしたか否かにかかわらず被害者の不利益を一方的に補填すべき責任を負う。それゆえにこそ、この場合、法は賠償義務者の主観的帰責事由として「故意または過失」を、その不可欠の要件とするのである。このように、不法行為に基づく損害賠償義務が、いわば〈サンクション〉としての性格を有するのに対して、物権的妨害排除請求権は、権利帰属状態保護のために作動する法秩序の〈リアクション〉にほかならない。この点を明快に指摘したのはピッカー説＝「権利重畳説」が初めてであり、その学説史的意義は大きい。以下、先ほどの「複眼的思考」を含め、ピッカー説の要点を析出しておく。

①　ピッカーによる「権利重畳」説は——所有権の一般理論からする演繹的態度とは距離を置きつつも[21]——なおサヴィニーおよびイェーリングの古典的「権利論」の流れを汲む[22]。その上で物権的妨害排除請求権の解釈学的な位置づけを明確化しようとする。それは、「妨害」概念画定に関する次の定式化において、きわめて象徴的である。

「ひとが妨害を所有権の法的完全性の侵害に限定する場合にだけ（nur wenn man die Beeinträchtigung beschränkt auf die Verletzung der rechtlichen Integrität des Eigentums）、ドイツ民法一〇〇四条（物権的妨害排除請求権）は、所有権者の権限、すなわちその所有物を任意に行使する権限を、制定法ならびに慣習法によって画された範囲内で保障するところの法的手段として機能する。すなわち一〇〇四条は、好んで用いられる表現に従えば、その法的手段が権利の「消極的核心」（der „negative Kern" des Rechts）すなわち他者をしてあらゆる干渉から排除する権限を実現することによって所有権の「積極的核心」（der „positive Kern" des Eigentums）」を保障するところの法的手段として機能するのである[23]」。

すなわちこれは、個々人に自由な生活空間を保障するところの、権利の「個別的・等質的存在」とその「接触」を所与の前提とするサヴィニー流の権利論[24]、ならびに所有権の排除的機能（「消極的核心」）が所有権の割当内容（「積極的核心」）を保護するためにこそ承認されるとするイェーリング流の権利論[25]との理論的結合物であると言ってよい。

②　こうして「アクチオ・ネガトリア（物権的妨害排除請求権）にとって意味を有するのは、もっぱら所有権の法的完全性の侵害（die Verletzung der *rechtlichen* Integrität des Eigentums)」である。[26] それでは「所有権の法的完全性の侵害」としての「妨害」とは何か。ピッカーによれば「法的に相互に限界づけられた権利領域がお互いに重なり合い、その結果、権利者双方の事実上の支配領域が法によって規定された範囲ともはや一致しない」場合に、それは「所有権者の法的能力の制限」（eine Beschränkung des *rechtlichen* Könnens des Eigentümers）[27]を意味するのであり、当該支配領域の境界のズレによって権利者の支配領域が縮小されている限りで、権利者の支配領域は、他人の所有権領域に介入する相手方の利益において事実上収用されていることとなる（faktisch enteignet ist zu Gunsten des Gegners, der in den fremden Eigentumsraums übergreift）[28]。この、「事実上の収用」に対応する客観的な権利の重畳状態が「妨害」であり、そこにおいて自己の支配領域の縮小を被っている者が「被妨害者」、逆に自己の支配領域の拡張を被っている者が「妨害者」となる。こうして、ドイツ民法一〇〇四条が規定するところの「妨害者」（„Störer"）とは、「妨害」（„Beeinträchtigung"）概念が正しく把握される限りで、「論理的に当然に措定される相手方」（der "logische Gegner" des negatorischen Anspruchs）にほかならない。[29]

③　＜客観的な権利重畳状態＞としての「妨害」は、不法行為法上の「損害」と厳密に区別されるべき規範的な要件メルクマール（ein „normatives" Tatbestandsmerkmal）である。それはなぜか。「損害」が問題となる場合には、その対象として物の物理的妨害（die physische Beeinträchtigung der Sache）を含むが、「妨害」が問題となる限りにおいて問題となるのは＜客観的な権利重畳状態＞と同義範疇としての「事実的な権利簒奪」（die faktische Rechtsusurpation）だけを指すから、である。[30] 言うまでもなくこの「事実的な権利簒奪」は客観的に把握されるべきであって、簒奪意思などの主観的モメントからは全面的に切り離されていなければならない。[31] このような客観的な「事実

的権利簒奪」が承認される限りで、それは同時に〈客観的な権利重畳状態〉の発生を意味する。そしてそれは、法秩序によって否定されるべき状態であるがゆえに「権利の法的完全性の侵害」として再構成されるのである。

④　次の例をもとに確認しておく。――Aの所有地が国道のわきに存在していたところ、道路交通法上のルールを守って安全運転をしていたBのタンクローリー車が、B所有のオイルを運送中に脇見運転の対向車Cとぶつかりそうになった。そこでBは急ハンドルを切った。その結果タンクローリー車がA所有地に転落し、オイルがA所有地にしみこんだ。――この場合、AはBに対していかなる請求をなしうるであろうか(32)。タンクローリー車の排除に加えてオイルの除去まで「物権的妨害排除請求権」の効果として無責のBに請求しうるだろうか。なおこのケースでは、ドイツ民法九〇四条の物権法上の「緊急避難」(Notstand)が適用されるか否か、一応問題になる。ただし、同条はBのもとでの現在の危険回避の必要性とともに、タンクローリー車にかかるBのもとでの急迫の損害がAの土地「毀損」から生じる損害よりも「不つり合いに大きい」(unverhältnismäßig groß ist)ことを要件としており、その適用が厳格であり、あくまで例外にとどまる点を考慮して、ここでは問題にしないことにする。こうしてBがタンクローリー車の所有権者である限り、Bは無権限では使用できないAの所有地を「不当に利用」していることになる。ここには客観的な「事実的権利簒奪」としての〈現在的な権利重畳状態〉が生じている。支配領域の縮小を被っているのはAであり、その拡張を被っているのはBである。よって論理的にBが「妨害排除の相手方(妨害者)」となる。したがってAがB所有のタンクローリー車それ自体について妨害排除請求権を行使しうることに問題はない(Bがその所有権を放棄した場合の問題については後述する)。それでは、A所有地に浸透したオイルについてはどうか。オイルはもともとBの所有物であったが、浸透によってすでにA所有地の本質的構成物となっている。またオイルによるAの「不利益」は物理的侵害を意味するのであるから――たとえそれがA所有地下水に対する将来的な汚染源を意味するとしても――それはもっぱら「損害」範疇で捉えられるべきことになる。その場合の「損

害賠償請求権の相手方」は、BではなくCである。[33] Cに対する損害賠償請求権がいかなる結果をもたらすか。仮に、Cが無資力で賠償能力をもたないとしても、またCの過失や因果関係を立証することが困難であったとしても、それはAが所有権者として負担すべき通常の法的リスクを意味するにすぎない。ピッカー説のいう「権利の法的完全性の侵害」とは、あくまでも〈客観的な権利重畳状態〉の発生を指しているのであるから、仮にオイルの所有権がBからAに移ってしまった以上、そこにもはや「権利の法的完全性の侵害」はない。しかし、この点はドイツでも引き続き議論の対象となっている。そこでこの点、のちほど項をあらためて取り上げることにする。[34]

⑤　ともあれ、このようにしてピッカーは、「妨害」概念および「妨害者」概念に関する首尾一貫した「客観的考察方法」を切り開いた。それによって初めて、物権的妨害排除請求権は、一個の純粋に統一的な状態責任として再構成された。そこにはもはや「惹起責任」（die Verursachungshaftung）の介入する余地はない。言い換えるならばピッカーは、妨害排除請求権の「請求権根拠」としては「ただ現存する状態だけ」（allein der bestehende Zustand）が決定的な意味をもつ、とする。したがって、過去に存するものであれ、現在のものであれ、「因果関係的な行為態様」（„ein gegen wärtiges oder in der Vergangenheit liegendes kausales Verhalten"）はすべて無関係である、という。[35] とりわけ、「妨害」が妨害物の状態そのものに依拠する場合には、その妨害物を手段として他人＝被妨害者の所有権をその者の権利領域と重ね合わせている者（wer vermittels der störenden Sache das fremde Eigentum mit seiner Rechtssphäre überlagert）が、ネガトリア的防御の相手方＝妨害者となる。[36] その意味で、この場合には「所有権の帰属機能」（die Zuordnungsfunktion des Eigentumsrechts）だけが決定的な意味をもつ。しかもそれは、被妨害者の所有権についてのみならず等しく妨害者の所有権についても問題となるのである。すなわち、妨害物についての所有権帰属が決定されたならば、その場合には「妨害物の所有権帰属機能によって当該妨害物への干渉作用からあらゆる第三者が排除されているがゆえに、妨害者は被妨害者の所有権領域において保護された空間をいわば占領

していることになるのであり、被妨害者は彼の所有権者としての自由を制限されたことになる[37]」とする。

この指摘はきわめて重要である。妨害物についての所有権帰属が認定される限り、所有権領域の重なり合いという妨害状態を排除するための作用権限は「妨害者」にだけ委ねられている。したがって、仮に妨害者が、自主的に所有権の重なり合いの状態を矯正すれば法的妨害状態は消滅する。他方、妨害者が被妨害者からの請求を受けて所有権の重なり合いの状態を矯正する場合であっても、それは同時に、妨害者が自己の所有権領域を保全するための矯正を意味する。被妨害者の所有権領域が矯正されると同時に、妨害者のそれも等しく矯正される。ここにも、先に述べた「複眼的思考」が端的に示されている。

⑥　こうして、妨害者が妨害排除請求権に応じるということは、所有権客体の「物的帰属状態」を客観的に保全することを意味する。それによって、被妨害者の所有権客体のみならず妨害者の所有権客体も等しく保全される。言い換えるならば、妨害者は「もっぱら彼の物のその時点での代理人として」（nur als der jeweilige Repräsentant seiner Sache）、妨害状態の矯正義務を負う[38]。それゆえ、その場合には、妨害者につき「人的に結合せられたモメントとは無関係に」（unabhängig von personengebundenen Momenten）、すなわち故意・過失など主観的帰責根拠の有無にかかわらず、妨害者はその排除義務、すなわち妨害状態の矯正義務を負担する[39]。ドイツ判例もまた、相隣者間の不許容的イミッシオーンのケースで「その時点での所有権者」（der zeitige Eigentümer）が妨害源たる土地の「代理人」（Vertreter）として責めを負う、と判示したことがある[40]。この観点は、必ずしもドイツ判例によって首尾一貫して採用された立場であると言うわけではないのだが、それでもなお物権的妨害排除請求権の「物的帰属状態保護機能」を典型的に示唆していて興味深い[41]。

⑦　再度指摘しておくならば、物権的妨害排除請求権は「まさしく債務者（妨害者）の利益ともなるところの規律」（eine gerade auch im Interesse des Schuldners getroffene Reglementierung）[42]を意味する。したがって物権的妨害

排除請求権における「請求権と責任」は、所有権内容（der Eigentumsinhalt）を積極的かつ相互的に把握することによって必然的に生ずる効果にほかならない[43]。それゆえにこそ、妨害者は、自己の権利領域を保全するために必要な限りで、妨害状態除去のための費用をも負担すべきなのである。ここに妨害者の積極的な行為によって妨害排除をなすべきだとする「行為請求権説」（妨害者費用負担説）の最も首尾一貫した根拠づけが存在する。見方を変えて言えば、この場合に妨害者は、妨害物を自己の権利領域の境界内に引き戻す（hinter seine〔=Störers〕Grenzen zurückführt）ことで責めを果たすことになり、よってその場合に必要とされる費用負担も「彼＝義務者自身の利益」においてなされるべきものにほかならない[44]。さらに、妨害排除の方法を決定することは「妨害者の問題」（Sache des Störers）であることを踏まえるなら、その限りで妨害排除義務は、いかなる意味においても「サンクション」たりえない[45]。

⑧　これは自然力（Naturkräfte）による妨害についてもあてはまる。たとえばピッカーはつぎのように言っている。――「隣人Aの土地で生育した頑丈な樹木が、異常に強い風によって（彼の隣人Bの土地に）吹き飛ばされた」場合には「隣人Aがその樹木を自己の所有物としてそこ（Bの土地）に放置していたとするならば、その限りで妨害が存在するのであり、したがってネガトリア責任が存在する。ただし、このネガトリア責任にとって決定的なモメントは、あくまでも他人に属する権利の行使（allein Inanspruchsnahme des fremden Rechts）である。これに対して、不利益な状態そのもの（der nachteilige Zustand als solcher）は、そうではない[46]」。さらにその際、その樹木を植えたのがAではなく、その土地の前所有権者Cであったとしても、そのことはAのネガトリア責任にとっていかなる関わりももたない[47]。

⑨　このような、法秩序によって許容されない「他人に属する権利の行使」は、すぐれて客観的に判断される。すでに指摘したところの〈客観的な権利帰属重畳状態〉の要件化が、まさしくそれであった。同時にそれは「客観

的で統一的な状態責任」を帰結した。したがって、妨害者の妨害物についての所有権帰属（権原＝タイトル）が問題なのであって、彼（妨害者）が妨害物を「占有」しているか、「現実に行使しているか」とは無関係である。[48]したがって、妨害源たる建築物が附合して土地所有権者Aに帰属した場合には、Aが妨害者としてネガトリア責任を負担するのであり、建築者Bが「惹起者」（Verursacher）としてネガトリア請求権上の責めを負うのではない。[49]また、賃借人が賃借目的たる土地上に妨害施設を作った場合には、賃貸人（土地所有権者）が、その有する所有権それ自体から派生する状態責任（Zustandshaftung）として物権的妨害排除義務を負担する（賃借人もその現在の妨害行為について同様[50]）。さらに妨害物についての担保権者（特に抵当権者）も、担保権者への所有権の価値的帰属性が承認される限りで、状態責任としてのネガトリア責任を負う。[51]以上のような、状態責任としてのネガトリア責任は、とりわけ、すでに指摘したところの盗難車のケース、すなわちA所有乗用車を泥棒Bが盗みだし、それをCの所有地に放置したケースについても同様に妥当する。――「泥棒Bがその所有者Aから盗んだ乗用車を他人Cの土地に乗り捨てた場合には、Bは彼の（乗用車利用）行為が終了すると同時にもはや妨害者ではないのであって、以後一〇〇四条に基づく義務を負うことはない。いまや妨害者はその乗用車の所有者Aとなる。なぜならAの所有物が他人Cの所有地上に重なって存在するからである[52]」。

⑩　以上を整理し、若干の補充をするならば、次のように言えよう。――物権的妨害排除請求権は、もっぱら客観的で、かつ現在的な権利帰属状態のズレを矯正するための法的装置として機能する。客観的な現在の妨害状態が発生しているならば、妨害者がその所有権を放棄するか、あるいはその妨害物が他人の所有権と附合したりして＜客観的な権利重畳状態＞、すなわち「所有権の法的な完全性侵害」が消滅しない限り、[53]原則ただちに物権的妨害排除請求権が発動する。[54]その場合、物権的妨害排除請求権は妨害者に財産上の不利益変更（サンクション）を要求するものではない。むしろ妨害排除請求権は、妨害者のためにも、その権利帰属状態矯正の余地を与えることによ

って「法的利益」をもたらす。したがって、必然的に物権的妨害排除請求権は、その効果として、出損という意味での「給付請求権」（Anspruch auf eine Leistung im Sinne einer Zuwendung）として機能するものではない。(55) それゆえ、その帰結として給付請求権に関連する債務法上の規定の適用もない。(56) 物権法上の所有者—占有者間の法規制（ドイツ民法九八七条以下）も、Vindikation（九八五条）に付随的・関連的に規定された債務法的特則であって、Negatorischer Anspruch（一〇〇四条）に適用されるべきではない。(57)

⑪ なお、補論的に付け加えるならば、さらに以下の二点が重要な意味をもつ。まず「違法論」について付言しておく。ピッカーによれば、第一に、物権的妨害排除請求権において妨害者の「行為」が問題となる場合、その行為の現在の違法性だけが意味をもつ。(58) これに対して過去の行為の違法性が要件となるのは、不法行為責任が問題となる場合だけである。言い換えるならば、物権的妨害排除請求権は現在の違法な行為に対して（gegen）発動される請求権であって、過去の行為から（aus）生ずる請求権ではない。(59) したがって不法行為に固有な「行為不法」（Handlungsunrecht）は言うまでもなく、「結果違法」（Erfolgsunrecht）も、共にここでは問題とはなりえない（過去的に生じた「結果」の違法は、もっぱら不法行為責任に属する）。第二に、物権的妨害排除請求権において妨害物の「状態」が問題となる場合には、物的状態の「不適法性」（Unrechtsmäßigkeit des sachlichen Zustands）が、その要件となる。(60) 物的状態の「違法性」を承認してもいいのであるが、「違法性」がもっぱら不法行為法の領域で、しかも学説が（命令違反の行為とか禁止違反の行為などとして）「行為」にのみ焦点を当ててきた経緯からして、妨害物の「状態」が問題となる場合の法的評価として「違法性」要件は不適切であり、「不適法性」の方が適合的だ、とする。(61)

思うに、ここではむしろ、妨害者の行為による場合であれ、妨害物の状態による場合であれ、「妨害」メルクマールが〈客観的な権利重畳状態〉に置かれる点を踏まえるならば、物的状態に基づく妨害の場合のみならず、行為による妨害の場合も、少なくとも現在の権利帰属状態の「不適法性」を、その前提として位置づけることが可能となろう。[62]

⑫　さらに、そのような「不適法性」との関連で、物権的妨害排除請求権と不当利得請求権との共通性も再認識される必要がある。むろん物権的妨害排除請求権の場合に常に財産上の利益増大が生じているわけではないし、また不当利得請求権はあくまでも債務法上の請求権であって、両者が全く同じであるわけでないことは当然である。しかしながら、次の点については両者の「共通性」を語ることができるのではないか。ピッカーによれば、こうである。――「不当利得（die ungerechtfertigte Bereicherung）のケースも、財産法上の平面で、事実的な財貨配分と法的な財貨配分との間で、妨害（die Beeinträchtigung）の場合と同様な矛盾（Widerspruch）が成立している。すなわち、妨害の場合には、妨害者と被妨害者双方について物に対する法的な権限とその事実上の干渉作用との間で主観的権利に関する矛盾の存在が問題となっている。不当利得のケースでも、債権者の側での財産上の減少すなわち財産的マイナス（das Minus）と相手方の側での利得という財産的プラス（das Plus）とが相互に対応している」[63]。――これは、権利保護の基本的なあり方に関して、すでにサヴィニーが強調した観点でもあった。すなわち言う。「権利保護（der Rechtsschutz）は、事実として存する状態を真の権利領域（das wahre Rechtsgebiete）へと引き戻すことによって成り立つ。したがって権利保護は、その支配がその者に帰属していない者によって行使されている支配を排除することから成り立つ。われわれは、それを、違法で不当な保持（ein rechtswidriges, ungebührliches Haben）と表現することができる」[64]。――このように、ピッカーによる物権的妨害排除請求権と不当利得請求権との共通性理解が、民法の古典的体系の創始者サヴィニーの権利保護論と同一の平面において成り立っていることはきわめて意義深い。

しかしながら、ドイツにおいてもサヴィニーの権利保護論[65]が正当に評価されているわけではないとするならば、物権的妨害排除請求権に関するピッカーの定式が正しく認識されていないという現状も、なかば必然的なことと言えよう。そのような現状を批判的に打開していく営みこそ、サヴィニーやピッカーによる学問的貢献を正当に継承することを意味するものと思われる。これはドイツのみならず、わが国民法学においても深く考慮されるべきことである。

(15) 以下の整理は、Picker, Der negatorische Beseitigungsanspruch (oben Fn. 11), S. 25 ff. に依っている。その翻訳として、拙訳「エドアルト・ピッカー著『物権的妨害排除請求権(1)(2)』」龍谷法学三七巻二号一頁以下、特に一九頁以下、龍谷法学三七巻三号三頁以下（いずれも二〇〇四年）参照。なお筆者の論文①（二）五一頁以下参照。ちなみに、この翻訳は二〇一〇年の龍谷法学四三巻一号三四九頁以下をもって完了している。

(16) その典型は、フォン・トゥールの見解であった。Vgl. A. v Tuhr, Der Allgemeine Teil des deutschen bürgerlichen Rechts, Bd. I, 1910. S. 250-251. なお筆者の論文①（二）五六頁参照。

(17) Vgl. K. Pleyer, Die Haftung des Eigentümers für Störungen aus seinem Eigentum, AcP156, 1957, S. 291 ff.; F. K. Kübler, „Eigentum verpflichtet"——eine zivilrechtliche Generalklausel? AcP159, 1960, S. 236 ff. このように「所有権論」そのものに着目する見解も、ネガトリア責任の要件根拠を「所有権に基づく一種の危険責任」(eine Art der Gefährdungshaftung kraft Eigentums) に求めた。それは結局のところ因果責任原理 (Kausalhaftungsprinzip) の言い換えでしかなかった。根本的な点では支配的見解と共通する、と批判されるのである。Vgl. Picker, Der negatorische Beseitigungsanspruch (oben Fn. 11), S. 47-48. 拙訳「エドアルト・ピッカー著『物権的妨害排除請求権(2)』」龍谷法学三七巻三号（二〇〇四年）一八頁以下参照。

(18) Friedrich Carl von Savigny, System des heutigen römischen Rechts, Bd. I. 1840, S. 331-332.

(19) ついでながら、本稿が依拠しているのは、所有権の「絶対性」に関する次のような二元的理解である。引用して示そう。——「所有権の「絶対性」と言われるものは、①所有権の「不可侵性」ないし「所有権絶対の思想」を意味する場合と、②所有権に対する「法的保護の絶対性」を意味する場合とで、はっきり区別すべきである。前者①は法秩序全体の中での所有権の位置づけに関する。特に土地所有権につき、利用権者に対する絶対的優位、具体的には土地取り上げの自由、さらには国・公共団体の公権力からの自由、それも国土整備・利用計画からの自由、特に投機の自由、環境利用・破壊の自由を意味することがある。これらに対する合理的・計画的規制を必要とすること、この意味での所有権の制限が歴史的に必然的であること、言うまでもない。しかし後者②は、所有権の「観念性」とともに近代的所有権の特質を形づくるもっとも重要なものである。……所有権を侵害してもただちに違法とならないという基本的な法命題が成り立つとしたら、つまり（②の）「法的保護の絶対性」がそもそも正規の法（regelmäßiges Recht）の出発点にないとしたら、市民法の瓦解は目に見えている、と言えよう。これにはまず、「権利侵害すなわち違法」という命題を対置すべきである、と考える。そのあとにこの例外として違法減殺事由を重ねるべきである。」原島重義「法と権利に関するひとつの試論」日本法哲学会編『権利論』法哲学年報（一九八四年）三四—三五頁（丸数字は引用者による。なお、原島・前掲書〔前注（10）〕六二—六三頁も参照）——本稿で問題とするところの「所有権の絶対性」が、②の「法的保護の絶対性」を意味すること、言うまでもない。この場合、その出発点は「個別的・等質的存在」としての所有権と、その「接触」という本文サヴィニー流の観点である。わが国で当然のこととして流布されているところの、①の意味での「所有権の絶対性」の絶対的一元的把握はそろそろ見直されてよいのではないか。

（20）すなわち「ネガトリア的妨害排除請求権の目的は、新たな財貨配分を生み出す出捐ではなく、現在の財貨配分を尊重する行為態様である。」(Das Ziel des negatorischen Anspruchs ist nicht eine Zuwendung, die eine neue Güterverteilung bewirkt, sondern ein Verhalten, das die bestehende respektiert.) Picker, Der negatorische Beseitigungsanspruch (oben Fn. 11), S. 157. これはすなわち、所有権侵害の二つの異なった現象形態に着目すべきことを意味する。所有権の権利としての完全性が法的に侵害される場合と所有権客体たる物が事実的及び物理的に侵害される場合との区別が、それである。物権的妨害排除請求権は「所有権」(Eigentums*recht*) をそのものとして保護するものである。この場合、所有権客体たる「物の保護」そのものは、物権的請求権によってただ間接的に (nur mittelbar)、ただ副次的に (nur nebenbei) 保護されるにすぎない。Vgl Picker, Der negatorische Beseitigungsanspruch (oben Fn. 11), S. 86. 併せて、加害者の主観的帰責事由（故意・過失）の要件的付加のもとで「物の保護」、とりわけその有体的毀損への保護が、不法行為責任として追及されるべきことになる。

（21）ピッカーは、可能な限り演繹的思考方法を排斥し、所有権において典型化された財貨帰属的規範機能を具体実証的に解明する立場に徹するようである。Vgl. dazu Picker, Der negatorische Beseitigungsanspruch (oben fn. 11), S. 55 N. 8 und S. 95.

（22）なかでもサヴィニーにおいて、私法秩序＝市民法秩序が「市民各自に一定の領域内での自由な活動を保障する」という任務（die Aufgabe, "jedem Bürger innerhalb einer gewissen Sphäre freie Bewegung zu sichern"）をもつとする認識が示されていたこと。さらにイェーリングが、権利概念の「実質的モメント」と「形式的モメント」の重層構造（ただし前者が後者を規定する関係としてのそれ）を定式化して、サヴィニーの権利論を客観的に発展させた点については、たとえば拙稿・川角「物権的請求権の独自性――ヴィントシャイト請求権論の「光と影」」河内＝大久保（他編）「市民法学の歴史的・思想的展開」（前注（7））三九七頁以下、特に四〇六頁、四二四頁、さらに本稿後注（25）参照。なお、「後期」ヴィントシャイトにおける「国家制定法実証主義」的傾向と「後期」イェーリングにおける「社会的・実益的観点の重視」傾向のコントラストについては、それぞれの多面的要素をも併せ描く、笹倉秀夫『法思想史講義〈下〉』（東京大学出版会、二〇〇七年）一四九頁以下、一五四頁以下参照。ともあれ、近代法的規範形態ないし「法形象」としてサヴィニーの古典的権利論を再発見し、解釈論的に展開させるという課題は、なお残されたままである。この点で、ピッカーによる「物権的妨害排除請求権論」は、その〈方法〉においても注目に値する。なお、サヴィニーの古典的権利論については、後注（65）の児玉論文を参照されたい。

(23) Picker, Der negatorische Beseitigungsanspruch (oben Fn. 11), S. 55. なお、本稿ではドイツ民法における物権的妨害排除請求権規定（一〇〇四条一項）と不法行為責任規定（八二三条一項）とが常にコントラストをなして登場する。ここで両条文の翻訳を掲げておく。以下、いちいち示さない。――一〇〇四条第一項「所有権が占有の侵奪あるいは留置以外の方法で妨害された場合には、所有権者は妨害者に対してその妨害を排除するよう請求できる。さらなる妨害のおそれがあれば、所有権者は不作為訴権をもつ。」、八二三条第一項「故意または過失によって他人の生命、身体、健康、自由あるいはその他の権利を違法に侵害した者は、その他人に対してそれによって生じた損害を賠償する義務を負う」。

(24) 前注（18）に対応する本文参照。

(25) Rudolf von Jhering, Geist des römischen Rechts auf den verschiedenen Stufen seiner Entwicklung, Bd. 3, 4. Aufl., 1888, S. 339. ただし、その箇所でイェーリングは、「積極的核心」を「実質的エレメント」（das *substantielle* Element）と、そして「消極的核心」を「形式的エレメント」（das *formale* Element）と表現している。

(26) Picker, Der negatorische Beseitigungsanspruch (oben Fn. 11), S. 49.

(27) Picker, Der negatorische Beseitigungsanspruch (oben Fn. 11), S. 51.

(28) Picker, Der negatorische Beseitigungsanspruch (oben Fn. 11), S. 49.

(29) Picker, Der negatorische Beseitigungsanspruch (oben Fn. 11), S. 129.

(30) Picker, Der negatorische Beseitigungsanspruch (oben Fn. 11), S. 49.

(31) たとえば、物権法の泰斗フリッツ・バウアーもまた、「権利簒奪」なる概念を用いることによってピッカー説も「意思モメント」によって拘束されている旨、指摘する。Vgl. Fritz Baur, Besprechung : Eduard Picker, Der negatorische Beseitigungsanspruch, 1972, Acp 175 (1975), S. 177 ff., bes. S. 179. しかし、それは、「簒奪」(Usurpation) という法史学的沿革 (vgl. dazu M. Kaser, Römisches Privatrecht, 11. Aufl., 1979, S. 114 und S. 118) をもつテクニカルタームの語義上の感覚にとらわれた一種の「謬論」であって、本質を捉えきった批判とはなっていない。

(32) これは、ピッカーが前掲書（前注（11））八八頁で問題とし、これをバウアーが批判したところの典型的設例をもとにしている。Vgl. Baur, Besprechung (oben Fn. 31), S. 179.

(33) Vgl. Picker, Der negatorische Beseitigungsanspruch (oben Fn. 11), S. 88.

(34) たとえばA所有地の表面がコンクリートで覆われていて、Bのオイルが池水のように貯まっている、としよう。この場合、オイルの同一性が認められ、かつBがそれについてなお所有権を主張するならば、その限りで例外的に当該オイルについて〈客観的な権利重畳状態〉が発生しており、したがってなお「権利の法的完全性の侵害」が承認されうる。この点などを含め、いくつか問題が残されている。後ほど考察する。

(35) Vgl. Picker, Der negatorische Beseitigungsanspruch (oben Fn. 11), S. 97 und S. 130. なお、ヴィンフリード・ピンガーも次のように同様の指摘をしている。——「いかなる因果的連鎖が、人のいかなる行為態様に基づいて現状の客体を経過したか、はどうでもよいことである。とりわけ、そのような（過去の）行為態様が適法か違法かも、どうでもよいことである。行為は妨害の現象形態であるにすぎないのであって、けっして責任根拠とはならない（Die Handlung ist nur Erscheinungsform der Beeinträchtigung, nicht aber Haftungsgrund.）。このようにして、一〇〇四条のもとで「状態責任」が承認されるべきであるのか、それとも「行為責任」が承認されるべきか、という解釈学上の争いは、「統一的な状態責任」(eine einheitliche Zustandshaftung) を選択することによって解決されるべきである。」Vgl. Winfried Pinger, Funktion und dogmatische Einordnung des

Eigentümer-Besitzer-Verhältnisses, Die §§ 987–1003 als wechselseitig haftungsverschärfendes Schuldverhältnis, 1973, S. 191 f. これに対してドイツの支配的見解は、「状態責任」を承認する場合であっても、「妨害状態を保持する意思責任」などの主観的帰責根拠（Zurechnungsgrund）を要件とする。しかしながら、現在では、上記のピッカーやピンガーの見解（「客観的・統一的な状態責任」論）が有力化しつつある。その現状と詳細についてはさしあたり、Staudingers Kommentar zum BGB, Sachenrecht §§ 985–1011, Neubearbeitung 2006, Rdnr. 94 ff, S. 538 ff（Karl-Heinz Grusky）を参照。ちなみにグルスキーも、上記有力説の強力な支持者である。後注（66）も参照。

（36） Vgl. Picker, Der negatorische Beseitigungsanspruch（oben Fn. 11）, S. 130.

（37） Picker, Der negatorische Beseitigungsanspruch（oben Fn. 11）S. 130–131.

（38） Vgl. Picker, Der negatorische Beseitigungsanspruch（oben Fn. 11）, S. 98 und auch S. 107.

（39） Vgl. Picker, Der negatorische Beseitigungsanspruch（oben Fn. 11）, S. 98. それゆえ、物権的妨害排除請求権は不法行為責任と異なり、そもそも「行為者的モメント（ein täterschaftliches Moment）」を要件とはしていない（Picker, oben S. 57.）。

（40） RGZ 40, 333（337）, Urteil vom 29. Mai 1897. Vgl. Picker, Der negatorische Beseitigungsanspruch（oben Fn. 11）, S. 98.

（41） 筆者自身の見解に引き寄せて言えば、これは、ローマ法上の「対物訴権」（actio in rem）と沿革上の関連性をもちつつも、質的に切断され、特殊近代法的にモディファイされたところの「物的性格」を意味する。本稿考察にとって必要な限りで後述する。

（42） Picker, Der negatorische Beseitigungsanspruch（oben Fn. 11）, S. 170.

（43） Vgl. Picker, Der negatorische Beseitigungsanspruch（oben Fn. 11）, S. 97–98.

（44） Vgl. Picker, Der negatorische Beseitigungsanspruch（oben Fn. 11）, S. 157 und S. 167.

（45） Vgl. Picker, Der negatorische Beseitigungsanspruch（oben Fn. 11）, S. 170.

（46） Picker, Der negatorische Beseitigungsanspruch（oben Fn. 11）, S. 103. したがって、ＢがＡに対して物権的妨害排除請求権として請求しうるのは、樹木の除去そのものであって、たとえば当該樹木によってなぎ倒され、毀損された植木や鉢植えの損害賠償ではない。後者は、Ａの過失など不法行為要件がＢによって立証されてはじめて請求可能となる。要するに「侵害の結果（die Folgen des Eingriffs）は物権的妨害排除請求権要件としての「妨害」ではない」のであり、それは物毀損（Sachbeschädigung）としての「損害」にほかならない。Vgl. dazn Picker, Der negatorische Beseitigungsanspruch（oben Fn. 11）S. 87. ちなみに「自然力」ないし「自然的作用」そのものは、言うまでもなく「権利重畳」の主体を欠くからネガトリア請求権の対象とはならない。たとえば、無主の自然池で多数のカエルが大きな鳴き声を出しても、それは妨害排除請求権の対象たりえない。対するに、所有権者が造成した人工池でカエルが騒音を出す場合は別である。Vgl. dazu Picker, S. 103. ここで物権的妨害排除請求権が向けられるのは、自然的作用を媒介としたところの「妨害」＝「権利重畳状態」そのものである。ところが、これに対してドイツの支配的見解によれば、「妨害」がもっぱら自然現象ないし土地の自然的性状に基づく場合には、そもそも物権的妨害排除請求権は成立しない（この場合、土地の所有権者は被妨害者による危険除去を受忍しなければならない）とされる。Vgl. dazn Baur/Stürner, Sachenrecht, 17. neubearbeitete Aufl., 1999, S. 125.「妨害」の中に不利益変更結果、つまり侵害結果としての「損害」をも取り込む限り、このような見解が「支配的」となるのも当然のことであるのかもしれない。

(47) Vgl. Picker, Der negatorische Beseitigungsanspruch（oben Fn. 11）, S. 99.

(48) Vgl. Picker, Der negatorische Beseitigungsanspruch（oben Fn. 11）, S. 132.

(49) Vgl. Picker, Der negatorische Beseitigungsanspruch（oben Fn. 11）, S. 123.

(50) Vgl. Picker, Der negatorische Beseitigungsanspruch（oben Fn. 11）, S. 135.

(51) Vgl. Picker, Der negatorische Beseitigungsanspruch（oben Fn. 11）, S. 136 ff., bes. S. 143. つまりは、抵当権の付着した土地が妨害源である限り、抵当権者は土地所有権者とならんで「妨害者」（Störer）たりうるのである。

(52) Picker, Der negatorische Beseitigungsanspruch（oben Fn. 11）, S. 130 und S. 132.

ちなみに泥棒BがAの乗用車を「占有」し、かつその乗用車をCの所有地で利用を継続していたならば、Bはその行為によって、Aに対する関係でも、Cに対する関係でも「妨害」していることになる。この場合、AはBに対して物権的返還請求権（Vindikation）を行使し、CはBに対して物権的妨害排除請求権（Negatorischer Anspruch）を行使する。なおピッカー説によれば、物権的返還請求権（Vindikation）も広義の物権的妨害排除請求権（Negatorischer Anspruch）の一部であり、その亜種であるとされる点に注意すべきである。Vgl. Picker, Der negatorische Beseitigungsanspruch（oben Fn. 11）, S. 158.

（53）　繰り返しになるが、「所有権の法的完全性の侵害」についても〈複眼的思考〉が要求されること、言うまでもない。すなわち侵害される被妨害者の所有権状態だけでなく、同時に侵害している妨害者の所有権状態をも共時的・現在的に視野に入れることによって初めて「所有権の法的完全性の侵害」が承認されるからである。

（54）　所有権放棄によるネガトリア責任の消滅と附合によるネガトリア責任の消滅については、vgl. Picker, Der negatorische Beseitigungsanspruch（oben Fn. 11）, S. 113 ff. und S. 116 ff. ただし、所有権「放棄」という行為によって不法行為責任が新たに生ずるという問題は、あくまで別である。ピッカーも「占有放棄という行為によって他人の所有権が新たに侵害された場合」（wenn durch den Akt der Besitzaufgabe das fremde Eigentum erneut verletzt wird）には、放棄者の損害賠償義務（Schadensersatzpflicht）を認める。Vgl. Picker, Der negatorische Beseitigungsanspruch（oben Fn. 11）, S. 162. なお近時、筆者は「所有権放棄」のケースにつき、やや立ち入った考察を試みた。龍谷法学五〇巻二号（二〇一七年）二六九頁以下参照。そこでは理由を付し、率直に従来の私見を「改説」している。

（55）　Vgl. Picker, Der negatorische Beseitigungsanspruch（oben Fn. 11）, S. 158–159. ただし、訴訟上、物権的妨害排除請求権が「給付訴訟」として提起されることは排除できまい。Vgl. dazu Baur/Stürner（oben Fn. 46）, S. 127. その際、被告（妨害者）に妨害排除方法の選択を委ねる申し立て（Antrag）が望ましいことについて、vgl. Staudingers Kommentar zum BGB, Sachenrecht. §§ 985–1011, Neubearbeitung 2006, Rdnr. 236 ff., S. 628 ff.（Karl-Heinz Grusky）.

（56）　Vgl. Picker, Der negatorische Beseitigungsanspruch（oben Fn. 11）, S. 159 ff.

（57）　Vgl. Picker, Der negatorische Beseitigungsanspruch（oben Fn. 11）, S. 180–181.

（58）　ちなみにピッカーによれば、「他人の行為による所有権妨害」（die Beeinträchtigung des Eigentums durch fremdes Handeln）の場合にも、〈客観的な権利重畳状態〉が承認される。たとえば、隣人Aが無権限で他人Bの土地を日常的に通行している場合には、その都度のAの現在の通行について前提とされる「利用権」、すなわち「通行権」（ein Wegerecht）がないにもかかわらず、Aがそれを不当に行使している事実そのものが〈客観的な権利重畳状態〉を意味する、とされる。すなわち、この場合には当該「利用権」を包括するBの土地所有権とAの無権限「利用権」とが重なり合っているからである。Vgl. Picker, Der negatorische Beseitigungsanspruch（oben Fn. 11）S. 82-83. ローマ法以来、沿革的には「役権僭称」という形で「行為」による「利用権」の簒奪がアクチオ・ネガトリアのための要件とされてきたのであるが、近代法上そのような限定は不必要である。Vgl. dazu Picker, oben S. 84.

(59) Vgl. Picker, Der negatorische Beseitigungsanspruch (oben Fn. 11), S. 173 N. 9 und S. 177 ff. ところがドイツの支配的見解は、物権的妨害排除請求権を損害賠償請求権と区別するに際して、なるほど前者につき故意・過失の主観的帰責根拠を不要としつつ「違法性」要件（Rechtswidrigkeit）は必要とするのだが、しかし本文で述べたような「現在」の違法と「過去」の違法とを区別する観点はみられない。Vgl. Baur/Stürner (oben Fn. 46), S. 119 und S. 121. したがって、当然のことながら「行為の違法性」と「物的状態の不適法性」を区別する観点もない。

(60) Vgl. Picker, Der negatorische Beseitigungsanspruch (oben Fn. 11), S. 181 ff.

(61) Vgl. Picker, Der negatorische Beseitigungsanspruch (oben Fn. 11), S. 181 N. 34.

(62) イェーリングによれば、そもそも法は「刑罰的概念の優勢」（die Uebermacht des Strafbegriffs）とともにその起源を発し、野蛮・未開状態から「節度、自己抑制、正義」（Mässigung, Selbstbeherrschung, Gerechtigkeit）が重んじられる文明状態へと発展するにともない、権利保護請求権の理解も異なってきた、とする。そのような観点から、所有権者の「善意占有者に対する請求権」と「盗人に対する請求権」とを対比して、次のように言っている。すなわち、前者（善意占有者への請求）の場合には「物的状態の不適法性」（Unrechtsmäßigkeit des sachlichen Zustands）が問題となるのに対して、後者（盗人への請求）の場合には故意侵害としての「主観的過責モメント」（das Moment subjectiver Verschuldung）が不可欠である、と。Jhering, Das Schuldmoment im römischen Privatrecht, 1867, S. 4. ピッカーも、このイェーリングの見解を踏まえている。Vgl. Picker, oben S. 181 N. 34 am Ende. なお、不当利得請求権（「他人の財貨からの利得請求権」＝「侵害不当利得請求権」）に関してであるが、わが国で「不適法性」に早くから着目していたのは、川村泰啓教授であった。たとえば、川村「「所有」関係の場で機能する不当利得制度（一二）」判例評論一一七号（一九六八年）九九頁以下、特に一〇四頁以下参照。ともあれ、妨害者の「行為」による妨害（たとえば他人の土地の無断通行など）のケースでは、物的帰属状態のズレ＝「不適法性」に呼応する客観的で現在的な「行為」の違法性（不法行為責任における「違法性」と異なるところの、妨害排除責任に独自で固有な行為の「違法性」）を承認することはなお可能であり、かつまた必要なことでもある、と言えよう。

(63) Picker, Der negatorische Beseitigungsanspruch (oben Fn. 11), S. 52. Auch siehe ders., Positive Forderungsverletzung und culpa in contrahendo――Zur Problematik der Haftungen „zwischen" Vertrag und Delikt, AcP 183 (1983), S. 369 ff., bes. S. 512 und N. 351.

(64) Savigny, Obligationenrecht, Bd. 2, 1853, S. 293. ヤン・ヴィルヘルムもまた、彼の不当利得論において、サヴィニーによる権利保護の特徴づけが「物権的妨害排除請求権に関するピッカーのテーゼを正当に証拠だてるものである」とする。Jan Wilhelm, Rechtsverletzung und Vermögensentscheidung als Grundlagen und Grenzen des Anspruchs aus ungerechtfertigter Bereicherung, 1973, S. 22 N. 25.

(65) サヴィニーの権利保護論につき、わが国の到達点を示すものとして、児玉寛「サヴィニーにおける古典的民法理論」法政研究五〇巻三＝四合併号（一九八四年）三七五頁以下、三九四頁以下参照。なお、同論文四三二頁注6、注8では、サヴィニーの権利保護論がドイツにおいても正当に評価されていない根拠と現状を指摘していて興味深い。とりわけ同論文三八〇頁ならびに四〇一頁注6、さらに四三二頁注8に示されたライザーに対する批判的評価は、われわれに共通に課された今後の検討課題でもある。本稿後注（140）も参照。

第三節　「権利重畳」説への批判

一　「権利重畳」説の衝撃

以上みたように、ピッカー説はドイツ学説史上初めて、物権的妨害排除請求権の要件を、純然たる現在の状態責任として客観的な権利帰属秩序そのものの内に根拠づけることに成功した。それは衝撃的な事実であった。それゆえ、一方でかなり多くの支持者を見いだし、有力説となった(66)。しかしながら他方、その功績が画期的であり、支配的見解に対して、いわば「コペルニクス的転換」を要請するものであったがゆえに、その反動も強力であった。一九七五年のバウアー書評（前注（31））を皮切りに数多くの論説がピッカー批判を展開した。(67) ここでは、バウアーの批判(68)をもとにしつつ、それ以外の論者に共通する批判をも加えて整理しておく。その内容を要約的に紹介するなら、次のようになろう。

二　「権利重畳」説への批判の概要

①　まず、一般論として、事実的（faktisch）な権利簒奪と所有権の法的（rechtlich）完全性侵害との関連が不明確ではないか。

②　他人の土地上に重なり合った土塊や浸水のケースを解決しえないのではないか。すなわち、継続的に存続する妨害（die fortdauernde Beeinträchtigung）の排除をその射程から除外することは、効果の点で狭隘にすぎるのではないか。

③　他人の土地上に盗人によって放置された乗用車に関する解釈論的提言も不当ではないか。この場合、乗用車の所有権者でなく、盗人が「妨害者」ではないのか。

④　「不可量物」の侵入に関するイミッシオーン（Immission）の諸ケースを、「権利重畳」説は正しく包括しえないのではないか。

⑤　物権的妨害排除請求権における因果関係（Kausalität）、とりわけ「意思モメント」の法体系上の組み入れに問題があるのではないか。妨害者が妨害物の所有権を「放棄」することによって妨害排除義務が消滅する点こそ、ピッカー説の重要な提言であるのだが、所有権の「放棄」もまた意思モメントによって拘束されているのではないか。

⑥　物権的妨害排除請求権（Negatorischer Anspruch）と返還請求権（Vindikation）とを等置することは不当では

ないか。ましてや後者を前者の一部と見ることは説得力に欠けるのではないか。

このような批判に対して「権利重畳」説はいかに対応したか。その反批判を次に確認しておきたい。

(66) ピッカー説を支持するものとして，vgl. J. Wilhelm, Sachenrecht, 1973 ; ders., Sachenrecht, 5. Aufl., 2016, S. 643 ff.; W. Henckel, Vorbeugender Rechtsschutz im Zivilrecht, AcP 174 (1974), S. 97 ff., ; K. Schwabe, Der Anspruch des Einzelnachfolgers Grundstückseigentum aus § 1004 BGB bei schuldrechtlicher Duldungsverpflichtung seines Vorgängers, 1986 ; E. Schilken, Veränderungen der Passivlegitimation im Prozeß, Studien zur Prozessualen Bedeutung der Nachfolge auf Beklagtenseite außerhalb des Parteiwechsels, 1987 ; K. H. Gursky, Zur neueren Diskussion um § 1004 BGB, JR 1989, S. 397 ff., ; T. Karl, Anmerkung zu BGH, Urteil vom 21. Oktober 1994, BGH LM § 1004 Nr. 217, Heft 4, Bl. 660, 1995 ; T. Lobinger, Schadensersatz für schuldlos verursachte Bodenkontamination?, JuS 1997, S. 981 ff., ; Buchholz/Radke, Negatorische Haftung und Billigkeit, Jura 1997, S. 454 ff., ; Staudingers Kommentar zum BGB, Sachenrecht §§ 985-1011, Neubearbeitung 2006, Rdnr. 94 ff, S. 538 ff (Karl-Heinz Grusky).

(67) バウアー（前注（31））以外にピッカー説を批判するものとして，vgl. Jabornegg/Strasser. Nachbarliche Ansprüche als Instrument des Umweltschutz, Ein Beitrag zur Dogmatik der Negatorienklage, 1978 ; Elke Herrmann, Der Störer nach § 1004 BGB, Zugleich eine Untersuchung zu den Verpflichteten der §§ 907, 908 BGB, 1987 ; dies, Die Vorausetzungen nach § 1004 BGB——Neue Entwicklungen und Lösungsvorschlag, JuS 1994, S. 273 ff, ; D. J. Steinbach, Der Eigentumsfreiheitsanspruch nach § 1004 im System der Ansprüche zum Schutz des Eigentums, 1992 ; Erman/Hefermehl, Handkommentar zum BGB, Bd. 2. 9. Aufl., 1993 ; B. Stickelbrock, Angleichung zivilrechtlicher und öffentlich-rechtlicher Haftungsmaßstäbe beim Störerbegriff des § 1004 BGB, AcP 197 (1997), S. 456 ff., ; A. H. Lennartz, Störungsbeseitigung und Schadensersatz, Rechtachtungsanspruch und Restitutionsanspruch als Grundformen rechtlicher Inanspruchnahme, 1998 ; Münchener Kommentar zum BGB (Dieter Medicus), Bd. 6, Sachenrecht §§ 854-1296, 4. Aufl., 2004, Rdnr. 25 ff., S. 1150 ff.

(68) Baur. Besprechung (oben Fn. 31), S. 179-180.

第四節　「権利重畳」説からの反批判

一　序論――最近のＢＧＨ判決をてがかりに

一九九三年、ピッカーはゲルンフーバーのための記念論文集のなかで「民法一〇〇四条に基づく除去責任について――ひとつの弁明――民法上の責任に関する解釈論への寄与を兼ねて」[69]という論文を公表し、自己の学説への批判に対する「反批判」を展開した。ここでは、この論考を中心に「権利重畳説からの反論」を確認しておきたい。

この論考でピッカーは、その考察を、一九九〇年に出されたBGH判決（BGHZ 110, 313, Urteil vom 8. März 1990）に対する「批判」から始めている。判例の問題点を具体的にえぐり出すことによって争点の明確化を図ろうとするのである。ここでは、まず、その判決の概要を示すことから始めよう。――原告Xは土地所有者であって、付属施設としてホールや地下施設のある土地をA会社に賃貸していた。AはYのためにその土地で粉ミルクを貯蔵していた。ところが、いずれの当事者にも帰せられえない出火のため、粉ミルクの大半は使用不能となり、消化剤等と混じり合って地表面のみならず地下倉庫や地下水槽に流れ込んだ。XはYに対して高額にのぼる除去費用を請求したが、Y拒否。粉ミルクの残部についてその所有権をすでに放棄したからだ、とする。BGHは、Yが粉ミルクをXの土地に運び込み、そこで貯蔵していたのであるから、Xの被った「妨害」につき「惹起寄与」（Verursachungsbeitrag）があったとしてYを「妨害者」（Störer）と認定。その上でBGHは、X所有のホールの形状によって火災が拡大した点をとらえ、ドイツ民法二五四条の「共同過責」（Mitverschulden）による減額調整を肯定した。[70]

ピッカーによれば、このBGH判決の最大の問題点は、Y所有の残存粉ミルクの所有権の「重なり合い」（Überlagerung）とX所有土地の有体的・物理的不利益変更、すなわち毀損・毀滅（Zerstörungen）とが「同質的侵害要件」（homogene Verletzungstatbestände）として捉えられている点にある。[71] 後者は、本来不法行為責任として損害賠償請求権の客体たるべきものである。にもかかわらず、ＢＧＨは、損害としての有体的・物理的不利益変更と、「妨害」とを同一視したがゆえに、その「妨害排除」をＹに課さざるをえなかった。それゆえにこそＢＧＨは、Ｙの「惹起寄与」（Verursachungsbeitrag）を要件として認定せざるをえなかったのである。[72] しかしながら、本件ではＸ所有土地の有体的・物理的不利益変更としての「損害」以外のなにものも存在しなかったのであるから、不法行為要件充足のもとでの不法行為責任の効果としての「原状への回復」（Wiedergutmachung）だけが問われたはずであり、ネガトリア責任が成立する余地はありえなかった。[73] この場合ピッカーによれば、その不利益変更の事実は、帰責性のないＸとＹ両当事者にとって——市民がその日常的生活関係において偶発的事故として甘受すべきところの——「不幸」（Unglück）以外のなにものも意味しない。[74]

二　反批判その一

この批判的判例分析において、先に摘示した「権利重畳」説への批判のうち、特に①②③⑤に対する「反批判」が明らかにされている。

まず①の点から問題にしよう。すなわち「事実的（faktisch）な権利簒奪と所有権の法的（rechtlich）完全性侵害との関連が不明確ではないか」とする批判につき考察する。ピッカー説にとって、物権的妨害排除請求権要件としての「妨害」とは、あらゆる因果責任性、惹起性、保持意思性などの主観的帰責根拠から解放されたところの純然たる「権利重畳状態」に基づく客観的要件根拠であった。それゆえにこそ、物権的妨害排除請求権は、もっぱら「事実上の権利簒奪に対する保護」（Schutz gegen faktische Rechtsusurpation）に資すべきものとされた。そして、その場合の「事実性」とは、客観的かつ現在的な「権利重畳状態」の言い換えであった。このような意味での、ネガトリア責任要件としての「権利重畳状態」の客観的存在そのものが、法秩序の評価に照らして「所有権の法的完全性の侵害」へとリンクせしめるのである。この点を、再度ピッカーに聞こう(75)。

「この構想の出発点と核心的テーゼを要約すれば次のようになる。すなわち、ネガトリア責任は、その歴史的由来と今日の実定法上の秩序機能（Ordnungsfunktion）に照らせば――原則として損害賠償責任と異なって――他人の物の有体的な完全性の保護を追求するものではない（verfolgt nicht den Schutz der körperliche Integrität fremder Sachen）。言い換えるならば、物の所有権者の財産保護を（einen Vermögensschutz ihrer Eigentümer）、その目的とするのではない。したがって、侵害を受けた後に他人の所有権が被っている物理的な状態（der *physische* Zustand）は一〇〇四条〔物権的妨害排除請求権〕にとっては何ら意味をもたない（*ohne jede Bedeutung*）。ネガトリア訴権の目的は、所有権ないし相手方との関係で保護されているその他の法益または権利の自由を保護することである。それゆえ、その要件にとって適合的であるのは、ただ、法的完全性の侵害だけ（allein die Verletzung der *rechtlichen* Integrität）である。言い換えるならば、その場合、所有権ないしその他の（保護されている）法的地位は、法〔＝権利〕として（*als Recht*）侵害されていなければならない」。――「物権的妨害排除請求権は、彼の側で法的な保護を平等に受けているところの（あらゆる）第三者が、相手方〔権利者〕による自救行為から保護せられた彼自身の領域を、権利者の領域と重ね合わせている（überlagert）がゆえに、所有権者の自由な作用を制限することによって生ずるのであり、それはまた同時に、物権的妨害排除請求権が、所有権者の権限の法的制限を阻止すること（eine *rechtliche* Beschränkung der Eigentümerberechtigung zu behindern）によって規定されていることを意味する。かくして、ネガトリア的保護は、その諸々の事実がとにもかくにも所有権者の権限の行使を法的に阻止するものである場合には、かつまたその理由でもって（*wenn und weit diese Tatbestände die Ausübung der Eigentümersbefugnisse schon rechtlich behindern*）、差し迫った、あるいは現在の他人の物の状態に対して、また同様に差し迫った、あるいは現在の他人の行為に対して、成立するのである」（〔　〕内・引用者）。

このように、ピッカー説によれば、物権的妨害排除請求権は、権利ないし法的地位の重なり合いを阻止する限りで権利者の「自由」を確保することに、その純然たる保護機能＝秩序機能をもつ。物権的妨害排除請求権においては、常に妨害者の「権利自由」も「行為自由」も同様に法的保護の対象として取り込まれているのである。(76) ここに物権的妨害排除請求権の成立要件として、もっぱら「客観的な権利重畳状態」が要求され、かつまた所有権（ないし帰属性が承認された権利・法益）の「法的完全性の侵害」が要求されるべき根拠がある。こうして、ピッカーの「複眼的思考」――それはサヴィニーの「古典的権利論」に遡る――によって初めて、「事実的権利重畳」と「法的完全性の侵害」との内在的結合が解釈論的に可能となりえたのである。物権的妨害排除請求権と不法行為に基づく損害賠償請求権との原則的な区別を承認するドイツ学説も、損害賠償法的な一面的考察方法に拘束されて、この「複眼的思考」を咀嚼しきってはいない。この点を理解し発展的に解明することは、わが国では当然のことながら、ドイツでも今後の重要な課題として残されている。

つぎに②について。すなわちこれは「他人の土地上に重なり合った土塊や浸水のケースを解決しえないのではないか。すなわち、継続的に存続する妨害（die fortdauernde Beeinträchtigung）の排除をその射程から除外することは、効果の点で狭隘にすぎるのではないか」という批判に関する考察である。――この点は、実はすでに①の検討で尽くされている。一九九〇年のBGH判決にそくして言うならば、両当事者の過失によらない出火に基づく土地の物理的・有体的な不利益変更は、毀損・毀滅としての「損害」を意味する。他人の土地に土砂や土ないし水が堆積した場合も同様である。すなわち、これは、不法行為法上の原状回復の対象にほかならない。(77)

この反批判は、支配的見解たる「反対行為」理論（Theorie vom „contractus actus"）(78) についてもあてはまる。すなわち、バウアーやメディクスらの支配的見解によれば、行為者による「行為がもたらした結果」はその行為者によって除去されるべきであって、その意味においてネガトリア的な「原状回復」責任も是認されて然るべきだとされる。したがって「反対行為」理論は、他人の継続的な積極的行為もまた、それがその行為の停止によって妨害がやむ場合であっても、すでに一定の不利益結果を生じているなら、その限りで「結果排除」という意味でのネガトリア責任の対象となる、とする。(79) その必然的な帰結として、いわば「第二グレードとしての不法行為法」を物権的妨害排除請求権に導入するのである。(80) このような「継続的妨害」は、なるほど過去の完結的なものであるかぎり、支配的見解によってもネガトリア責任上の「妨害」ではない。「妨害」であるためには、それが現に「継続していなければならない」(muss fortdauern)。(81) しかしながら、その「継続」ないし「存続」を要件としつつも、あくまで「妨害源」(Störungsquelle) が除去されるべきであるとするならば、他人の土地上に堆積した土塊や水塊もまた、一種の「妨害源」としてネガトリア的除去の対象となることだろう。(82) しかし、そこにはもはや「所有権の法的完全性の侵害」は基本的にないのである (なぜなら、「堆積した土塊や水塊」がすでに被妨害者の所有地に「附合」していることもあれば、妨害者による「所有権放棄」がなされていることも可能性として排除しえないからである)。(83) ピッカーによれば、このような——無過失責任的「原状回復」義務を肯定するところの——「折衷的な解決の試み」(vermittelnde Lösungsversuche) は、結局のところ物権的妨害排除請求権の原則的形態を見失わせるものでしかない。ドイツの支配的見解は、その誤った「現実主義的」な帰結を、実質的に「裁判官法」(Richterrecht) の名において正当化しようとする。しかしこれは、一種の歪んだ「自由法」(Freirecht) を意味するものにほかならない。(84)

また、以上の観点は③についてもあてはまる。すなわち「他人Cの土地上に盗人によって放置された乗用車に関する解釈論的提言も不当ではないか。この場合、乗用車の所有権者Aでなく、盗人Bが「妨害者」ではないのか」という批判も、すでに解決済みである。なるほど支配的見解のいう「反対行為」理論によれば、「妨害者」は盗人Bであって乗用車の所有者Aではない、という結論が出てくるかもしれない。しかしながら、この場合、BとCとの関係においては、いかなる意味においても「権利重畳状態」は存在しない。Bはそもそも乗用車の所有権者ではなく、乗用車を放置した以上、その利用もすでに消滅している（利用権の簒奪もない）からである。[85] 少なくともピッカー説によるかぎり、BにはCの土地所有権に対する「法的完全性の侵害」はない。言い換えるならば、Cの所有地上にAの乗用車が存在するという事実は、こと物権的妨害排除請求権に関する限り、乗用車の所有権者Aと土地の所有権者Cとの間でだけ、「妨害」に関する要件適合的事実（すなわち「客観的な権利重畳状態」の発生）が意味をもつにすぎない。Cが――その自力救済としてではなく――Aの乗用車を「利用」（「占有」）したり、あるいは断り無く「除去」する場合に、例外的に、AのCに対するネガトリア請求権（その特殊形態としての物権的返還請求権）が成立するにすぎない。[86] そうでない限り、「妨害者」として登場するのは乗用車の所有権者Aに限られる。[87] この場合、Aは、「妨害者」として物権的妨害排除責任を負担すると同時に、それと矛盾しない限りで一〇〇五条に基づく捜索物引取請求権を行使することができる。[88]

それでは⑤についてはどうか。これは、ピッカー説による因果関係（Kausalität）、とりわけ「意思モメント」の法体系上の組み入れ、さらに妨害者による妨害物の所有権「放棄」の効果を批判的に問題とするものである。これにピッカーはいかにこたえたか。因果関係ないし「意思モメント」の法体系上の組み入れについては、すでに述べたところから明白である。すなわち、客観的でかつ現在の権利重畳ないし権利簒奪がその要件である以上、もはやそこに因果関係や「意思モメント」が問題となる余地はない。また、妨害状態を保持する意思と妨害物を放棄する意思とが「意思モメント」によって同一視されてはならない。前者について言えば、妨害物の所有権者Aが「妨害状態を保持する意思」をもつから「妨害者」となるのではない。すでに繰り返し指摘したように、客観的な権利重畳ないし権利簒奪の「現在の状態」が「妨害」を意味するのである。また後者について言えば、Aが妨害物の所有権を放棄すれば――なるほど所有権の「放棄」そのものは意思モメントの帰結ではあるが――すでにAによる要件適合的な「妨害状態」は消滅しており、あとに残っているのは有責の所有権放棄と因果関係に立つ「損害賠償」だけである。すなわち、先ほど問題としたＢＧＨ判決にそくしていえば、Ｙによる所有権放棄の結果、無主物となった粉ミルクの堆積によってＸの土地は有体的・物理的不利益変更を被ったのであり、その「損害賠償請求権」をＸがＹに対し行使することは、それはそれとして可能なのである(89)（むろんＸが粉ミルクの先占による所有権取得を主張すれば別であるが、通常それは考えられないことだろう）。

三　反批判その二

それでは残された批判④と⑥の検討に移ろう。

批判④は、ピッカーのいう「権利重畳」説では単なる事実的な「不可量物」の侵入に関するイミッシオーン（Immission）の諸ケースを正しく把握しえないのではないか、とする(90)。ことに隣地からの浸水のケース（Überschwemmungsfälle）では、ピッカー説によっても更なる水の流入が阻止されるべきことになるはずであるが、この阻止義務の根拠は「権利重畳状態」と無関係ではないか、という(91)。これにピッカーはどのように答えたであろうか。——すでに本稿でも「行為による妨害」が「権利重畳状態」とリンクする根拠を、ピッカー説が無権限「利用権」の行使のうちに承認することを確認した（前注（58）参照）。イミッシオーンのケースでも同様である。ここでは「隣地からの浸水のケース」ともども、「イミッシオーンのケース」での〈妨害〉と〈損害〉との区別が重視される。すなわち、なるほど隣人の所有権領域に到達した不可量物（Imponderabilien）は、「浸水」や「土塊」などと同様に、もはや要件適合的な意味での「妨害」とはいえない。それは隣地所有権の有体的・物理的不利益変更としての「損害」にほかならない(92)。とはいえ、やはりこの場合も「妨害者の土地上での不許容的イミッシオーンを発する施設」を現に隣人が所有している限りで、その現在的なイミッシオーン作用は「他人の権利の事実上の簒奪」（eine faktische Anmaßung fremder Rechte）を生み出している。[93] 言い換えるならば、その意味において「妨害者の土地利用が他人の権利領域へと拡張している」（Sein〔Störers〕Grundstücksgebrauch erstreckt sich deshalb in die fremde Eigentumssphäre.）からである。[94] つまりは、本来イミッシオーン侵入地の所有者との間で、その土地の「利用権」を設定しておくべきところ、その「利用権」をイミッシオーン発生地の所有者が無断で事実上行使することによって「客観的な権利重畳状態」が存在するに至る。もし被妨害者が実力で彼の権利領域の回復を図ろうとしても、それは許されざる自救行為（Selbsthilfe）として法的に原則禁止されている。それゆえ当該「客観的な権利重畳状態」の存在によって「所有権者の法的能力の制限」（eine Beschränkung des *rechtlichen* Könnens des Eigentümers）が生ざるをえない。そして、それは同時に「所有権の法的完全性の侵害」（die Verletzung des *rechtlichen* Intergritäts des Eigentums）を意味するのである。[95] 不許容的イミッシオーンが現在継続している限りで、以上の意味での「客観的な権利重畳状態」が承認されるべきであろう。よって批判⑤もあたらない。

　最後に批判⑥を検討する。この批判の眼目は、ピッカー説によって主張されているところの物権的妨害排除請求権（Negatorischer Anspruch）と返還請求権（Vindikation）との等置は不当ではないか。ましてや、後者を前者の一部と見ることは説得力に欠けるのではないか、という点にある。これに対してピッカーはいかなる反論を試みたであろうか。――まず「要件」論にそくして言うならば、ドイツ民法一〇〇四条の規定する物権的妨害排除請求権は、所有権が「占有の侵奪あるいは留置以外の方法で」（in anderer Weise als durch Entziehung oder Vorenthaltung des Besitzes）妨害された場合に成立するのであるから、まずその文言定式に照らしても、それは物権的返還請求権（ドイツ民法九八五条）よりも広い一般的・原則的要件根拠をもつ。[96] すでに、その意味で物権的妨害排除請求権の方が物権的請求権一般の原則的形態であって、返還請求権は――所有物の占有が相手方によって全面的に侵奪されていることを基本的要件とするところの――「特則」にほかならない。[97] すなわちピッカーによれば、「一〇〇四条の侵害要件は、九八五条に基づいて単に特殊的に規範化されたネガトリア責任としてのヴィンディカチオーン（die Vindikation *als nur besonders normierte negatorische Haftung*）を根拠づけるところの所有権妨害と、まさしく合致する」[98]（イタリック体・引用者）。それゆえヴィンディカチオーンの「効果」論においても、ネガトリアの場合と同様に、占有侵奪の惹起者が責めを負うのではなく、端的に他人の物の「現在の占有者」（der gegenwärtige Besitzer）が「現在の事実上の権利簒奪者」としてネガトリア的排除の責めを負い、被告適格をもつのである[99]。

ところで、ピッカーによれば、物権的妨害排除請求権（Negatorischer Anspruch）と返還請求権（Vindikation）は、相互に併存することがある。それは、たとえば第三者による不適法通行、すなわち通行権の簒奪（die Anmaßung des Wegerechts）のケースについて妥当する[100]。すなわち、この場合には第三者の不適法な通行によって、その無権限で行使されたところの「利用権」の部分に関して、土地所有権との一種の「権利重畳状態」が発生している。したがって、その点について言えば、それはネガトリア責任の対象となり、かつまた同時にその通行が「占有侵奪」を意味する限りで、それはヴィンディカチオーン責任の対象ともなるからである[101]。そしてピッカーによれば、この点ではＢＧＨ判決も同様の立場に立っている、とされる[102]。

（69） E. Picker, Zur Beseitigungshaftung nach § 1004 BGB——Eine Apologie——zugleich ein Beitrag zur bürgerlichrechtlichen Haftungsdogmatik, in : Festschrift für Joachim Gernhuber zum 70. Geburtstag, 1993, S. 315 ff.

（70） より厳密に言うならばＢＧＨは、「二五四条の法観念を顧慮して」（im Hinblick auf den Rechtsgedanken des § 254 BGB）、Ｙの全額賠償責任を制限すべきであるとした。Vgl. dazu BGHZ 110, 313（317）; JZ 1990, S. 920 rechte Spalte. しかしながらピッカーによれば、本件ではそもそもネガトリア責任は成立していないのであるから、ネガトリア責任の効果として「二五四条の法観念を顧慮」することは、すでに的はずれである。Vgl. Picker, Festschrift für Gernhuber（oben Fn. 69）, S. 319 N. 15. 先に示したように、ピッカーによれば、物権的請求権と債務法上の請求権とは厳格に区別されるべきであって、物権的請求権に債務法上の請求権規定を適用することは、「その類推適用」を含めて、法的根拠を欠く、とされるからである。ちなみに、この点に関するわが国の近時の文献として、堀田親臣「物権的請求権における共働原因と費用負担——ドイツ法における議論を中心に（一）（二・完）」広島法学二三巻四号一六五頁以下、広島法学二四巻一号八九頁以下（いずれも二〇〇〇年）参照。この堀田論文は、「費用負担」に限定して過失相殺的調整を肯定する。

（71） Vgl. Picker, Festschrift für Gernhuber (oben En. 69), S. 318. Dazu schon K. H. Gursky, Aumerkung zu BGH, Urt. v. 8. 3. 1990, JZ 1990, S. 922 linke Spalte.

（72） ピッカーによれば、このＢＧＨ判決（「粉ミルク事件」判決）は、「支配的見解ですらネガトリア責任を純然たる因果責任としての把握することからますます距離を置こうとしている」(Selbst innerhalb der h. M. rückt man...mehr und mehr davon ab, die negatorische Haftung als reine Kausalhaftung zu begreifen) にもかかわらず、「惹起責任」に固執した点で、法理論的にもまた法実務的にも「重大な後退」(rechtstheoretisch und-praktisch ein erheblicher Rückschritt) を意味する、と手厳しい。Vgl. Picker, Festschrift für Gernhuber (oben Fn. 69), S. 321.

（73） Vgl. Picker, Festschrift für Gernhuber (oben Fn. 69), S. 318-319. ただし、Ｙが残存粉ミルクについての所有権を「放棄」したことが前提となっている。

（74） Vgl. Picker, Festschrift für Gernhuber (oben Fn. 69), S. 319. したがって、このような市民生活上の偶発的事故は「損害保険」によって市民の個人的努力によってカバーされるべきであり、その「事故」が単なる偶発性・単発性を越えて「社会的危険」と解される場合には不法行為法の特別法としての「無過失責任立法」が考慮されるべきであろう。Vgl. Picker, Festschrift für Gernhuber (oben Fn. 69), S. 364. ピッカーによれば、そのような「危険責任法的な規制」(die gefährdungshaftungsrechtliche Regelungen) は、たとえば医薬品に関する事故や原子力あるいは水利事業に関する事故を対象にすでに立法化されているのであり、立法の不作為問題はネガトリア責任のあり方とは無関係に別途独自の課題とされるべきである、という。

（75） Picker, Festschrift für Gernhuber (oben Fn. 69), S. 331-332.

（76） そのような観点から、ピッカーは、ドイツ民法における相隣規定（特に九〇七条、九〇八条）をもとに、「不作為」(Unterlassen) に基づくネガトリア的な責任を広範に承認しようとするヘルマンの見解 (Elke Herrmann, Der Störer nach § 1004

BGB,〔oben Fn. 67〕S. 15 ff. und S. 556）を、「行為自由」に反するものとして批判する。Vgl. Picker, Festschrift für Gernhuber（oben Fn. 69）, S. 326-327. ピッカーによれば、ドイツ民法九〇七条、九〇八条は、所有権の一般規定（九〇三条）を文字通り「一定の相隣関係に典型的な危険状態」（ganz bestimmte nachbarschaftstypische Gefahrsituationen）にそくして具体化した特則にほかならないのであって、それをむやみに一般化・原則化すべきではない。なお、ドイツ民法九〇七条、九〇八条は、以下の通りである。――ドイツ民法九〇七条「（一項）土地の所有権者は、隣人の所有する施設の存続またはその利用によってみずからの土地に許されざる干渉作用が及ぼされるということを確実に予見しうる施設をその隣人が設置したり保持したりしないよう請求することができる。施設が、境界から一定の間隔を保つよう指示し、あるいはその他の保護措置を講じているところのラントの制定法規を充足している場合には、施設の除去が請求されうるのは、その許されざる干渉作用が実際に生じている場合に限られる。（二項）樹木や灌木は本条における意味での施設には属さない。」、ドイツ民法九〇八条「隣地と結合された建物あるいはその他の工作物の倒壊によって、またはその建物や工作物の一部が剥がれ落ちることによって毀損を受けるであろう危険が土地に迫りくる場合には、その土地の所有権者は、八三六条一項または八三七条、八三八条によって生じたる損害について責めを負うであろうところの者に対し、その危険を回避するために必要な手段を講じるよう請求することができる」。

(77)　Vgl. Picker, Festschrift für Gernhuber（oben Fn. 69）, S. 336. ちなみに他人の土地に土砂や水塊が堆積し、その土地の本質的構成部分となるとによって「附合」（ドイツ民法九四六条）したならば、もはやその「妨害」（これは本質的には「損害」である）は、もはや妨害者には帰属しておらず、被妨害者に帰属するのであるから、物権的妨害排除請求権はすでに問題とはならない。また「附合」そのものにつき、妨害者が故意又は過失によって原因を与えたのでないかぎり、不法行為責任も成立しない。Vgl. Picker, ebenda ; Staudingers Kommentar zum BGB, Sachenrecht §§ 985-1011, Neubearbeitung 2006, Rdnr. 44, S. 499（Karl-Heinz Grusky. 以下 Soergel/Grusky として引用する）。

(78)　Baur/Stürner（oben Fn. 46）, S. 125 ; Baur, Sachenrecht, 12. Aufl., 1983, S. 111 ; schon ders., Der Beseitigungsanspruch nach § 1004 BGB, AcP 160（1961）, S. 465, bes. 489 f., ; Medicus, Münchener Kommentar zum BGB, Bd. 6, Sachenrecht §§ 854-1296, 4. Aufl., 2004, Rdnr. 14, S. 1148.

(79)　Vgl. Medicus, Münchener Kommentar（oben Fn. 78）, Rdnr. 43, S. 1155.

（80） Vgl. Baur, Der Beseitigungsanspruch, AcP 160（oben Fn. 78）, S. 466.

（81） Vgl. Medicus, Münchener Kommentar（oben Fn. 78）, Rdnr. 24, S. 1150.

（82） Vgl. Baur, Sachenrecht（oben Fn. 78）, S. 111 ; Baur/Stürner（oben Fn. 46）, S. 125-126. すなわちバウアーは、「たえず新たな妨害が発生しうるところの状態」を「妨害源」（Störungsquelle）とみなすことによって、たとえば隣地に岩塊を崩落させた隣人は、彼にいかなる過責がなくても、その岩塊の除去義務を負う、とする。しかしながら、このような「妨害源」は、理論的には有体物の不利益変更原因としての「損害」の対象であって、隣人に過責がある場合にだけ原状回復請求可能と考えるのが妥当であろう。そうでない限り、せいぜいドイツ民法九〇七条、九〇八条の介入がありうるにすぎないのではないか。なお、ドイツ民法九〇七条、九〇八条については前注（76）参照。

（83） すでに指摘したように、不法行為に基づく損害賠償請求権の場合と同様に、「被害者の権利の完全性」だけを一面的に問題とするならば「法的完全性の侵害」も肯定されるべきかのように見える。Vgl dazu Baur, Besprechung（oben Fn. 31）, S. 179. しかし、そこにはすでに法的論理の重大な背理がある。ここで少なくともピッカーがいう「法的完全性の侵害」における「侵害」は、本稿でも繰り返し確認したように「客観的な権利重畳状態の発生」と同義だからである。この点では、わが国でいち早くピッカー説を紹介した玉樹論文にもやや誤解があるように思われる。玉樹智文「妨害除去請求権の機能に関する一考察」林良平先生還暦記念論文集『現代私法学の課題と展望（中）』（有斐閣、一九八二年）一七九頁注14参照。

（84） Vgl. Picker, Festschrift für Gernhuber（oben Fn. 69）, S. 330-331. なお、Picker, Die privatrechtliche Rechtsschutz gegen baurechtswidrigen Bauten als Beispiel für die Realisierung von „Schutzgesetzen", AcP 176（1976）, S. 28 ff., bes. S. 50 N. 69 は、タンクローリー車ケースともども盗難車ケースにつき同旨を展開し、バウアーを批判している。

（85） したがって、盗人BがAの乗用車をCの土地に「放置」したのではなく、その利用をなおC所有地上で継続している場合にのみ、その行為が「現在の妨害行為」とみなされうるにすぎない。そもそも物権的妨害排除請求権が、直接的に盗人Bを名宛人とする旨の見解は、不当である。Vgl. Picker, Festschrift für Gernhuber（oben Fn. 69）, S. 352.

（86） Vgl. Picker, Festschrift für Gernhuber（oben Fn. 69）, S. 350 und S. 351.

（87） この盗難車のケースでは、ドイツでも、Cの妨害排除請求権とAの返還請求権ないし妨害排除請求権が同時に成立し、よってAは「妨害者」であり、かつまた「被妨害者」でもある、とする見解が根強い。Vgl. Jabornegg/Strasser, Nachbarliche Ansprüche als Instrumennt des Umweltschutz, 〔oben Fn. 67〕 S. 102 ff., bes. 105–106 ; Elke Herrmann, Der Störer nach § 1004 BGB, 〔oben Fn. 67〕 S. 79 ff., bes. S. 85-86. しかしながら、このような見解は、ピッカーによって次のように批判される。本文でも示したように、CがAの乗用車をみずから「利用」したり、あるいは無断で「除去」するなどの例外的場合を無視するならば、当該乗用車の所有権状態によって「妨害」しているのはAであって、Cではない。Cはその土地所有権の行使を妨げられているだけであり、自己の所有権状態によってAの所有権と重なり合ってはいない。むしろCは、Aの所有権を尊重すべき一般的義務を負う（ドイツ民法九〇三条）がゆえに、Aの乗用車を無断で処分できないという所有権行使上のリスクを負担せざるをえない。このような形でAの所有権は、Cの所有権行使自由を法的に（rechtlich）制限しているのである。ここにあるのはAによる「妨害」であって、Cによる「妨害」ではない。Vgl. Picker, Festschrift für Gernhuber (oben Fn. 69), S. 350 ; K. H. Gursky, Zur neueren Diskussion um § 1004 BGB, (oben Fn. 66) S. 397 ff., bes. S. 401 rechte Spalte.

(88)　Vgl. Picker, Festschrift für Gernhuber (oben Fn. 69), S. 352 ; Gursky, Zur neueren Diskussion um § 1004 BGB (oben Fn. 66), ebenda. なお、ドイツ民法一〇〇五条は「ある物が、その所有権者A以外の者Bの占有下にある土地上に存する場合には、Aは土地占有者Bに対して八六七条が規定する請求権（Verfolgungsanspruch）を行使しうる」旨を定める（前注（9）も参照）。これを物権的請求権の一種として捉える見解もあるが、むしろ「占有訴権の亜種」として理解すべきであろう（わが国では、好美清光「物権的請求権」舟橋＝徳本（編）「新版注釈民法⑹ 物権⑴」〔有斐閣、一九九七年〕一六七頁が、この点を明示する）。したがって、CがAに対して物権的妨害排除請求権を行使する前に、Aは占有訴権としての「捜索物取引請求権」を行使しうるが、それはあくまで本権としての物権的妨害排除請求権に従属する。それゆえAの引取方法は、Cの土地所有権の行使自由を尊重してなさるべき法的制限を受ける。いずれにせよ、Aの「引取請求権」の行使によってCは、その「受忍義務」を負うのではない。そのような「受忍義務」を認めてしまえば、Aの引取請求権を実現せしめるためにはCの土地所有権行使自由を制限してもやむを得ないとする判断が出てきうるが、それはむしろ当事者間で「新たな紛争」を生み出すだけであろう。

(89)　Vgl. Picker, Festschrift für Gernhuber (oben Fn. 69), S. 337.

(90)　Vgl. Jabornegg/Strasser (oben Fn. 67), S. 97 ff., bes. S. 102 ff. ; Medicus, Münchener Kommentar (oben Fn. 78), Rdnr. 26,

S. 1151. ちなみに、メディクスは、もっぱらヤボルネッグ／シュトラッサーの見解に依拠している。

(91) Vgl. Medicus, Münchener Kommentar (oben Fn. 78), ebenda ; Herrmann, Der Störer nach § 1004 BGB (oben Fn. 67), S. 93 ff.

(92) Vgl. Picker, Festschrift für Gernhuber (oben Fn. 69), S. 348.

(93) Vgl. Picker, Festschrift für Gernhuber (oben Fn. 69), ebenda. ちなみに、このような法的判断をより正しく理解するために、原則イミッシオーン不適法を明文で規定するドイツ民法九〇六条一項の存在は無視しえない。これに対してわが国では、原則イミッシオーン「適法」から出発する。そして例外的に、原告が「受忍限度」を越える被害を立証しえた場合にだけ違法とされる。しかも、その「違法」はまずは不法行為に基づく損害賠償請求権を根拠づけるだけであって、「差止請求権」までは認められない。すなわち、このような意味での「違法段階説」が判例・通説である。この点については、原島重義「わが国における権利論の推移」法の科学四号（一九七六年）五四頁以下（同・前掲書〔前注（10）〕四四七頁以下）が最も批判的であり、かつ詳しい。

(94) Vgl. Picker, Festschrift für Gernhuber (oben Fn. 69), ebenda.

(95) これは、すでに本稿でも繰り返し指摘したところのピッカー説の核心部分である。これを正当に評価する文献としては、Gursky, Zur neueren Diskussion um § 1004 BGB (oben Fn. 66), S. 398 ; Staudinger/Grusky (oben Fn. 77), Rdnr. 4, 96 ff., S. 475, S. 539 ff, und passim が最も詳細である。

(96) 一〇〇四条は、むしろその要件的開放性のゆえに、不法行為責任としての「損害」をも取り込みうる余地を与え、またそれゆえにこそ「妨害」と「損害」との混同を招く根拠ともなった。その限りでこの一〇〇四条の文言は、立法過程上の欠陥と評されもするのである。Vgl. Picker, Der negatorische Beseitigungsanspruch (oben Fn. 11), S. 81.

(97) この点、最近の物権法教科書も同様の立場である。たとえばバウアー＝シュトゥルナーは、物権的返還請求権（Vindikation）が、特殊に占有侵奪・占有留置を要件として機能するところの物権的妨害排除請求権（actio negatoria）の「特則」(Sonderregelung)、と明示する。Vgl. Baur/Stürner (oben Fn. 46), S. 120.

(98) Picker, Festschrift für Gernhuber (oben Fn. 69), S. 333.

(99)　Vgl. Picker, Festschrift für Gernhuber (oben Fn. 69), ebenda.

(100)　Vgl. Picker, Festschrift für Gernhuber (oben Fn. 69), S. 332. なお、物権的妨害排除請求権についても返還請求権についても、それぞれ義務者が妨害物の所有権を「放棄」し、あるいは占有を「放棄」することによって物権的請求権に対応する責任が消滅する点で共通する（すでに指摘したように有責の所有権放棄ないし占有放棄によって、因果関係的に損害が発生した場合に不法行為責任が肯定されうること、別論である）。Vgl. Gursky, Zur neueren Diskussion um § 1004 BGB (oben Fn. 66), S. 401 linke Spalte.

(101)　これを、わが国で特徴的な問題として言い換えれば、たとえば建物収去土地明渡請求権が「物権的妨害排除請求権」であるのか「物権的返還請求権」であるのか、という論点と関連する。いくつかのケースをもとに考察しておく。たとえば他人Aが所有する土地甲の「不法占拠者」として、Bが甲地を「占有」し、かつまた甲地に自己所有建物乙をたてた場合には、結論としては、Aは、「物権的妨害排除請求権」と「物権的返還請求権」のうち、いずれか一つだけを「選択」してもよく、また単純に「併合」しても、あるいは選択的に「併合」してもよい（民訴一三六条参照）。ちなみに内田貴『民法1（第四版）総則・物権総論』（東京大学出版会、二〇〇八年）三六八頁は、上記のケースを基本的に「返還請求権」として取り扱っている。さらに、A所有の甲地全体を無権限のBが駐車場として常時使用している場合の「訴訟物」につき、司法研修所編『改訂問題研究要件事実』（法曹会、二〇〇六年）五七頁も、「返還請求権」であるとする（結局、この場合の「訴訟物」は「物権的請求権のうち、所有権に基づく返還請求権としての土地明渡請求権」となる、という）。しかし、BがA所有甲地を駐車場として全面的に占有していれば「訴訟物」は「返還請求権」であるが、これに対し建物所有による部分的占有であれば「訴訟物」は「妨害排除請求権」である、として区別する必要はないように思われる。むしろ、前者の場合であっても「妨害排除請求権」が訴訟物となりえよう。したがって、仮に司法研修所の設例（A所有の甲地全体を無権限のBが駐車場として常時使用しているケース）に関して、原告が訴訟物として「物権的妨害排除請求権」を選択しても、それは適法な請求であって、それをあえて「訴状の不備」として裁判長による補正命令（民訴一三七条一項）の対象とする必要はなかろう。また、建物収去土地明渡請求権を「土地所有権に基づく返還請求権としての土地明渡請求権」と「土地所有権に基づく妨害排除請求権としての土地明渡請求権」の二個に分けて、両請求権の「併合」（訴訟物二個説）と考えなければならないという必然性もあるまい。ただし、建物収去については土地明渡しと執行方法が異なる、という点は無視しえない。すなわち、前者（建物収去）では「代替執行」〔民法四一四条一項本文、民事執行法一六八条一項〕、後者（土地明渡し）では「直接強制」〔民法四一四条二項本文、民事執行法一七一条一項〕という執行方法上の違いがあって、訴訟物がそれぞれ異なるのではないか、という問題が生ずる。ここで立ち入って論ずることはできないが、少なくとも執行方法の相違が（ほんらい実体法によって規定されるべき）訴訟物を逆規定すること（訴訟物二個説）には問題がある、と言わなければならない。判例も二個説はとっておらず、もっぱら「土地明渡し」が訴訟物であって、「建物収去」や「建物引渡し」は訴訟物そのものではない、とする理解（旧一個説）を、その前提としているものと解されている。以上につき、藤原弘道＝松山恒昭（編）『民事要件事実講座4〔民法Ⅱ〕物権・不当利得・不法行為』（青林書院、二〇〇七年）二〇頁以下、特に二三頁〔徳岡由美子〕参照。

(102) Vgl. Picker, Festschrift für Gernhuber (oben Fn. 69), S. 332 N. 49. ピッカーは、たとえば一九五四年の BGH LM Nr. 14 zu § 1004 や一九五八年の BGHZ 28, 153 (155 f.) を、その例として引用している。

第五節　「権利重畳」説の意義

——物権的妨害排除請求権の「到達点」

一　はじめに

以上、本稿は、ピッカー説に代表される「権利重畳」説の登場とそれに対する支配的見解からの批判、さらには「権利重畳」説からの反批判の様相を、それぞれ可能な限り実証的に描き出すことに力点を置いた。むろん、本稿でその全面的考察がなされたというわけではない。ドイツ判例の詳細な分析を含め、残された課題は多い。

しかし、とにもかくにも「権利重畳」説の意義を論ずる地点にまでは到達しえたように思う。言い換えるならば、それは、「ドイツにおける物権的妨害排除請求権の到達点」を理論的に確認することにほかならない。以下、本稿考察によって得られた「到達点」を整理することによって、あわせて「権利重畳」説の意義を確認しておきたい。

二　「到達点」の整理

本稿の考察によって得られた「到達点」を整理するならば、次のようになろう（本文で触れなかった点も必要に応じてここで指摘し、かつ必要に応じて注を付す）。

①　物権的妨害排除請求権（ネガトリア請求権）は、ローマ法以来、債務法上の請求権とは厳格に区別されながら、[103]同時に近代法上の権利保護請求権として独自の秩序機能に基づく実体法的根拠を与えられた。それは所有権者の物が事実的に侵害されるという側面よりも、むしろ所有権者の権利が法的に侵害されるという側面によって規定されなければならない。それは近代法上の権利帰属秩序ないし権利割当て機能（die Rechtszuweisungsordnung oder die Zuweisungsfunktion des Rechts）そのものが一人ひとりの法主体に自由な権利領域を割当てているからである（いわゆる主観的権利の帰属領域割当て機能[104]）この点を、ピッカーの所説は、物権的妨害排除請求権のあり方にそくして明確にし、解釈学的な法形象（Rechtsfigur）を与えた。その意味でピッカー説は、サヴィニー古典的権利論の再生とも言うべき側面をもつ。

②　権利帰属領域の境界線にズレが生じた場合には、その原因如何を問わず、法秩序の要請として、その攪乱＝ズレを矯正するバネが働く。その典型的な法制度が「物権的請求権」であり、「妨害排除請求権」である。「妨害者」が相手方の排除請求権に応じて「攪乱＝ズレ」を矯正することは、自己の権利領域を保全するという意味で、妨害者にとっても法的な利益をもたらす。このように、物権的妨害排除請求権は、被妨害者のみならず妨害者にとっても、相互的に権利領域を保全するという基本的な機能目的をもつ。ここで必要なのは「複眼的思考方法」であ

って、損害賠償法的な「一面的考察方法」（die einseitige Betrachtungsweise）は否定されなければならない。言い換えるならば、物権的妨害排除請求権は、法秩序の〈リアクション〉にほかならない。損害賠償請求権によって象徴される〈法的サンクション〉とは厳格に区別されるべきである。

③　要件適合的な意味で物権的妨害排除請求権にとって肝心であるのは、所有権の法的完全性の侵害（die Verletzung der *rechtlichen* Integrität des Eigentums）である。すなわち法的に相互に限界づけられた権利領域が重なり合い、その結果、権利者双方の事実上の支配領域が法によって規定された範囲ともはや一致しない場合には「所有権者の法的能力の制限」が帰結され、当該支配領域の境界のズレによって権利者の支配領域が縮小されている限りで、権利者の支配領域は客観的かつ現在的に相手方の利益において事実上収用されていることとなる。このような客観的な権利の重畳状態こそ、「妨害」にほかならない。その際、自己の支配領域の縮小を被っている者が「被妨害者」、逆に自己の支配領域の拡張を被っている者が「妨害者」となる。

④　物権的妨害排除請求権は、一個の純粋に統一的な状態責任として再構成されなければならない。そこにはもはや「惹起責任」の介入する余地はない[105]。言い換えるならば「妨害排除請求権」にとって、過去に存するものであれ、現在のものであれ、「因果関係的な行為態様」はすべて無意味である。また、物権的妨害排除請求権の要件根拠として、妨害者の過責（Verschulden）もまた、いかなる意味ももちえない[106]。

⑤　したがって、物権的妨害排除請求権の効果として被妨害者が相手方（妨害者）に対し主張しうるのは、妨害者の権利領域保全を同時に目的とするところの、妨害者自身の行為による妨害状態の排除である。いわゆる「行為請求権説」（妨害者費用負担説）の最も首尾一貫した根拠づけが、ここに存在する。言い換えるなら、この場合に妨害者は、妨害物を自己の権利領域の境界内に引き戻すことで責めを果たすことになる。その場合に必要とされる費用負担も、もっぱら「妨害者＝義務者自身の利益」のために資するものにほかならない。

⑥　次に物権的妨害排除請求権における「違法性」問題について付言しておこう。その際、妨害者の「行為」が問題となる場合には、その行為の現在の違法性（die *gegenwärtige* Rechtswidrigkeit）だけが意味をもつ。これに対して過去の行為の違法性が要件となるのは不法行為の場合に限られる。言い換えるならば、物権的妨害排除請求権は現在の違法な行為に対して発動される請求権であって、過去の行為から生ずる請求権ではない。他方、物権的妨害排除請求権において妨害物の「状態」が問題となる場合には、その物的状態の現在の「不適法性」（die *gegenwärtige* Unrechtsmäßigkeit des sachlichen Zustands）が、その要件となる。

⑦　物権的妨害排除請求権は、物権的請求権（der dingliche Anspruch）一般の、原則的形態である、と言える。したがって物権的「返還」請求権（Vindikation）は、妨害の特殊な形態としての「不適法占有」を要件として成立するところの、物権的妨害排除請求権（Negatorischer Anspruch）の一部として把握される必要がある（場合によってはその「併存」が承認される(107)）。

⑧　さらに物権的妨害排除請求権は、妨害者による他人の権利の客観的で事実的な違法保持（das objektiv und faktisch rechtswidrige Haben des fremden Rechts）を内容とする点で、不当利得請求権（Bereicherungsanspruch）と共通性をもつ。なぜなら不当利得請求権は、物権的妨害排除請求権と同様に、利得者の過責（Verschulden）や帰責根拠（Zurechnungsgrund）とは無関係に、もっぱら現在の不適法利得の客観的な存在を、その要件とするからである(108)。

三　ふたつの補論的考察

以上、本稿考察の要点を「整理」し、よって「権利重畳」説の意義を明らかにした。ここでは、本稿で必ずしも立ち入って論ずることができなかった関連的問題を二点、「補論」的に考察しておきたい。その一は、「妨害排除請求権と「金銭賠償」との関係に関する解釈論上の問題」である。その二は、「無過失「原状回復」責任の法源論的な位置づけに関する問題」である。

(1) 妨害排除請求権と「金銭賠償」との関係に関する解釈論上の問題

これは、物権的妨害排除請求権の効果につき債務法上の請求権規定の適用（「類推適用」）があるか、という問題の一環をなす。なかでも、原状回復が「不均衡な支出によってだけ」（nur mit unverhältnismäßigen Aufwendungen）可能である場合には、賠償義務者は債権者に対し原状回復（Naturalrestitution）に代えて金銭賠償（Entschädigung in Geld）をなしうる、とするドイツ民法二五一条二項の適用（「類推適用」）が可能か、という問題が、ここでは肝心な意味をもつ。なるほどこれは、不法行為責任の効果として原則「原状回復」を定めるドイツ民法（二四九条参照）に固有の問題である。したがって、そもそも「金銭賠償」を原則とするわが民法（民法七二二条一項、四一七条）においては無関係、との理解も成り立ちえよう。しかしながら、あながち「無関係」とも言えない。その理由はこうである。すなわち、ドイツ民法二五一条二項を支える価値判断は、ＢＧＨ判決がすでに言うところの「信義則の流出物[109]」であり、したがってまた侵害者の「過責の態様や程度」（Art und Grad des Verschuldens）によって被侵害者の請求が「権利濫用[110]」とされるところの「一般的法観念」（ein allgemeiner Rechtsgedanke）[111]に支えられている。したがって、妨害排除請求権の成否につきこのような「一般条項的」な利益衡量を許容する点に照らすならば、ドイツでは「原状回復」に代えて「金銭賠償」でありえた価値判断が、わが国の場合、そもそも妨害排除請求ないし差止請求を抑制する方向で働きうるからである[112]。それゆえ、このようなドイツ判例の立脚点を批判的に分析する必要性に迫られるのである[113]。ドイツの学説は一般にこのようなＢＧＨ判決に批判的だが[114]、なかでもピッカーはこの点を一層理論的に掘り下げ、批判的に問題化した[115]。ここでは本稿考察に関連性をもつ範囲に限ってその見解に耳を傾けよう。

ピッカーによれば、ドイツ判例の二五一条二項適用肯定論は、「妨害」と「損害」とを混同した結果生み出されたところの、しかも「費用と効用」(Kosten und Nutzen) とを比較考量 (Abwägung) してもたらされた「衡平的解決」(Billigkeitslösung) にほかならない[116]。とりわけ「信義則」や「権利濫用」を理由としてネガトリア責任を金銭賠償責任へと変造しようとするＢＧＨ判決の立場は、裁判官の「法感情」(„Rechtsempfinden" des Richters) に基づく一種の恣意的裁判を意味する[117]。それは結局のところ、妨害者が事実上簒奪した権利者の法的地位を「被妨害者から強制的に買い取ること」(dem Gestörten zwangsweise abzukaufen) へと帰着せざるをえない[118]。しかしながら、「妨害」要件を厳密に理解するならば、「妨害排除」は、妨害者にとっても「法的利益」を意味するのであるから――その「妨害排除」にいくら費用がかかろうとも――原則妨害者自身の権利領域の自主的矯正として是認されて然るべきである[119]。要するに、「既成事実」のもつ経済的な力に法的判断が歪められてはならない、と考える。つまりは、要件適合的な意味での「妨害」とは何か。これをとことん突き詰める必要があろう。

(2)　無過失「原状回復」責任の法源論的な位置づけに関する問題

ここで問題となるのは、妨害の「結果」として生み出された違法な状態（侵害結果）を物権的妨害排除請求権がカバーすべきか、それとも不法行為に基づく損害賠償請求権（「原状回復」請求権）がカバーすべきか、という問題である。いわゆる「結果除去請求権」(Folgenbeseitigungsanspruch) をいかなる法的根拠で承認すべきか、という問題でもある。それは、単なる解釈論を越えて「法源論」的な判断をも要求する。

「結果除去請求権」を承認しようとする見解――それは判例ならびに支配的見解の立場でもある――は、およそ一般にピッカー流の「権利重畳」説を狭隘すぎると批判する[120]。たとえば、ホーロッホは――ピッカー説の理論的な正当性を率直に認めながらも――広く一般的に「結果除去請求権」を物権的妨害排除請求権の内容として承認する[121]。さらに、「危険責任」(die Gefährdungshaftung) の法観念のうちにネガトリア的な「無過失原状回復請求権」の根拠を見いだそうとする最近のヴォルフの著作も、ほぼ同様である。[122] すなわちヴォルフによれば、過責に依拠した責任（die Verschuldenshaftung）が「不法な損害」（*Unrechtsschäden*）を対象とする（「調整的正義」iustitia commutativa の対象である）のに対して、過責に依拠しない責任（die verschuldensunabhängige Haftung）、つまり「危険責任」は、「不幸な損害」（*Unglückschäden*）を対象とする（「配分的正義」iustitia distributiva の対象とする）。前者は、その責任根拠を行為自由を軽率に取り扱った者に帰せられるべきであるが、後者はそうではない。後者の責任根拠は「危険源を支配する者」（derjenige, der Gefahrenquellen beherrscht）があえて負担すべき客観的責任である、という。[123]

これに対するピッカー説の対応をみよう。支配的見解がそうであるように、およそネガトリア的な「結果除去請求権」を承認する立場によれば、①無責のタンクローリー車から流出したオイル、②敷設された導管から漏れ出た危険な化学物質、③火災にあった建物から倒壊した瓦礫など、過責（Verschulden）を要件とすることなく、①ではオイルが、②では化学物質が、③では瓦礫が、それぞれ排除請求の対象となる。というのも、それらの存在が他人の土地を「継続効的に」（fortwirkend）不利益変更するからである、とされる。[124] ここで「被害者の要保護性」が「疑いの余地なき正義の要請」（fraglose Gerechtigkeitspostulat）として所与の前提とされる限り、「妨害」と「損害」との厳密な区別を使命とする妨害排除請求権解釈論上の議論は、結局のところその存在意義を失ってしまう。[125] なぜなら、ホーロッホも率直に認めるとおり、この場合の結果除去請求権は「損害賠償」請求権にほかならないからである。しかしピッカーによれば、結果除去請求権を承認することによって損害賠償責任をネガトリア責任へと変造することは、解釈学上の前進ではなく「後退」でしかない。[126] ここで焦眉の課題となるのは、「結果除去請求権」を、過責（Verschulden）要件の存在を前提として不法行為責任として組み入れるか、それとも無過失危険責任的に変造された物権的妨害排除請求権のうちに組み入れるか、という選択問題である。ピッカーは前者の立場を支持する。すなわち、なるほど「結果除去請求権」が、ネガトリア責任とは全く異質な——不法行為責任としての

――無過失損害賠償責任として承認される限りでは、時代の要請にも応えることができるかもしれない。(127) しかしながら「結果除去請求権」を首尾一貫して不法行為法システムの内に位置づけるべきであるとするならば、「結果除去請求権」をネガトリア責任の中に統合することは、もはや解釈学的性質を越え出て法源論的な性格（rechtsquellentheoretische Art）を帯びてくる。(128) とりわけ、近代法的な危険責任要件と過責要件の限界を超えて「一般条項的な危険責任」（eine „allgemeine Gefährdungs-Generalklausel"）を認めようとする試みは、制定法の外で法の継続形成を図るところのこれまで承認されてきた限界（die bislang anerkannten Grenzen außergesetzlicher Rechtsfortbildung）を踏み越えている。(129) それゆえ、制定法上、「一般条項的な危険責任」に関する規制（Regelung）が与えられてこなかったという事実こそ、ネガトリア責任規定の「類推適用」によって「一般条項的な危険責任」を実現しようとする見解が制定法違反（Bruch des Gesetzes）であることを示すのである。(130) 現代社会の発展が特別な無過失危険責任を要求する場合であっても、そのためには「典型的な立法行為」（ein typisch legislatorischer Akt）が要求されるべきだろう。(131) 以上が、ピッカー説の基本スタンスである。

　ところで、無過失「原状回復」責任に関するこのようなピッカー「権利重畳」説の基本的態度は、そもそも不法行為責任として「金銭賠償主義」をとり、「原状回復」を原則的に採用しないわが国民法制度のもとで、どのような示唆を与えうるのであろうか。さしあたり、例外的ながらも名誉毀損のもとで「裁判所は、被害者の請求により、損害賠償に代えて、又は損害賠償とともに、名誉を回復するのに適当な処分を命じることができる」とする規定（民法七二三条）の活用（「類推適用」等）が、より効果的に図られてよいのではないか。すなわち、そもそも金銭賠償が被害者の便宜を考慮した特別な効果だと考える余地があるとすれば、(132)「権利侵害」ないし「法律上保護される利益の侵害」（あるいは成立要件としての「事実的損害」）の実体ごとに、過失行為の存在と成立上の因果関係を要件(133)としつつ、被害者の便宜を重視して例外的な「原状回復請求」を許容する余地がある、と言えよう（その例外の例外として「無過失」原状回復責任が承認される可能性については前注（132）を参照）。

（103）ローマ法以来の物権的妨害排除請求権の歴史的展開を跡づけたものとしては、Picker, Der negatorische Beseitigungsanspruch (oben Fn. 11), S. 61 ff. が最も詳しい（その翻訳として、拙訳「エドアルト・ピッカー著『物権的妨害排除請求権(3)』」龍谷法学三七巻四号〔二〇〇五年〕三頁以下）。なお、川角由和「ローマ法における所有権保護訴権の「形成」とその意義」（前注（6））二三一頁以下（本書第一章）も参照。

（104）その意味において、「物権的請求権」（der dingliche Anspruch）そのものが、「ヨーロッパ的な法形象」（eine *europäische Rechtsfigur*）として、ドイツのみならず、すでに広くオランダでもスイスでもオーストリアでもフランスでも承認されている、とされる。Vgl. Picker, Der „dingliche" Anspruch, in: Festschrift für Franz Bydlinski, hrsg. von Helmut Koziol und Peter Rummel, 2002, S. 270.

（105）伝統的な「行為責任」と「状態責任」との二元論に代えて、「作為妨害者」（Tätigkeitsstörer）と「不作為妨害者」（Untätigkeitsstörer）の新たな二元論を提唱するのは、メディクスである。Vgl. Medicus, Münchener Kommentar (oben Fn. 78), Rdnr. 43 f., S. 1155–1156 ; dazu A. H. Lennartz, Störungsbeseitigung und Schadensersatz, Rechtachtungsanspruch und Restitutionsanspruch als Grundformen rechtlicher Inanspruchnahme, 1998, S. 25. しかしこのレンナルツの見解も、依然として「惹起責任」の範疇に拘束されているのではないか、と思われる。

（106）この点に関連して、ドイツで教科書的事例として好んで論じられる「投石ケース」について付言しておきたい。すなわち、Aの所有する建物に第三者Bが石を投げ込んで窓ガラスが割れたとする。この場合、Bはネガトリア責任として石の除去のみならず窓ガラスの修復もなすべきであって、場合によっては投石が頭に当たって怪我をしたAの治療費も賠償すべきである、とされる。さらに窓ガラスが割れて寒風が吹き込んでいるならば、その場合の窓ガラスの修復は「妨害予防」としてBの過失の有無を問わず認められて然るべきだとされる（すなわち破損した窓ガラスが「継続的で新たな妨害の源」（„eine Quelle fortdauernder und neuer Beeinträchtigungen"）として妨害の「原因」（Ursache）をなすからである、という）。Vgl. dazu bes. Erman/Hefermehl, Handkommentar zum BGB, Bd. 2, 9. Aufl., 1993, § 1004 Rdnr. 10. しかしながら、この教科書的設例はいかにも不自然である。投げ込まれた石がそもそも誰の所有物であるのか。Bのものか、それともそれ以外の者の所有物か。その石がBの所有物であったとしても、BがAの建物にそれを投げ込むことは不法行為以外の何物も意味しないのではないか。仮にBが自分の家をめがけて投げ入れようとしたところ、それが誤って隣人Aの窓ガラスを割ることになったなら、やはり少なくともBに過失があるのではないか。窓ガラスの破損も頭のキズも「有体的・物理的不利益変更」としての「損害」そのものではないのか。ピッカーによれば、ドイツの学説はこのような解釈論上の基本的な問題も棚上げにして、きわめてラフに教科書的設例をもてあそんでいる、と批判される。Vgl. Picker, Festschrift für Gernhuber (oben Fn. 69), S. 346. なお、最近の支配的見解は「石の除去」だけにその対象を限定しようとする。Vgl. dazu etwa Baur, Der Beseitigungsanspruch, AcP 160 (oben Fn. 78), S. 488 und S. 490 ; Medicus, Bürgerliches Recht, 19. neubearbeitete Aufl., 2002, Rdnr. 629, S. 425 am Ende. しかしながら、その石が単なる「路傍の石」であれば、問題となるのはやはりBの帰責根拠を前提とした不法行為責任だけであろう。その場合の石の除去は、損害賠償の効果としての「原状回復」の内容でしかないのではないだろうか。したがって、その石がC所有の高価な宝石であり、盗人BがこれをC宅から盗んで逃走中、やむなくA所有建物に投げ込んだ場合には、改めて「盗難車放置ケース」と同様な解決策が要求されることになろう。すなわち、このような場合にだけ、宝石の所有者Cは、その所有権をAの所有権と重なり合わせているのであり（「客観的な権利重畳状態」の成立）、よってCが「妨害者」であり、Aは「被妨害者」である。そして通常、このような場合には、Cがその所有権を「放棄」することもないであろう。

(107) Vgl Picker, Der vindikatorische Herausgabeanspruch, in : 50 Jahre Bendesgerichtshof Festgabe aus der Wissenschaft, hrsg. C. W. Canaris/ A. Helrdich/K. J. Hopt/ C. Roxin/ K. Schmidt/ G. Widmaier, 2000, S. 693 ff. bes. S. 748 ff.

(108) このように物権的妨害排除請求権と不当利得返還請求権との共通性を承認するピッカー説に対し、前者はなるほど物権法上の責任であるが、後者は債務法上の責任とされている点をとらえて、それは「物権法上の責任を再び債務法上の責任原理に移し替えるもので不当」とする旨の批判がある。Vgl. D. J. Steinbach, Der Eigentumsfreiheitsanspruch nach § 1004 im System der Ansprüche zum Schutz des Eigentuns, 1992, S. 6 und S. 88, S. 92. しかしながら、この批判は的はずれであろう。なぜなら、本文でも指摘しているように、ピッカー説の前提にあるのは「他人の権利の客観的で事実的な違法保持の排除」という古典的権利論であって、このモメントにおいて両者がともに機能的に具有するところの客観的共通性が指摘されているにすぎないからである。

(109) BGH, NJW 1970, 1180, Urteil vom 24. April 1970. これを含め、以下に示すＢＧＨ判決については、川角由和「ネガトリア責任と金銭賠償責任との関係について――ドイツにおける判例分析を中心に」広中俊雄先生古稀祝賀論集『民事法秩序の生成と展開』（前注（2））五三七頁以下、特に五五七頁以下（本書第五章）が、比較的詳細に取り上げている。

(110) BGH, WM 1974, 572, Urteil vom 21. Dezember 1973.

(111) BGH, WM 1979, 783, Urteil vom 23. März 1979.

(112) わが国ではたとえば、舟橋諄一教授に典型的な物権的請求権に関する「相関関係理論」が、そうではないか。――「たとえば、ある種の企業が他人に損害を与える場合に、企業そのものを差し止めて妨害排除をすることは許されないが、よって生じた損害については不法行為として賠償請求を認めるという事例もありうる」とする舟橋『物権法』（有斐閣、一九七六年）三九頁の見解を参照。なお、舟橋「いわゆる物権的請求権について」私法二九号（一九六七年）三七九頁以下も参照。ところで近時、潮見佳男『不法行為法』（信山社、一九九九年）四八四頁が、この舟橋説を肯定的に評価している点――たとえそれが「相隣関係に基づく内在的制約」としての限定を付すものであったとしても――、さらに同書が一般理論的に差止請求と加害者の行動の自由制約等とを「比較考量」の対象とする点（同書四九三頁）は、わが国の学説状況を象徴するものとして興味深い。

(113) その試論的考察として、前注（109）の拙稿参照。

(114) Vgl. auch neuerdings Staudinger/Grusky (oben Fn. 77), Rdnr. 154 ff. S. 577-579 ; Baur/Stürner (oben Fn. 46), S. 126 ; Medicus, Münchener Kommentar (oben Fn. 78), Rdnr. 78-79 S. 1164-1165. ちなみに前者（グルスキー）は、ピッカー説を支持して、この点でも判例をラディカルに批判する。これに対して、後者（特にメディクス）は、原則的に判例の立場を否定しつつも、なお調停的・妥協的であって、最終的には信義則に基づく金銭的調整の余地を認める。しかしながら、「妨害」と「損害」をそれぞれ要件適合的に区別するならば、「信義則に基づく金銭的調整の余地」は基本的にはありえない。本文後述のところを参照。

(115) Picker, Negatorische Haftung und Geldabfindung, Ein Beitrag zur Differenzierung der bürgerlichrechtlichen Haftungssysteme, in : Festschrift für Hermann Lange zum 70. Jahre, hrsg. D. Medicus/H. J. Mertens/K. W. Nörr/W. Zöllner, 1992, S. 625

ff. なお、本書第五章も参照。

（116） Vgl. Picker, Festschrift für Lange (oben Fn. 115), S. 634-635.

（117） Vgl. Picker, Festschrift für Lange (oben Fn. 115), S. 645.

（118） Vgl. Picker, Festschrift für Lange (oben Fn. 115), S. 664.

（119） Vgl. Picker, Festschrift für Lange (oben Fn. 115), S. 658-659. したがって、この場合に「除去費用」が高額だから妨害物の所有権を「放棄」するという妨害者の行為は、それ自体すでに「不法行為」の成立要件を充足する、と言えよう。それゆえこのケースでは、ピッカー説によっても不法行為損害賠償請求権の効果として「原状回復」が認められることになる（前注（54）参照）。それを前提としてドイツ民法二五一条二項が適用されること、当然であると言ってよかろう。

（120） バウアーのピッカー書評（前注（31））ならびに前注（67）掲記の諸文献参照。

（121） Vgl. Gerhard Hohloch, Die negatorischen Ansprüche und ihre Beziehungen zum Schadensersatzrecht, 1976, S. 11-205. このホーロッホの著作については、すでに玉樹論文（前注（83））一六八頁以下、一七一頁以下が、その内容を的確に紹介している。すなわち、ホーロッホは「除去請求権の適用領域については、ピッカーとほぼ同一の基盤」に立つがゆえに、その当然の帰結として「結果除去請求権」はアクチオ・ネガトリアではなく本来、損害賠償法がになうべき機能である、とする。にもかかわらず現代の社会的発展・科学技術上の発展によって「損害賠償制度の前提たる有責性原則の拘束からの解放」が必要となったがゆえに、「結果除去請求権」を無過失責任としての物権的妨害排除請求権のうちに取り込むべきである、というのである（玉樹・前掲論文一七二―一七三頁参照）。

（122） Marc Wolf, Negatorische Beseitigungsanspruch und Schadensersatz, Grundlagen, Anspruchsziele und Abgrenzung, Marburger Dissertation, Peter Lang GmbH, Europäischer Verlag der Wissenschaften, 2006, S. 17-452, bes. S. 260 ff.

（123） Wolf, Negatorische Beseitigungsanspruch und Schadensersatz (oben fn. 122), S. 265. ちなみに、ヴォルフがここで依拠するのはエッサーやカナリスの「危険責任」論である。Vgl. J. Esser, Grundlagen und Entwicklung der Gefährdungshaftung — Beiträge zur Reform des Haftpflichtrechts und zu seiner Wiedereinordnung in die Gedanken des allgemeinen Privatrechts, 1941. Neudruck : 2., unveränderte Aufl., 1968 ; Larenz/Canaris, Lehrbuch des Schuldrechts, Bd., II Besonderteil 2. Halbband,

13. völlig neuerfaßte Aufl., 1994, S. 607–608.

（124） Vgl. Picker, Festschrift für Gernhuber（oben Fn. 69）, S. 356.

（125） Vgl. Picker, Festschrift für Gernhuber（oben Fn. 69）, S. 356–357.

（126） Vgl. Picker, Festschrift für Gernhuber（oben Fn. 69）, S. 358.

（127） Vgl. Picker, Festschrift für Gernhuber（oben Fn. 69）, S. 362. auch S. 364.

（128） Vgl. Picker, Festschrift für Gernhuber（oben Fn. 69）, S. 362.

（129） Vgl. Picker, Festschrift für Gernhuber（oben Fn. 69）, S. 362. このような方法論的観点においてピッカーと同旨を展開するのは、S. Buchholz/W. Radke, Negatorische Haftung und Billigkeit, Jura 1997, S. 454 ff., bes. S. 464 rechte Spalte である。市民法的「衡平」とは何かを考えさせる論考として意義深い。

（130） Vgl. Picker, Festschrift für Gernhuber（oben Fn. 69）, S. 363. この点は、基本的にピッカー説に批判的なシュタインバッハも、支配的見解によるネガトリア的危険責任論＝ネガトリア的結果除去請求権論の導入を「システム違背」（systemwidrig）であるとする。Vgl. Steinbach, Der Eigentumsfreiheitsanspruch（oben Fn. 108）, S. 60–61. なお、「一般条項」論そのものについては本稿で立ち入らない。この点、さしあたり広渡清吾『法律からの自由と逃避――ヴァイマル共和制下の私法学』（日本評論社、一九八六年）二九頁以下、一八七頁以下及び三四七頁以下を参照。

（131） Vgl. Picker, Festschrift für Gernhuber（oben Fn. 69）, S. 365. このように、立法行為に基づく特別法としての個別具体的な「無過失危険責任法」が制定される限りで、ピッカーもまた、その場合の無過失「原状回復」責任を不法行為責任に関する特別法上の効果として承認する。

（132） わが国で立法者がなにゆえ金銭賠償を原則化したか。たとえば梅謙次郎のつぎの見解、すなわち「金銭ナルモノハ最モ便利ナル商品ニシテ之ニ由リテ一切ノ需要ヲ充タスコト容易ナレハナリ」（梅『民法要義』〔第三巻・債権、初版一八九七年〕五九頁）をみれば、金銭賠償を便宜的に原則化した様子が看取されよう。他方、名誉毀損における例外的「原状回復」の根拠については、「名誉ナルモノハ之ヲ金銭ニ見積ルコト極メテ難ク又何程多額ノ賠償ヲ得ルモ為メニ一旦傷ケラレタル名誉ヲ回復スルコトヲ得サルコトアリ」とされている（梅・前掲書九〇二頁）。ここには、例外的に「原状回復」を許容すべき実体的判断が示唆されている。だとするなら、たとえば公害企業による堆積ヘドロの除去請求は、当該ヘドロによって人の精神的ストレスないし自然環境そのものへの「金銭ニ見積ルコト極メテ難」しい特殊な法益侵害の発生が帰結されうる場面で問題となる。この点を直視するならば、これを「原状回復」として被害者（ないしその代表者）が被告企業に請求しても、裁判所はこれをなお適法な訴訟物として受け入れるべきであり、その根拠は民法七二三条の「類推適用」によるとしても不合理ではない、と思われる。ちなみに、本稿でたびたび指摘したように「堆積ヘドロ」それ自体は、有体的物理的不利益変更ないし侵害結果としての「損害」そのものである。これを、物権的妨害排除請求権の対象とすべきではない。妨害排除請求の対象は、あくまで「ヘドロ」排出そのものであり、かつそれに尽きる。この点、妨害予防請求権の対象も、同様である。

(133)　ところで、わが民法七〇九条において、成立上の因果関係が「過失行為と権利侵害（ないし法益侵害）」との間で問題となるのか、それとも「過失行為と損害（成立要件上の損害）」との間で問題となるのか、それほど自明なことではない。条文の文言にしたがえば①「故意又は過失によって他人の権利又は法律上保護される利益を侵害した者」が、②「これによって生じた損害を賠償する責任を負う」わけであるから、①の「因果関係」（成立上の因果関係）を問題とする限り、それは「過失行為と権利侵害（ないし法益侵害）」との間で問題となる（潮見「不法行為法」（前注(112)）一二六頁は、これを「責任設定の因果関係」と呼ぶ）。これに対して平井宜雄「損害賠償法の理論」（東京大学出版会、一九七一年）四三一頁は、「事実的因果関係の機能は、訴訟において賠償を求められている損害が被告（債務者・加害者）の行為によって生じたかどうかを確定するところにある」として、「過失行為と損害（成立要件上の損害）」との間の「因果関係」（事実的因果関係）を問題としている。最近、潮見『基本講義債権各論Ⅱ　不法行為法（第三版）』（新世社、二〇一七年）四〇頁は、前者支持を再確認している。なお、以上の論点に関する学説状況については、すでに沢井裕「不法行為における因果関係」星野英一（代表編集）『民法講座6　事務管理・不当利得・不法行為』（有斐閣、一九八五年）二五九頁以下、特に二八三頁以下が詳しい。

第六節　結　語

最後に、いくつか今後の課題となるべき論点に触れて、本稿の「むすび」としたい。

①　すでに本稿でも指摘したように、ドイツで有力となった「権利重畳」説は、権利（das subjektive Recht）、なかでも「所有権」の権利帰属機能をモデルとして展開した。それは、「権利帰属機能」こそ、所有権を典型とする主観的権利の基本的な「秩序機能」であったからである。これを言い換えれば、物権的請求権は、その権利内容として文字通り「物権」としての「実体」を有する権利（Substanzrecht）を「保護」するための権利（Schutzrecht）であることを端的に意味する。[134] なかでも、物権的請求権が体現するところのネガトリア的権利保護＝権利帰属保護としての典型的機能は、その現在的かつ客観的な権利の「状態保護」機能・「矯正確保」機能及び「警告的予防」機能にそくして、厳密に把握される必要がある。その意味で「物権的請求権」は、あくまでも「民法における権利割当てと権利保護のメカニズムの基本的形態」（das *Grundmuster der Mechanik von Rechtszuweisung und Rechtsschutz im Zivilrecht*）にほかならない。[135] しかしながら「権利重畳」説は、同時に次のことを承認する。すなわち、民法（市民法）がその基礎に主観的権利保護のためのトータルな観念を有しており、それぞれの権利侵害の多様な形態にそくして、それぞれにふさわしい保護手段を与えている、ということを承認する。[136] ピッカーの「権利重畳」説によって追究されたのは、解釈学に「純粋」な形象（„reine" Figuren）を与えようとする学問的営為であった。[137] なるほど、民法学もまた社会的な要請と無縁ではいられない。しかしながら、民法学が社会的な要請に応えうるためにも、むしろこのような学問的営為を積み重ねるプロセスこそ、重視される必要があるのである。[138]

②　この意味で、ネガトリア的権利保護の典型（Typus）を物権的請求権に求めることは、法史学的にも、また

解釈学的にも欠かすことのできない学問的営為であったと思われる。しかしながら、そのようにネガトリア的権利保護の「典型」ないし「純粋な形象」を承認し、措定することは、必ずしもその保護が「物権的保護」に限定されるべきことを意味しない。また物権的請求権を、その語義に拘束されて「物権」に狭く限定する必要もあるまい。権利ごとに、その「実体」にふさわしい差止請求機能が認められて然るべきである。なぜなら、われわれの法秩序がすでに「財貨帰属秩序」の必然的帰結として物権的請求権を予定していたことに象徴されるように、なんらかの形で個人的「帰属性」が承認される場合には、当該「帰属性」にふさわしい反撥力＝リアクションが認められて然るべきであると思われるからである。

③　したがって、たとえば一方で、相対権（das relative Recht）の典型たる「債権」であっても、契約に基づく債務法上の当事者関係ないし制定法に基づく債権債務の当事者関係（法的拘束関係）が認められる限りで、当該当事者間においてネガトリア的権利保護があたかも物権的請求権と同様に認められる。(139)

④　かつまた他方で、個人的「帰属性」を要件としつつも、客観的な「秩序」違反そのものの反撥力＝リアクションとしての差止請求権が構想されてよい。たとえば、環境利用秩序に反する行為に対しては、その秩序違反行為によってなんらかの個人的法益侵害（身体や健康、精神的状態などへの侵害）を被っている者に現在の客観的な法益侵害を理由とする差止請求権能が認められてよい。(140) その場合、その者は、彼自身の法益保護実現のみならず、同時にトータルな環境利用秩序保全のための「ひきがね」としての役割をも果たす。(141) さらには、当該環境利用秩序が、一定の地域、一定のコミュニティーにおいて、一定の時間とプロセスをへて個別具体的に形成されたことが認定されうる場合には、その法的コミュニティーの担い手（市民＝住人）に、現在の客観的な環境利用秩序違反行為に対する差止請求権能が承認されてよい。(142) 同様の観点は、競争秩序違反と差止請求権との関係においても妥当しよう。(143)

こうして、抽象的・可能的な意味に限って言えば、権利帰属状態保全秩序違反ないし法益割当て保全秩序違反であれ、環境利用秩序違反ないし競争秩序違反であれ、上記の諸ケースで客観的な「秩序違反」を根拠として一定の主体に「請求権」(die Ansprüche) が承認される場合には、少なくとも、その保護せられた法的地位の種類と内容にふさわしいなんらかの形での差止請求権能が付与されている、と言えよう。[144][145]

⑤ 以上の意味において、物権的請求権の基本的属性機能である差止請求権能を、より一般的な「保護請求権」(Schutzanspruch) として、いかに普遍的・統一的に再構成するか。とりわけ、個人的・主観的帰属性を内容とする主観的権利や「保護法益」としての「法的地位」とあわせ、個人的・主観的帰属性とは一応無関係な「秩序保全請求権」としての、いわば公共的なネガトリア的保護を、市民法の在り方にそくして、どのように構想し実現していくか。[146] たとえば競争秩序保全請求権や環境利用秩序保全請求権などとの関連でその具体化が問われよう。このような諸課題を、「典型的」権利保護形態としての物権的請求権との往復運動のなかで実証的に捉え直していくこと。あるいは「権利論と秩序論」の重層構造のなかで実証的に解明すること。これが、今後われわれに課されたテーマとなろう。[147]

(134) ここで改めてイェーリングの所有権論(前注(25))が想起されてよい。すなわち、「積極的核心」としての「実質的エレメント」(das *substantielle* Element) と、「消極的核心」としての「形式的エレメント」(das *formale,* Element) の両者を所有権の構成要素としながら、後者を「所有権保護請求権」として位置づけるのである。

(135) Vgl. Picker, Der „dingliche" Anspruch (oben Fn. 104), S. 313.

(136) Vgl. Picker, Festschrift für Gernhuber (oben Fn. 69), S. 366. なお、保護法規によるネガトリア的保護の可能性については、Picker, Die privatrechtliche Rechtsschutz gegen baurechtswidrigen Bauten als Beispiel für die Realisierung von „Schutzgesetzen", AcP 176 (1976), S. 28 ff., bes. S. 38 ff. が詳しい。なお、この点につき後注(140)も参照。

(137) Vgl. Picker, Festschrift für Gernhuber (oben Fn. 69), S. 367.

(138)　したがって、権利帰属侵害及び帰属的法益侵害（一般に「割当てられた利益」への侵害）は、すでに客観的要件レベルで「妨害排除請求権」ないし「不当利得請求権」の発動の根拠となり、さらに主観的要件が付加されることにより「不法行為請求権」をも根拠づける。ピッカーは、これを権利保護請求権の「三和音」（Trias）と呼でいる。Vgl. Picker, Das Verhältnis von § 823 Abs. 2 zu Abs. 1 BGB im System von Rechtszuweisung und Rechtsschutz, Festschrift für Eberhard Schilken zum 70. Geburtstag, 2015, S. 85 ff., bes. S. 93 und 98. ちなみに、方法論的観点につきピッカーは、次のように言う。すなわち、（法の）「純粋な」形象を追究しようとする努力（das Bemühen um „reine" Figuren）は決してスコラ的なトレーニングを意味するのではない（keine scholastische Übung darstellt）。さらにその努力は、とりわけ「社会的な規制要件から目をそらすもの」として批判されてはならない（Und es〔=das Bemühen〕läßt sich insbesondere nicht als „vom sozialen Regelungstatbestand abhebend" kritisieren.）、と。Vgl. dazu Picker, Festschrift für Gernhuber (oben Fn. 69), S. 367.

(139)　Vgl. Picker, Der „dingliche" Ausspruch (oben Fn. 104), S. 317. ちなみに、わが国で不動産売買当事者間での債権侵害の「差止請求」に関連する問題として、たとえば民事保全法二三条一項、五三条一項に基づく不動産の登記請求権を保全するための「処分禁止の仮処分」の執行手続き（「処分禁止の登記」を保全裁判所の決定を得て行うそれ）を、いかに実体法的に捉え直すか、これは一個の問題である。私見によれば、民事保全法二三条一項、五三条一項に内在する価値判断を改めて実体法＝民法の基礎に据え直す作業が必要となる。なぜなら、この「仮処分」は、「不動産の所有権を取得したにもかかわらず、所有者が所有権移転登記に協力しない場合に、所有者による二重譲渡を阻止するためにも機能する」からである（生熊長幸『わかりやすい民事執行法・民事保全法』（成文堂、二〇〇六年）三五二頁参照）。

(140)　本稿考察との関連でその理由を言うならば、環境利用秩序違反者は、本来、その現在の客観的な法益侵害を被っている者の同意なしに当該侵害行為をなしえないという意味で、一種の利用権を簒奪しており、その限りで「権利重畳」が承認されるからである。なお、この「権利重畳」説は、以上の観点にそくして建築法規など保護法規に反する違法状態についても同様に妥当すべきである、とされる。Vgl. dazu Picker, Die privatrechtliche Rechtsschutz gegen baurechtswidrigen Bauten als Beispiel für die Realisierung von „Schutzgesetzen", (oben Fn. 136), S. 28 ff. bes. S. 38 ff. すなわち、たとえ公法上の保護法規であっても、個人的権利保護・法的地位保護に資するという機能的意味においては、なお「制定法の権利割当て機能」（die rechtszuweisende Funktion des Gesetzes）が承認されうるからである（Picker, a. a. O., S. 78)。

ところで、このような保護法規違反（der Verstoß gegen die Schutzgesetze）に基づくネガトリア的保護を「制度保護」（Institutionenschutz）の観点からどのように整序するか。これはなお残された課題である。当該保護法規を広く公共的保護機能において捉えるなら、そこではもはや「個別的権利保護」（Individualrechtsschutz）を語ることができないからである。ならば、ライザーのように、ヴィントシャイト請求権概念（訴権と請求権との分離）を維持するかぎり、この場合のネガトリア的保護（予防的不作為請求権）は、物権的妨害排除請求権（ドイツ一〇〇四条）のアナロギーによってではなく、占有訴権（ドイツ民法八六二条）のアナロギーによって実現される、と言うべきであろうか。Vgl. dazu L. Raiser, Rechtsschutz und Institutionenschutz im Privatrecht, 1963, in ; ders., Die Aufgabe des Privatrechts, 1977, S. 124 ff., bes. S. 131. 占有訴権じたい「訴権」と「請求権」との間の体系的未分離の所産であり、「占有」という事実状態保護＝法的平和維持のために特に承認された例外的な法制度保護と考えるべきである。だとするなら、答えは「否」であろう。すなわち、公共的「制度保護」も、その公共性の形成主体と担い手を媒介にして初めて、その生成と存続が保障される。言い換えるならば、「形成主体」によってその存在が担保されたところの「制度」が、改めてその「形成主体」（＝個人）を保護する。つまりは「権利保護」か「制度保護」かの二者択一を排して、「すべての法的保護において制度保護と権利保護」とが「協働している」、と構想するのである（児玉・前掲論文〔前注（65）〕四三二頁注８参照）。その場合には、本稿が示唆する「物権的妨害排除請求権のアナロギー」が意味をもちうるのではないか。

(141) 原島重義「わが国における権利論の推移」法の科学四号（一九七六年）九九頁（同・前掲書〔前注（10）〕五一九頁）が、その旨、明言していた。――「環境も（競争秩序＝市場秩序と同様に）法人や自然人に帰属するものではない。私的所有の対象にはならない。いわば、社会的共用資産である。環境を利用するにはおのずからルールがあり、秩序があり、規範がある」（丸括弧内・引用者）。したがって本来ならば「経済環境」（競争秩序＝市場秩序）を維持する機関として公正取引委員会があるように「準司法的機関が環境破壊に対して排除措置をとっても、おかしくない」。そうでないとするなら「環境破壊によって直接被害を受けた、もしくは受けるおそれのある市民が、差止請求・損害賠償請求をすることによって、環境利用秩序の回復を促すことは、実体私法上の請求権として、当然にみとめねばならない」。こうして結果的に「市民個々の請求は、環境利用秩序を回復するためのひきがねであり、きっかけであって、またそれで足りる。」――こうして民事上、仮に「排他的権利領域」としての「環境権」が承認されないとしても、「環境利用秩序」に反する状態は、そのものとして「差止請求権」の要件根拠たりうる。なお、民事上の「環境権の再構成」を目指し「環境共同利用権」を提唱する、中山充『環境共同利用権』（成文堂、二〇〇六年）一頁以下、一〇三頁以下も参照。

(142)　この点に照らし、いわゆる国立景観訴訟第一審判決（東京地判二〇〇二年〔平成一四年〕一二月一八日判時一八二九号三六頁）の、次の判示部分は興味深い。――「地域地権者の自己規制によってもたらされた都市景観の由来と特殊性に鑑みると、いわゆる抽象的な環境権や景観権といったものが直ちに法律上の権利として認められないとしても、前記のように、特定の地域内において、当該地域内の地権者らによる土地利用の自己規制の継続により、相当の期間、ある特定の人工的な景観が保持され、社会通念上もその特定の景観が良好なものと認められ、地権者らの所有する土地に付加価値を生み出した場合には、地権者らは、その土地所有権から派生するものとして、形成された良好な景観を自ら維持する義務を負うとともにその維持を相互に求める利益（以下「景観利益」という。）を有するに至ったと解すべきであり、この景観利益は法的保護に値し、これを侵害する行為は、一定の場合には不法行為に該当すると解するべきである」（傍点・引用者）。――このように「土地に付加価値を生み出した」か否かを「景観利益」成否のメルクマールとするべきかはともかくとして、この第一審判決が現在の「地権者」一般に対する景観利益保護義務を認めている点は重要である。したがって、被告地権者が過去の景観利益の形成にいかに関与したかは問題とならないし、かつまたそれが相関的利益衡量の対象となりうるわけでもない。また第一審判決の射程を伸ばしていくならば――地方自治体の規制条例制定時にすでに「建築工事中」であって当該条例の規制が及ばないとしても――少なくとも民法上、客観的違法ないし「現在の状態の不適法性」が認定される限り、景観利益を根拠づける「地域的公序」違反として原則差止請求を認容しえたはずである（「地域的公序」観念については吉田克己・本件判例解説・平成一八年度重判八四頁参照）。そのような原則論的な判断を優先させないかぎり、先に「既成事実」をつくった者が勝ち、という無法状態を招きかねない。ともあれ、結果的に第一審判決は本件マンションのうち高さ二〇メートルを超える部分の撤去を認容（ただし、不法行為責任として認容している点に注意すべきである）。Y控訴。原審判決（東京高判二〇〇四年〔平成一六年〕一〇月二七日判時一八七七号四〇頁）は、Xの請求を全面的に棄却。そこでX上告。最高裁（最判二〇〇六年〔平成一八年〕三月三〇日民集六〇巻三号九四八頁以下）は、「景観利益」を「法律上保護に値する利益」として承認しながらも、いわゆる「相関関係的違法論」に基づき、Yの行為の違法性を否定（上告棄却）。

(143) この点、原島重義「競争秩序と民法——赤松美登里助教授を惜しむ」久留米大学法学三〇号（一九九七年）一七頁以下、特に二二頁以下（同・前掲書（前注（10））一九一頁以下）は、わが国不正競争防止法がいかに外圧対応的な「申し訳的な立法」であったか、またそれが民法内在的な規範的価値体系との関連性をいかに切断した形で出来上がったか、を鮮明に示している。言い換えるならば、「競争秩序」に基づく差止請求権は、ほんらい市民の自己決定を「法的価値」として承認することを前提としており、その意味で市民個々人の自己決定を個別的に保護する。しかし同時にそれは、市民の自己決定（＝私的自治）から成り立つところの市民法秩序そのものの保護をも意味する。目先の利益のため市民みずからルールを無視し、「競争秩序」を掘り崩すとしたなら、それは自分で自分の首を絞めることになるだろう（原島・前掲論文「競争秩序と民法」四九頁（同・前掲書二三二頁））。したがって、「競争秩序」に基づく差止請求権を遵守することは、相手方（被告）にとっても、自らの経済的競争基盤を、その社会的スケールにおいて保全するという「利益」をもたらす。すなわち相手方（被告）は、「競争秩序」を客観的・現在的に保全する限りで原則無条件で差止請求権に応じなければならない。これは、不法行為法的サンクションとは全く異質な〈法秩序自体のリアクション〉である（なぜなら「法秩序」自体の形成主体であり、その担い手であるのが、私たち一人ひとりの市民なのであるから。——「法秩序論」を論ずるにあたってこのような「形成主体論」を無視することはできない）。以上のような観点から「競争秩序の法が市民法に内在的なもの」として自覚され、再構成される必要性があるのではないか（原島・前掲「競争秩序と民法」三二頁（同・前掲書二〇一頁））。

なお、わが国独禁法二四条における差止請求権成立要件としての「著しい損害」規定に基本的な疑念を提起する、根本尚徳「差止請求権理論と不法行為——独禁法二四条の解釈論に寄せて」法律時報二〇〇六年七月号六〇頁以下、特に六二頁以下、あわせて「独禁法内部にある民事ルール」に着目する、角田美穂子「競争秩序と民法」前掲・法律時報四四頁以下が参照されてよい。ちなみに、角田論文は平成一二年改正によって独禁法に導入された「個人の差止請求権」が「画期的」な意味をもつと同時に「未だ請求認容例がない」ことに強い疑問を提起している。この疑問は、「著しい損害」要件に内在する「損害賠償法的思考」にも向けられている、と言えよう。

(144)　Vgl. Picker, Der „dingliche" Anspruch (oben Fn.104), S. 317. ただしピッカーが、「損害賠償法による保護ならびに不当利得法による保護を補完するところのネガトリア的保護にとって、決定的であるのは、保護せられた法的地位の種類と内容ではない（*nicht Art und Inhalt der geschützten Rechtsposition*）」（Picker, ebenda）と言う場合、一定の留保を必要としよう。たとえばピッカーも第三者による「債権」侵害をもって差止請求権＝妨害排除請求権の直接的な発生根拠とはしていない。それは、あくまで原則「当事者関係」に限られている点を無視してはなるまい（Picker, ebenda）。債権＝債務当事者間において相対的にネガトリア的排除機能が承認されうる根拠は、（当事者が）まさしく自主的・相互的に債務法上の義務づけをしたことによってもたらされた帰属性（die nur obligatorisch geschuldte Zuordnung）にこそ、存するからである（vgl. dazu Picker, AcP 183〔oben Fn. 63〕, S. 512 N. 351）。したがってこの場合、実質的には、やはり権利ないし保護せられた法的地位の「種類と内容」が決定的意味をもちうる。たとえば、一方でいわゆる「相対権」でも物権に近い実質をもつ「不動産賃借権」とそれ以外の一般的賃借権とではネガトリア的請求権の適用上の相違がありうる（わが国の借地借家法一〇条も参照）。あるいは他方、いわゆる無体財産権について、同じく法的に保護された「主観的権利」であっても、単なる標識権としての「商号権」と一定の「財貨割当て」（Güterzuweisung）までもが承認される「特許権」や「著作権」とでは、その「種類と内容」が区別されて然るべきであるように思われる。まさしくその「種類と内容」によって、前者では差止請求権能だけが、後者ではそれに加えて「侵害不当利得請求権」が承認されることもありうるのである（むろん侵害者に故意又は過失及び損害の発生があれば、いずれのケースでも不法行為責任が成立すること、言うまでもない）。さらに人格「権」についても、名誉やプライバシーの侵害そのものが問題となる場合と「確定可能性をもつ人格関連的項目」に対する侵害の場合（たとえば財産的価値をもつ肖像や写真ないしパブリシティー等の無権限利用行為）とでは、その「種類と内容」が異なりうる。前者については差止請求権のみ、後者では差止請求権プラス侵害不当利得請求権が肯定されてよいだろう。Vgl. P. Schlechtriem, Bereicherung aus fremden Persönlichkeitsrecht, in : Festschrift für W. Hefermehl, 1976, S. 445 ff., bes. S. 449. 以上の点に照らして言えば、ピッカーが、権利、なかでも所有権の「内容」にはそれほど注意を払わず、むしろその「規範性」（Normativität）の方を重視したのではないかとするシュタインバッハの指摘は、それなりに的を得ているのかもしれない。Vgl. Steinbach, Der Eigenhumsfeiheitsanspruch (oben Fn. 108), S. 69-70.

(145) なお、このように差止請求権を物権的妨害排除請求権そのものの延長線上で捉えていく場合、差止請求権の根拠として「相関関係的違法」とか「主観的違法要素」などを考慮する必要は「排除」される。この点、川角由和「物権的妨害排除請求権・再論（1）——根本尚徳（著）『差止請求権の理論』（二〇一一年）のご指摘に答える」龍谷法学五〇巻一号（二〇一七年）三四七頁以下、特に四七九頁以下を参照。

(146) この問題は、民事訴訟上、いわゆる「公共的差止訴訟事件」における抽象的差止請求の可能性と関わりをもつ。一般的＝伝統的な訴訟法規によれば、「訴訟上の請求は、審判の対象であり、被告によっては最終的な防御対象となるものであり、また判決の既判力の客観的範囲を明確にするものであり、かつこれに対応する判決がなされた場合には、強制執行にまで至るものである。したがって、請求は、一義的に特定されていなければならない」（西淀川公害訴訟事件・大阪地判一九九一年〔平成三年〕三月二九日判時一三八三号二二頁）として、抽象的差止請求権は否定されてきた。しかしながらその後、最判一九九三年〔平成五年〕二月二五日判時一四五六号五三号（横田基地訴訟事件）、最判一九九五年〔平成七年〕七月七日民集四九巻七号二五九九頁（国道四三号線公害訴訟事件）などでは、結論として抽象的差止請求の可能性が肯定された。このような判例の新たな展開を踏まえ、執行可能性を抽象的差止請求権の阻止要件とはしない方向で「違法確認判決」または「差止請求権存在確認判決」の可能性を模索する、川嶋四郎『差止救済過程の近未来展望』（日本評論社、二〇〇六年）一〇四頁以下、特に一二三頁以下参照。

(147) この点で、不法行為法による権利保護モデルとは一線を画しつつ「権利論と秩序論」に即した一般的な差止請求権法理を構築しようとする近時の見解のゆくえが注目される。たとえば、最近の文献として藤岡康宏「競争秩序と差止論」ＮＢＬ八六三号（二〇〇七年）五六頁以下、ならびに同『損害賠償法の構造』（成文堂、二〇〇二年）三二三頁以下を参照。あわせて、目下、筆者が龍谷法学五〇巻一号（二〇一七年）以下に連載中の「研究ノート」を参照されたい。

著者あとがき

本書を振り返って、以下のようなことを考える。

すなわち——物権的妨害排除請求権の要件論の平面において——「客観的」であり、かつ「現在的」な権利侵害行為は「違法」(Rechtswidrigkeit)であり、侵害されている客体(権利または権利の内容)の物的状態(ないし客体的状態)そのものは「不適法」(Unrechtsmäßigkeit)である。このような物権的妨害排除請求権における「行為」の違法性と物的状態の「不適法性」の二重構造を初めて解明したのは、ピッカー教授の一九七二年モノグラフィーであった(Picker, Der negatorische Beseitigungsanspruch, 1972, S. 171 ff. und S. 181 ff.)。したがってピッカー説によれば、物権的妨害排除請求権における「行為」の違法性と不法行為損害賠償請求権における「行為」の違法性と、違法性にはその「二元論」が認められるべきことになる。こうして、いわゆる民事違法の「二元論」が構築されるべきことになる。ちなみに、わが国で、典型的に我妻栄教授の所説(我妻『事務管理・不當利得・不法行爲』〔一九三七年〔昭和一二年〕〕一二〇頁以下)にみられ、少なくともそれ以来確固たる通説的存在であった相関関係論的な不法行為違法一元論=「民事違法一元論」を明確に批判したのは、原島重義教授の一九七六年論文であった(原島「わが国における権利論の推移」同『市民法の理論』〔二〇一一年〕四四五頁以下、特に五一一頁以下の、わが国「民事違法論のいわば単線方式」(傍点・原書)という観点を参照)。原島教授は、わが国の「権利論」を丹念に検証しながら、我妻説の不法行為「違法論」=「相関関係論」がもたらす重大な帰結としての「受忍限度論」、及び「違法段階説」を痛烈に批判した（原島・前掲書四四七頁及び四八四―四八六頁、五一二頁参照）。

現在、わが国民法七〇九条では「権利侵害」とならんで「法律上保護される利益」の侵害も、一応「違法」であるとされている（このうち、後者に「景観利益」を含めることにつき承認した最近の判例として、最判平成一八年三月三〇日民集六〇巻三号九四八頁以下参照）。こうして、不法行為法においてすでに「違法」であるならば、その侵害の物的状態＝客体的状態が現在的に「不適法」であると認定されうる限り、かの不法行為責任の、その一歩手前で、当該「不適法」状態に対応する行為の「違法性」が認定され――物権的妨害排除請求権の価値基準に呼応したところの――差止請求権が認められて然るべきである。この差止請求権は、ピッカー教授のいう広義の「ネガトリア請求権」（否認的排除請求権・予防請求権）にほかならない（Picker, Der „dingliche“ Anspruch, Festschrift für Bydlinski, 2002, S. 269 ff., bes. S. 317.）。すなわち、「不適法」な現在的状態をもたらしている行為者の「行為」は――ネガトーリッシュに（negatorisch）――排除（阻止）されるべきことになる。その際、当該行為者の「故意又は過失」も、「損害」も、問題とはならない。したがって、たとえば、地域住民が長年積み上げ築き上げた地域的環境空間としての「景観」が「法律上保護される利益」に値すると判断される場合（上記最高裁の「実体法」的な立場）、その空間（「景観」）に異質なものを持ち込んだ行為者（法律上保護される景観利益を「攪乱」しているマンションの建築者＝所有者）は、彼の不法行為責任云々以前に、すでに現在的な「不適法」状態をもたらしている。つまりは、ネガトリア責任的な意味での違法な「行為」を現に続行している。その「行為」は排除され、阻止されなければならない。つまりは、景観利益とそぐわない被告所有マンション上階部分の一部撤去を求める原告住民の請求は――不法行為責任とは全く別個に、純然たる妨害排除責任の問題として――認められて然るべきであったろう。にもかかわらず、「景観利益」を「法律上保護される利益」に値すると認定しながら、原告住民の請求を全部棄却した最高裁（前掲平成一八年判決）の立場は筋が通っているだろうか。七〇九条の「法律上保護される利益」が現在的に、かつ客観的に侵害（攪乱）されている以上、不法行為責任をあれこれ論ずる前に、現に攪乱行為を続行している被告のネガトリア責任（否認的排除請求権）が認められるべきではなかったか。それゆえ上記最高裁判決は、いわば「隔靴掻痒判決」の一つの見本と言うべきではないのか。

　要するに「四大公害訴訟」を筆頭に、企業の利益獲得の見返りとして虐げられ、かつまた環境破壊・人格侵害の犠牲者として「いけにえ」（戒能通孝「人間としての責任とは何か」同著作集第八巻『公害』（一九七七年）二六頁の表現によれば「なぶり殺し」）にされてきた人々の無念は、これを今なお、法学者たちの胸に突き刺しておかなければならない。そして、現に収益獲得のために市民法秩序（環境利用秩序・競争秩序・人格秩序）を平気で攪乱せしめる主体（個人であれ法人企業であれ）の行為は、対するに、自己の利益擁護とともに市民法秩序を守るため闘う「主体」（個人ないし地域住民等）の主張（法的請求）によって、まずは法的に「阻止」されなければならない。その現在的な「侵害」が、アメリカ軍や自衛隊の航空機によってもたらされる「爆音」であっても、あるいは福島原発事故によってもたらされている「放射能被害」であっても、そこに「不適法状態」が認定される限り（イミッシオーンによるそれであれ、また環境利用秩序違反によるそれであれ）同じくまずなにより「阻止」されて然るべきである（なお、吉村良一「差止請求権の「根拠」に関する一考察――「爆音訴訟」を手がかりに」瀬川信久先生・吉田克己先生古稀記念『社会の変容と民法の課題（下）』（二〇一八年）二四三頁以下参照）。私見によれば、そこに、相関関係的判断ないし受忍限度論的判断が介入する余地は存在しない。こうして、第一次的な差止請求とのコントラストにおいて、不法行為損害賠償請求は、いわば第二次的に問題とされてよい。ただし本書で、それは、特段、効果論の法的な序列関係を問題にしているわけではない。発想の転換を主張しているにすぎない。

　これを、改めて言い換えるならば、客観的・現在的な「不適法状態」を前提とするところの、その「不適法状態」を事実上もたらしている「行為」に対する差止め「違法」と過去的な不利益変更を前提とする不法行為「違法」とからなる「民事違法二元論」の提唱、ということにでもなろうか。そしてこのような「二元論」こそが、もしかすると、市民法学的な「違法論」の立ちむかうべき方向であるのかもしれない。それを目ざし、今、筆者が試みている論稿が「物権的妨害排除請求権・再論」（龍谷法学五〇巻一号・二号・三号、同五一巻一号・二号・三号・四号〔二〇一七年―二〇一九年〕）である。いまだ未完の拙いものであるが、併せて参照していただければ幸いである。

〈初出一覧〉

第一章　「ローマ法における所有権保護訴権の「形成」とその意義――actio negatoriaを中心とした「覚書」的考察」松井宏興＝岡本詔治＝牛尾洋也（編）『借地借家法の新展開』信山社、二〇〇四年

第二章　「ドイツ民法典におけるネガトリア請求権（一〇〇四条BGB）形成史の基礎研究」龍谷法学三〇巻一号、一九九七年

第三章　「ヨホウ物権法草案におけるネガトリア請求権規定（一〇〇四条）形成史の探求」石部雅亮（編）『ドイツ民法典の編纂と法学』九州大学出版会、一九九九年

第四章　「物権的請求権の独自性・序説――ヴィントシャイト請求権論の「光と影」」河内宏＝大久保憲章＝采女博文＝児玉寛＝川角由和＝田中教雄（編）原島重義先生傘寿記念論集『市民法学の歴史的・思想的展開』信山社、二〇〇六年

第五章　「ネガトリア責任と金銭賠償責任との関係について」太田知行＝中村哲也（編）広中俊雄先生古稀祝賀論集『民事法秩序の生成と展開』創文社、一九九六年

第六章　「ドイツにおける物権的妨害排除請求権の到達点――「権利重畳」説の意義」龍谷法学四〇巻四号、二〇〇八年

ら

わ

人名索引

や

ら

わ

た

事 項 索 引

あ

か

著者紹介

川角　由和（かわすみ　よしかず）

1955年4月、福岡県に生まれる。

1974年4月、九州大学法学部入学。その後、九州大学大学院法学研究科博士課程（単位取得退学）をへて、1986年九州大学法学部助手、1987年島根大学法文学部助教授。1996年龍谷大学法学部教授（現在にいたる。なお2005年、北海道大学から「博士（法学）」の学位を取得）。

主な研究業績としては、本書に収めた論稿のほか、たとえば「現代契約法の動向をどうみるか」法の科学22号（1994年）、「オットー・フォン・ギールケの法思想と『私法の社会化』」龍谷法学34巻4号（2002年）、「ドイツ債務法の現代化と『契約締結上の過失』（culpa in contrahendo）」川角＝中田＝潮見＝松岡（編）『ヨーロッパ私法の動向と課題』（2003年）、さらに『不当利得とは何か』（2004年）、「侵害利得請求権論の到達点と課題」ジュリスト1428号（2011年）、「わが国における近代的家族法思想形成の一つの軌跡――戒能通孝著作集Ⅵ『家族』を読む」龍谷法学45巻4号（2013年）、「不当利得法における所有権保護の限界――ヴィントシャイトとイェーリングの対立」龍谷法学49巻2号（2016年）などがある。

物権的妨害排除請求権《ぶっけんてきぼうがいはいじょせいきゅうけん》の史的展開《してきてんかい》と到達点《とうたつてん》――ローマ法《ほう》からドイツ民法《みんぽう》へ

2019年2月20日　第1版第1刷発行

著　者　川角由和

発行所　株式会社日本評論社
〒170-8474　東京都豊島区南大塚3-12-4
電話　03-3987-8621（販売）　-8592（編集）
FAX　03-3987-8590（販売）　-8596（編集）
振替　00100-3-16　https://www.nippyo.co.jp/

印刷所　平文社
製本所　松岳社
装　幀　銀山宏子
検印省略　© 2019 Y. KAWASUMI
ISBN978-4-535-52381-4　Printed in Japan